家庭科 **生活の課題解決能力を育む指導と評価**

岡 陽子【編著】

メタ認知を活性化する
「資質・能力開発ポートフォリオ」の提案

東洋館出版社

は　じ　め　に

　本書は、生活の課題解決リテラシーを定着させる教育的課題の一環として、新学習指導要領（2017）による授業を牽引する資質・能力ベースの家庭科のモデルカリキュラムと評価メソッドを提案することにより、家庭科の授業の在り方について考察することを目的としたものです。

　家庭科の資質・能力とは、生活の課題をよりよく解決できる資質・能力であり、その育成のためには、学習対象となる生活事象を領域で分断せず、学習者自身が課題を主体的・総合的に捉えることが必要となります。このような視点から、本書では学習者主体の総合的な「問い」からスタートする問題解決的なカリキュラムと資質・能力で捉える「資質・能力開発ポートフォリオ」を提案するとともに、授業及び学習者の学びにおける効果検証の結果を軸として、その効果を考察しています。

　ここでは小学校を中心に論を進めていますが、家庭科教育の考え方としては中学校、高等学校でも同様であると捉えています。さらに、学習者主体のモデルカリキュラムとポートフォリオ型のワークシートを用いて学習者が自己の学習をどのように意識化しているかを明らかにすることにより、これからの家庭科学習の方向性について考えるきっかけになればと考えています。

　2地区で実施した小学校の指導状況調査では、調理することや製作することが目的化している学校現場の指導実態も浮き彫りになっています。小学校家庭科において授業時数の約6割を占める食生活や衣生活の学習が、生活の課題解決能力を育む学習となるためはどのような指導や評価が求められるのか。「資質・能力ベース」、「課題を解決する力」が提唱されている新学習指導要領のスタート時点で、改めて考える必要があるのではないでしょうか。

　本書は理論編と実践編で構成し、理論と実践の往還の中に家庭科教育を捉えようと試みました。本書で掲げた資質・能力ベースの授業づくりや生活の課題解決能力を育む指導と評価について、多くの皆様からご意見やご提案をいただければ幸いです。

（岡　陽子）

目　　次　　〈理論編〉

目　次　〈実践編〉

理論編

第1章　生活の課題解決能力を育む

Ⅰ　なぜ、今、生活の課題解決能力か？

■1　新学習指導要領と課題解決能力

　平成29年告示の学習指導要領（文部科学省）（以下、「新学習指導要領」とする）では、教科独自の「見方・考え方」の明示とともに、全教科の目標・内容の示し方が構造化され、内容ベースから資質・能力ベースへと大きく舵が切られた。情報技術の加速度的変化やグローバル化の中、将来の予測が困難な時代に、変化への対応だけでなく、変化を乗り越え新たな価値を創造できる資質・能力の育成が求められており、そのための社会に開かれたカリキュラムと授業づくりは、我が国教育の最重要課題と言えよう。家庭科教育でも同様であり、少子高齢化という構造的課題を背景に、個々の主体が自立し成長し、他者と共に持続可能な暮らしや市民社会をどのように創り上げていくのか、一人の家庭人や生活者、市民としての知恵が求められている現実がある。

　例えば、ある夫婦が仕事や子育て、介護や家事をどう調和させ生活を営むのか、自然環境と利便性のどちらを優先するのかなど、生活の様々な場面で重み付けや意思決定問題等が存在する。これらの多様な他者や社会との関わりの課題を切り拓いていくには、豊かさの普遍的価値を追い求めながら、人間の生涯にわたる発達と衣食住等の生活の営みをダイナミックに捉えつつ、知識及び技能を活用して生活の課題をよりよく解決する能力（以後、「生活の課題解決能力」とする）が必要であり、そのための教育の充実が求められる。これらの能力は一人一人が身に付けるべきものとして注目されるとともに（例えば：池田心豪著「ワーク・ライフ・バランスに関する社会学的研究とその課題」『日本労働研究雑誌』No.599　2010年）、その重要性は高まっているといえる。

　しかし一方で、荒井（2010）は、生活の課題解決能力育成のための家庭科教育における問題解決的な学習について、理論研究及び実践研究の双方で、掘り

下げた議論はなされているとは言えないとしている。また、市川（2011：95）は学校での問題解決は「学習者側の責任に帰せられて」いることも多く、「問題解決についてこうしたスキルを教授することは、これまでの学校教育ではあまり行われてこなかった」と述べている。

　果たして、家庭科の問題解決的な学習をどう捉え、どう発展させればいいのか。本章で今一度考えてみたい。

② 家庭科のもつ研究課題

　少子高齢化や AI（人工知能）技術の進展、ネット社会の加速度的な変化の中で、人間の生活は大きく変化することが予測される。しかし、今後の生活がどのように変化しようとも、それを主体的に受け止め、よりよく解決できる力が家庭科の目指す資質・能力であり、その力の獲得のための方略はどこにあるのか、これが本書を通して問い続けている課題である。

　なお、「教員の仕事と意識に関する調査」（子安潤ら、2016）では、小学校で家庭科に力を入れて研究している教員は回答数（1482 人）の 0.6 ％と少なく、教科研究が進まない小学校家庭科の実態が見え隠れする。この実態を踏まえつつ、家庭科に精通していない教員であってもその理論と方途を容易に理解できる資質・能力ベースのモデルカリキュラムと簡便な評価メソッドの開発が望まれる。小学校で学んで得た基盤の力が、中学校の技術・家庭科（家庭分野）及び高等学校の家庭科の学びを一層強固なものにすると考えるからである。

　そこで、第 1 章では小学校家庭科の学習指導要領に焦点を絞り、戦後の学習指導要領において生活の課題解決能力がどのように捉えられてきたのか、また学習評価はどのように行われてきたのかを整理することにより、これまで家庭科教育が抱えてきた課題と指導上の留意点を明らかにしたい。

引用・参考文献
・荒井紀子／鈴木真由子／綿引伴子、2010、『新しい問題解決学習　Plan Do See から批判的リテラシーの学びへ』教育図書.
・市川伸一、2011、『学習と教育の心理学増補版』岩波書店.
・子安潤ら、2016、「教員の仕事と意識に関する調査」、p4_teacher_image_2_160512.pdf（aichi-edu.ac.jp）（最終閲覧日 2021.5.22）.

（第 1 章 I　　岡　陽子）

Ⅱ 生活の課題解決能力は戦後の学習指導要領ではどう捉えられてきたか？

1 新学習指導要領にみる生活の課題解決能力

　前述のとおり、今後の生活がどのように変化しようとも、それを主体的に受け止め生活の課題をよりよく解決できる資質・能力が家庭科教育の求める資質・能力と捉えている。このことは、平成29年及び平成30年告示の新学習指導要領における小・中・高等学校の家庭科、技術・家庭科（家庭分野）の目標においても読み取ることができる（表1）[1]、[2]、[3]。

表1　新学習指導要領の目標に記載の資質・能力とその三つの柱

学校段階	小学校家庭科	中学校技術・家庭科（家庭分野）	高等学校家庭科（家庭基礎）
資質・能力　三つの柱	生活をよりよくしようと工夫する資質・能力	よりよい生活の実現に向けて、生活を工夫し創造する資質・能力	よりよい社会の構築に向けて、男女が協力して主体的に家庭や地域の生活を創造する資質・能力
知識及び技能	日常生活に必要な家族や家庭、衣食住、消費や環境などについての基礎的な理解と、それらに係る技能	生活の自立に必要な家族・家庭、衣食住、消費や環境などについての基礎的な理解と、それらに係る技能	人の一生と家族・家庭及び福祉、衣食住、消費生活・環境などについて、生活を主体的に営むために必要な基礎的な理解と、それらに係る技能
思考力、判断力、表現力等	日常生活の中から問題を見いだして課題を設定し、課題を解決する力	家族・家庭や地域における生活の中から問題を見いだして課題を設定し、これからの生活を展望して課題を解決する力	家庭や地域及び社会における生活の中から問題を見いだして課題を設定し、解決策を構想し、実践を評価・改善し、考察したことを根拠に基づいて論理的に表現するなど、生涯を見通して課題を解決する力
学びに向かう力、人間性等	家族の一員として、生活をよりよくしようと工夫する実践的な態度	家族や地域の人々と協働し、よりよい生活の実現に向けて、生活を工夫し創造しようとする実践的な態度	様々な人々と協働し、よりよい社会の構築に向けて、地域社会に参画しようとするとともに、自分や家庭、地域の生活の充実向上を図ろうとする実践的な態度

（新学習指導要領家庭科、技術・家庭科（家庭分野）の目標を基に筆者が作成）

　具体的には、表1にあるように、高等学校が目標とする「よりよい社会の構

築に向けて、男女が協力して主体的に家庭や地域の生活を創造する資質・能力」の育成の方向を見据えつつ、小学校では「生活をよりよくしようと工夫する資質・能力」の育成を目指す。そのために、「日常生活に必要な家族や家庭、衣食住、消費や環境などについての基礎的な理解と、それらに係る技能」を身に付け、「日常生活の中から問題を見いだして課題を設定し、課題を解決する力」を発揮して生活の課題を解決する学習活動を行い、「家族の一員として、生活をよりよくしようと工夫する実践的な態度」を育んでいくのである。

そこで、この生活の課題解決能力に焦点を当て、戦後の教育における変化を捉えてみたい。そのことにより、小・中学校で新教育課程の全面実施を迎えた現段階の課題と指導上の留意点が明らかになると考えるからである。

２ 小学校家庭科の目標及び評価の観点の変遷と課題解決能力との関係

新学習指導要領においては、家庭科教育の目標として、生活の課題解決能力に関連する記述が明記されたことは前述のとおりである。では、これまでの学習指導要領ではこの能力をどのように捉えてきたのか。本能力に関する考え方の変遷を探ることにより、新学習指導要領による教育がスタートした現段階の課題と指導上の留意点が明確になるものと考える。

そこで、戦後の小学校家庭科の目標と学習評価の観点に着目し、学校教育法に示されている学力の三要素[5]を基本的な学力と捉えて目標から類似するキーワードを拾い上げ、各学習指導要領における生活の課題解決能力に関連する考え方について分析を行った。学習評価の基本的な考え方や観点及びその趣旨については、戦後の９回にわたる学習指導要領の改訂期ごとに、文部科学省（旧文部省含む）がその趣旨を踏まえた学習評価の基本的な考え方を指導要録の改訂に係る通知（または通達）として発出しているので、それらを資料として分析を行った。

さらに、これら「学力の要素に関連する記述」、「学習評価の観点及び趣旨」、「新学習指導要領に示された資質・能力に類する記述」の三つの視点から学力の要素及び観点の変遷について整理して、一覧表とした（表2-1、表2-2）[4),5),6),7)]。

（1）　学力の要素と学習評価の観点からみる各改訂期の特徴と課題解決能力

　学習指導要領にみられる学力の要素と学習評価の観点及び趣旨を比較して総合的に捉えると、各改訂期では次のような特徴がみられた。

①　戦後の新教育に基づく時期（昭和 22 年試案）

　この時期の学習指導要領は試案として示されている。学力の要素に係る記述を教科目標からキーワードとして抽出すると、「理解、自覚」、「態度」、「技術の初歩」が挙げられる。また、この時期の学習評価の観点は「理解」、「態度」、「技能」であり、学習指導要領及び学習評価ともに、一番目に「理解」、次に「態度」、最後に「技能」の順で、学力を整理していることが分かる。しかし、小学校学籍簿（昭和 23 年 11 月学第 510 号学校教育局長）[8] には観点の趣旨が記載されていないことから、学習評価の観点の中に生活の課題解決能力に関連する要素が含まれているかどうかについて判断することは難しい。

表 2-1　戦後小学校家庭科における教科目標及び評価の観点の変遷
　　　　―学力の要素に着目して―

公表 （告示） 年	教科目標		児童指導要録等における 家庭科の評価の観点と趣旨	
	「資質・能力」に類する記述	学力の要素に係る記述 （下線部は学力関連のキーワード）	評価の観点	趣旨
昭和 22 年度 中等学校 第四、五 学年用 （試案）	×	1.　第五ないし第六年の目標 　この学年のこの科目は、男女ともに課すべき家庭科であって、その考え方も中学校におけるものとは異なるべきである。 （一）家庭を営むという仕事の理解と、性別・年齢のいかんにかかわらず家庭人としての責任ある各自の役割りの自覚 （二）家人及び友人との間に好ましい間がらを実現する態度 （三）自主的に自分の身のまわりの事に責任を持つ態度 （四）食事の支度や食品に興味を持ち、進んでこれを研究する態度 （五）家庭生活に必要な技術の初歩 　（1）簡単な被服の仕立てと手入れ及び保存の能力 　（2）家庭の普通の設備や器具を利用したり、よく手入れをしたりする能力	理解 態度 技能	

昭和31年度から実施	×	前章で述べた小学校家庭科の意義を実現するためには、次の目標によって指導を行うことがたいせつである。 1. 家庭の構造と機能の大要を知り、家庭生活が個人および社会に対してもつ意義を<u>理解</u>して、家庭を構成する一員としての責任を<u>自覚</u>し、進んでそれを果そうとする。	技能	
		2. 家庭における人間関係に適応するために必要な<u>態度や行動</u>を習得し、人間尊重の立場から、互に敬愛し、力を合わせて、明るく、あたたかい家庭生活を営もうとする。	理解	
		3. 被服・食物・住居などについて、その役割を<u>理解</u>し、日常必要な初歩の<u>知識・技能・態度</u>を身につけて、家庭生活をよりよくしようとする。 4. 労力・時間・物資・金銭をたいせつにし、計画的に使用して、家庭生活をいっそう<u>合理化</u>しようとする。 5. 家庭における休養や娯楽の意義を理解し、その方法を<u>反省くふう</u>して、いっそう豊かな楽しい家庭生活にしようとする。	実践的な態度	（小）習得した知識や技能をもとにして、仕事を計画し、手順を考え、創意くふうにより、積極的に実践しようとする態度。
昭和33年告示	×	1 被服・すまいなどに関する初歩的、基礎的な<u>知識・技能</u>を習得させ、日常生活に役だつようにする。	技能	日常生活に必要な被服・食物・すまい等に関する初歩的、基礎的な技能を身に付けている。
		2 被服・食物・すまいなどに関する仕事を通して、時間や労力、物資や金銭を計画的、経済的に使用し、生活をいっそう<u>合理的に処理</u>することができるようにする。	知識・理解	日常生活に必要な被服・食物・すまい等に関する初歩的、基礎的な知識を身に付けている。
		3 健康でうるおいのある楽しい家庭生活にするように、被服・食物・すまいなどについて<u>創意くふうする態度や能力</u>を養う。 4 家庭生活の意義を理解させ、家族の一員として家庭生活をよりよくしようとする<u>実践的態度</u>を養う。	実践的な態度	習得した知識・理解や技能をもとにして、仕事を計画し、手順を考え、創意くふうにより積極的に実践しようとする。
昭和43年告示	×	日常生活に必要な衣食住などに関する<u>知識、技能</u>を習得させ、それを通して家庭生活の意義を<u>理解</u>させ、家族の一員として家庭生活をよりよくしようとする<u>実践的な態度</u>を養う。 このため、 1 被服、食物、すまいなどに関する初歩的、基礎的な<u>知識、技能</u>を習得させ、日常生活に役だつようにする。	技能	日常生活に必要な被服・食物・すまい等に関する初歩的、基礎的な技能を身に付けている。
		2 被服、食物、すまいなどに関する仕事を通して、生活をいっそう<u>合理的に処理</u>することができるようにする。	知識・理解	日常生活に必要な被服・食物・すまい等に関する初歩的、基礎的な知識を身に付け、家族の意義を理解している。
		3 被服、食物、すまいなどについて<u>創意くふうし、家庭生活を明るく楽しくしようとする能力と態度</u>を養う。 4 家族の立場や役割を<u>理解</u>させ、家族の一員として家庭生活に協力しようとする<u>態度</u>を養う。	実践的な態度	習得した知識・理解や技能をもとにして、仕事を計画し、手順を考え、創意くふうにより積極的に実践しようとする。

表2-2　戦後小学校家庭科における教科目標及び評価の観点の変遷
　　　　―学力の要素に着目して―

公表（告示）年	教科目標		児童指導要録等における家庭科の評価の観点と趣旨	
	「資質・能力」に類する記述	学力の要素に係る記述（下線部は学力関連のキーワード）	評価の観点	趣　旨
昭和52年告示	×	日常生活に必要な衣食住などに関する実践的な活動を通して、基礎的な知識と技能を習得させるとともに家庭生活についての理解を深め、家族の一員として家庭生活をよりよくしようとする実践的な態度を育てる。	知識・理解	衣食住等に関する基礎的な知識を身につけ、家庭生活の意義や在り方を理解している。
			技能	衣食住等に関する基礎的な技能を身につけるとともに、それらの仕事を計画し、手順を考え、創意工夫して仕遂げることができる。
			家庭生活に対する関心・態度	衣食住などの仕事や家庭生活に対して関心をもち、家族の一員として自覚をもつとともに、生活の課題の解決を目指して意欲的、創造的に実践しようとする。
平成元年告示	×	衣食住などに関する実践的な活動を通して、日常生活に必要な基礎的な知識と技能を習得させるとともに家庭生活についての理解を深め、家族の一員として家庭生活をよりよくしようとする実践的な態度を育てる。	家庭生活への関心・意欲・態度	衣食住などの仕事や家族の生活について関心をもち、家庭生活をよりよくするために進んで実践しようとする。
			生活を創意工夫する能力	家庭生活について見直し、身近な生活の課題の解決を目指して創意工夫する。
			生活の技能	衣食住などに関する基礎的な技能を身に付けている。
			家庭生活についての知識・理解	衣食住などに関する基礎的な事項と家庭や家族の生活について理解している。
平成10年告示	×	衣食住などに関する実践的・体験的な活動を通して、家庭生活への関心を高めるとともに日常生活に必要な基礎的な知識と技能を身に付け、家族の一員として生活を工夫しようとする実践的な態度を育てる。	家庭生活への関心・意欲・態度	衣食住や家族の生活について関心をもち、家庭生活をよりよくするために進んで実践しようとする。
			生活を創意工夫する能力	家庭生活について見直し、身近な生活の課題を見つけ、その解決を目指して考え自分なりに工夫する。
			生活の技能	衣食住や家族の生活に必要な基礎的な技能を身に付けている。
			家庭生活についての知識・理解	衣食住や家族の生活に関する基礎的な事項について理解している。

平成20年告示	×	衣食住などに関する実践的・体験的な活動を通して、日常生活に必要な基礎的・基本的な知識及び技能を身に付けるとともに、家庭生活を大切にする心情をはぐくみ、家族の一員として生活をよりよくしようとする実践的な態度を育てる。	家庭生活への関心・意欲・態度	衣食住や家族の生活などについて関心をもち、その大切さに気付き、家庭生活をよりよくするために進んで実践しようとする。
			生活を創意工夫する能力	家庭生活について見直し、身近な生活の課題を見つけ、その解決を目指して生活をよりよくするために考え自分なりに工夫する。
			生活の技能	日常生活に必要な衣食住や家族の生活などに関する基礎的・基本的な技能を身に付けている。
			家庭生活についての知識・理解	日常生活に必要は衣食住や家族の生活などに関する基礎的・基本的な知識を身に付けている。
平成29年告示	○ 生活をよりよくしようと工夫する資質・能力	生活の営みに係る見方・考え方を働かせ、衣食住などに関する実践的・体験的な活動を通して、生活をよりよくしようと工夫する資質・能力を次のとおり育成することを目指す。 (1) 家族や家庭、衣食住、消費や環境などについて、日常生活に必要な基礎的な理解を図るとともに、それらに係る技能を身に付けるようにする。 (2) 日常生活の中から問題を見いだして課題を設定し、様々な解決方法を考え、実践を評価・改善し、考えたことを表現するなど、課題を解決する力を養う。 (3) 家庭生活を大切にする心情を育み、家族や地域の人々との関わりを考え、家族の一員として、生活をよりよくしようと工夫する実践的な態度を養う。	知識・技能	日常生活に必要な家族や家庭、衣食住、消費や環境等に関する基礎的・基本的な知識・技能を身に付けている。
			思考・判断・表現	日常生活の中から問題を見いだして課題を設定し、様々な解決方法を考え、実践を振り返って評価・改善し、考えたことを表現するなど、課題を解決している。
			主体的に学習に取り組む態度	日常生活に必要な基礎的・基本的な知識・技能を身に付けようとしている。また、家族の一員として、生活をよりよくしようと工夫し、主体的に実践しようとしている。 ※家庭生活を大切にする心情等、観点別評価になじまない部分については個人内評価を通じて見取る。

（関係各種資料を基に筆者にて作成）

② 昭和31年度実施の学習指導要領の時期

　この時期の学習指導要領では、学力の要素に係るキーワードとして、「理解、自覚」「態度や行動」「知識・技能・態度」「合理化」「反省くふう」を挙げることができる。指導要録に示された学習評価の観点[9]では、一番目に「技能」が挙げられ、次に「理解」、「実践的な態度」と続く。

　観点の趣旨が記載されているのは「実践的な態度」のみであり、その解説として「習得した知識や技能をもとにして、仕事を計画し、手順を考え、創意くふうにより、積極的に実践しようとする態度」と示されている。「実践的な態

度」の中に「習得した知識や技能をもとにして〜（略）〜考え、創意くふうにより」という文言が含まれていることから、生活の課題解決能力は「実践的な態度」に含めて捉えられていたと考えられる。

③　昭和33年告示の学習指導要領の時期

　この時期の学習指導要領では、学力の要素に係るキーワードとして、「知識・技能」「合理的に処理」「創意くふうする態度や能力」「実践的態度」をあげることができる。指導要録に示された学習評価の観点[10]では、一番目に「技能」が挙げられ、次に「知識・理解」「実践的な態度」と続く。

　学習指導要領の「第3　指導計画作成および学習指導の方針」に「技能の指導は、正確に身に付けさせることをねらいとする」[11]と技能についての考え方が特記されており、技能の習得に力点を置いていたことが分かる。この時期の改訂について、朴木（2000）[12]は、「家庭科を設置する理由の1つとして『家庭生活の技能の習得』を掲げた」と記しているが、小学校家庭科の存廃論が表面化する中で技能重視の性格を強めていったことがうかがえる。

　なお、観点の趣旨を見ると、「実践的な態度」の中に「仕事を計画し、手順を考え、創意くふうにより積極的に実践しようとする」という文言があり、生活の課題解決能力については、昭和31年度と同様に「実践的な態度」に含めて捉えられていたことが分かる。

④　昭和43年告示の学習指導要領の時期

　この時期の学習指導要領では、学力の要素に係るキーワードとして、「知識、技能、理解」「実践的な態度」「合理的に処理」「創意くふうし、家庭生活を明るく楽しくしようとする能力と態度」を挙げることができる。学習評価の観点及び趣旨[13]は、前改訂期と同じであり、生活の課題解決能力に関連するものは、「実践的な態度」に含めて捉えられていたと言える。

⑤　昭和52年告示の学習指導要領の時期

　この時期の学習指導要領では、学力の要素に係るキーワードとして、「知識と技能」「理解」「実践的態度」を挙げることができる。指導要録に示された学習評価の観点[14]では、一番目に「知識・理解」が挙げられ、次に「技能」、「家庭生活に対する関心・態度」と続く。

　この改訂期から、指導要録においては、各教科に共通する観点として「関

心・態度」が追加された。また、評定は集団に準拠した評価（いわゆる相対評価）であったが、加えて観点別学習状況の評価が導入された時期である。

　なお、観点「家庭生活に対する関心・態度」の趣旨は、「衣食住などの仕事や家庭生活に対して関心をもち、家族の一員として自覚をもつとともに、生活の課題の解決を目指して意欲的、創造的に実践しようとする」と示されており、生活の課題解決能力に関連する要素は、この観点の中に含めて捉えられていたことが分かる。

⑥　平成元年告示の学習指導要領の時期

　この時期の学習指導要領では、目標の変更はなく、学力の要素に関連するキーワードは昭和52年告示と同じ「知識と技能」「理解」「実践的な態度」である。しかし、2年後に発出された学習評価の観点[15]は、それまでの3観点から4観点となり、新たに「生活を創意工夫する能力」が追加された。観点の一番目には「家庭生活への関心・意欲・態度」が示され、次に「生活を創意工夫する能力」「生活の技能」、「家庭生活についての知識・理解」と続く。

　生涯学習社会の構築が社会の重要課題として認識された時期であり、全ての教科等において、生涯学び続ける意欲や知識・技能等を活用して考える力の育成が求められるようになったことが背景にあると考えられる。平成3年の文部省初等中等教育局長通知[16]には「新学習指導要領に示す各教科の目標や内容を踏まえ、自ら学ぶ意欲の育成や思考力、判断力などの育成に重点を置くことが明確になるよう配慮し、観点等を改めた」との記載がある。

　家庭科においては、新たに加えられた「生活を創意工夫する能力」が生活の課題解決能力とほぼ同義であり、趣旨は「家庭生活について見直し、身近な生活の課題の解決を目指して創意工夫する」と示されている。また、「家庭生活への関心・意欲・態度」の趣旨は、「衣食住などの仕事や家族の生活について関心をもち、家庭生活をよりよくするために進んで実践しようとする」とされ、生活の課題解決能力に係る要素は全て「生活を創意工夫する能力」に移ったことが分かる。しかし、前述のとおり、教科目標は変更されておらず、生活の課題解決能力に関連する記述は「〜（略）〜家族の一員として家庭生活をよりよくしようとする実践的な態度を育てる」のままであった。学習指導要領改訂後に指導要録の通知が発出されているのでやむを得ない状況であったと言え

るが、このことは「生活を創意工夫する能力」の評価基軸をあいまいにする要素を併せもっていたとも言える。

⑦　平成10年告示の学習指導要領の時期

　この時期の学習指導要領では、学力の要素に係るキーワードとして、「関心」「知識と技能」「実践的な態度」を挙げることができる。教科目標は、「衣食住などに関する実践的・体験的な活動を通して、家庭生活への関心を高めるとともに日常生活に必要な基礎的な知識と技能を身に付け、家族の一員として生活を工夫しようとする実践的な態度を育てる」と示され、文言「生活を工夫しようとする実践的な態度」については、従前の実践的な態度の示し方を踏襲している。しかし、学習指導要領解説[17]では、この部分の解説として「工夫して主体的に生活する意欲や能力、態度を育てることを目指している」と明記し、工夫する能力と態度を区別して示していることが分かる。

　学習評価の観点[18]は前改訂期と同じ4観点である。「生活を創意工夫する能力」の趣旨は、「家庭生活について見直し、身近な生活の課題を見つけ、その解決を目指して考え自分なりに工夫する」と示され、前改訂期のものに「生活の課題を見つけ」ることが要素として新たに追加されている。

　なお、児童生徒の評定が、集団に準拠した評価から「目標に準拠した評価（いわゆる絶対評価）」に変わったのはこの時期であり、現在の学習評価の基本的な考え方が形成された時期でもある。

⑧　平成20年告示の学習指導要領の時期

　この時期の学習指導要領では、学力の要素に係るキーワードとして、「知識及び技能」「心情」「実践的な態度」を挙げることができる。教科目標は、「衣食住などに関する実践的・体験的な活動を通して、日常生活に必要な基礎的・基本的な知識及び技能を身に付けるとともに、家庭生活を大切にする心情をはぐくみ、家族の一員として生活をよりよくしようとする実践的な態度を育てる」と示され、従前までの実践的な態度の示し方が踏襲されている。しかし、学習指導要領解説[19]では、目標の「よりよくしようとする実践的な態度」について「家庭生活をよりよくしようと工夫する能力と実践的な態度」と解説し、工夫する能力と態度を区別して示したことが分かる。

　また、学習評価の観点[20]については前改訂期と同じ4観点であり、生活の課

題解決能力に関連する学力は、観点「生活を創意工夫する能力」として示されている。その趣旨は、「家庭生活について見直し、身近な生活の課題を見つけ、その解決を目指して生活をよりよくするために考え自分なりに工夫する」と示され、「よりよくするために」が追記され、課題解決の向かう方向性が明記された。

⑨　平成 29 年告示の学習指導要領の時期

　平成 29 年告示の学習指導要領では、目標の中に初めて「資質・能力」という言葉が用いられた。小学校家庭科は「生活をよりよくしようと工夫する資質・能力」の育成を目標としており、そのための「資質・能力の三つの柱」として、「知識及び技能」「思考力、判断力、表現力等」「学びに向かう力、人間性等」が示されており、目標の下位項目 (1)、(2)、(3) においてそれぞれ解説がなされている（表1、表 2-2）。

　学習評価の観点[21]では、一番目に「知識・技能」が挙げられ、次に「思考・判断・表現」、「主体的に学習に取り組む態度」と続く。3 観点の呼称が全教科等共通のものとして統一されたのが特徴であり、前出の学校教育法第 30 条にある学力の三要素を踏襲したものでもある。平成 31 年 3 月に発出された文部科学省通知「小学校、中学校、高等学校及び特別支援学校等における児童生徒の学習評価及び指導要録の改善等について」によると、小学校家庭科は「思考・判断・表現」の観点が生活の課題解決能力と関連しており、その趣旨は「日常生活の中から問題を見いだして課題を設定し、様々な解決方法を考え、実践を振り返って評価・改善し、考えたことを表現するなどして課題を解決する力を身に付けている」と示されている。教科目標では、思考力、判断力、表現力等として「日常生活の中から問題を見いだして課題を設定し、様々な解決方法を考え、実践を評価・改善し、考えたことを表現するなど、課題を解決する力を養う」と示されており、育む資質・能力と観点の趣旨が統一して示されたことが分かる。この時期の中央教育審議会では、「何ができるようになるか」と「何ができるようになったか」の両方から、つまり育む資質・能力と学習評価を抱き合わせて同時期に審議したことから、目標と評価の観点が一貫性をもって示され、これまで教科目標と評価の観点の間に生じていた学力の要素についての乖離が解消されたと捉えることができる。

　以上のことから、戦後における小学校家庭科の生活の課題解決能力に関連する学力は、目標と学習評価の観点との関連から次の三つの時期に大別できる。

①　生活の課題解決能力に関連する要素が「実践的な態度」や「関心・態度」の観点に含めて捉えられていた時期（～昭和52年告示まで）。

②　生活の課題解決能力に関連する学力が「生活を創意工夫する能力」の観点として独立して示されたものの、教科目標では、例えば「～家族の一員として生活をよりよくしようとする実践的な態度を育てる」などと示され、生活の課題解決能力が実践的な態度の文脈に組み込まれて表現されていた時期（～平成20年告示まで）。

③　生活の課題解決能力に関連する学力が、教科目標では資質・能力の三つの柱の一つ「思考力、判断力、表現力等」（課題を解決する力）として明示され、評価の観点では「思考・判断・表現」と示された。双方が同等の括りで一貫性をもって示された時期（平成29年告示）。

　これら約70年間の小学校家庭科の歴史的流れを踏まえると、今回新たに示された「思考力、判断力、表現力等」をどのような学力と捉え、どのように指導・評価するかを理論的・実践的に明らかにすることが一つの歴史的課題とも言えよう。例えば、生活の課題解決能力に係る要素が「実践的な態度」に含まれていた時期に端を発して、「よく考え工夫して実践しているか」「実践した結果がよく考え工夫されているか」等、実践的な態度と抱き合わせで指導と評価を行い、思考・判断・表現する能力そのものの捉えを曖昧にしてきたのではないかとの見方もできる。今後は、家庭科の「思考力、判断力、表現力等」、すなわち「生活の課題解決能力」そのものに言及しつつ、その能力要素や捉え方を実践を通して具体化することが重要であろう。

　また、平成29年告示の教科目標には、「生活の営みに係る見方・考え方」を働かせて、生活をよりよくしようと工夫する資質・能力を育むことが明記された（表3）。見方・考え方は、その教科の意義の中核をなすものであり、その教科独自の物事を捉える視点や考え方として、家庭科では初めて示された概念である。この見方・考え方を働かせつつ、学習の転移（個別の知識・技能が生活や社会で活用できる力となること等）やメタ認知という側面も加えて、従前の「生活を創意工夫する能力」の考え方を超えていく視点が必要であろう。

表3　小学校家庭科の目標（平成 29 年告示）

> 生活の営みに係る見方・考え方を働かせ、衣食住などに関する実践的・体験的な活動を通して、生活をよりよくしようと工夫する資質・能力を次のとおり育成することを目指す。
> (1) 家族や家庭、衣食住、消費や環境などについて、日常生活に必要な基礎的な理解を図るとともに、それらに係る技能を身に付けるようにする。
> (2) 日常生活の中から問題を見いだして課題を設定し、様々な解決方法を考え、実践を評価・改善し、考えたことを表現するなど、課題を解決する力を養う。
> (3) 家庭生活を大切にする心情を育み、家族や地域の人々との関わりを考え、家族の一員として、生活をよりよくしようと工夫する実践的な態度を養う。

(2)　四つの改訂期における生活の課題解決能力を育む学習方略に関する考え方の変遷

　では、果たして、生活の課題解決能力を育成するために、どのような学習方略が位置付けられ、推奨されてきたのだろうか。課題解決能力に関連する学力が学習評価の観点の一つとして独立していた時期、つまり、平成元年告示の学習指導要領と平成 10 年告示、平成 20 年告示、平成 29 年告示のそれぞれの時期を対象として、生活の課題解決能力を育む学習方略の捉え方について考えてみよう。方法として、中央教育審議会（平成 10 年までは教育課程審議会）答申の「改善の基本方針」や学習指導要領に記載の学習内容や学習活動の中から、生活の課題解決能力の育成に関わる事柄を整理し、その能力を育むための手立てや学習活動がどのように示されてきたのか、整理・分析し、各改訂期の特徴を明らかにしたい。

①　平成元年告示学習指導要領の学習方略

　教育課程審議会「幼稚園、小学校、中学校及び高等学校の教育課程の規準の改善について（答申）」（昭和 62 年）の改善の基本方針には、学習活動に関する文言として、「男女が協力して家庭生活を築いていくことや、生活に必要な知識と技術を習得させることなどの観点から、その内容及び履修の在り方を改善するとともに、実践的・体験的な学習が一層充実するよう改善を図る」こと、小学校においては、「日常生活との関連に配慮して衣食住などに関する実践的な学習が一層充実するよう内容の改善を図る」ことが示されている。

　学習指導要領[22]では、「第3　指導計画の作成と各学年にわたる内容の取扱い」の中で、「家庭との連携を図り、児童が習得した知識や技能を実際の生活

に活用するよう配慮する必要がある」と示されている。

これらのことから、「生活を創意工夫する能力」が学習評価の1観点として独立した時期ではあったものの、学習指導要領上では生活の課題解決能力の育成に係る指導を「家庭との連携」「知識・技能の活用」の視点から捉えており、具体的な学習過程や学習活動及び評価方法と関連させて示してはいなかったことが分かる。

② 平成10年告示学習指導要領の学習方略

平成10年の教育課程審議会答申の改善の基本方針には、学習活動に関する文言として、「環境に配慮して主体的に生活を営む能力を育てるため、自ら課題を見いだし解決を図る問題解決的な学習の充実を図る」と示されている。また、小学校の改善の具体的事項には、「家庭生活の工夫」に関する内容を定め、家族や近隣の人々との生活の課題について各内容での学習を生かして取り組むことができるよう、実践的・体験的な学習活動を重視することが示されている。

学習指導要領[23]では、さらに具体的に「第3　指導計画の作成と各学年にわたる内容の取扱い」の中で、「(8)については(1)から(7)までの各項目での学習を生かして総合的に扱うこと。また、自分の家庭生活上の課題について実践的な活動を中心に扱うこと」と示されている。なお家庭との連携による知識・技能の日常生活での活用については平成元年と同様の考え方が示されている。

これらのことから、答申上では問題解決的な学習という文言を用いてその充実を図ることが示されているものの、小学校学習指導要領上では、「家庭生活上の課題について実践的な活動を中心に扱う」と示され、実践的な活動を通して問題解決的な学習に取り組むこと、つまり、両者を関連付けて捉えていたことが分かる。

③ 平成20年告示学習指導要領の学習方略[24]

平成20年の中央教育審議会答申の改善の基本方針には、小・中・高等学校の家庭科、技術・家庭科の学習活動に関する文言として、「知識と技術などを活用して、学習や実際の生活において課題を発見し解決できる能力を育成するために、自ら課題を見いだし解決を図る問題解決的な学習をより一層充実する」と示されている。また、小学校の改善の具体的事項には、「実践的・体験的な学習活動、問題解決的な学習を通して、〜生活を支える基礎的・基本的な

能力と実践的な態度を育成することを重視」することが示されている。

　学習指導要領では、「第3　指導計画の作成と各学年にわたる内容の取扱い」の中で、「自分の生活における課題を解決するために言葉や図表などを用いて生活をよりよくする方法を考えたり説明したりするなどの学習活動が充実するよう配慮」すると明記され、課題を解決する方法として言語活動が示されていることが分かる。なお、家庭との連携による知識・技能の日常生活での活用については従前と同様の考え方が示されている。

　これらのことから、この時期は、全教科等にわたる言語活動の充実を背景として、家庭科、技術・家庭科における問題解決的な学習の一層の充実が謳われ、小学校の学習指導要領においても、生活の課題を解決するための言語活動の充実が求められていたことが分かる。生活の課題を解決するための学習方略として言語活動に言及した意義は大きいが、学習指導要領上では「言語活動の充実」が全面に押し出され、家庭科の問題解決的な学習の過程や課題解決能力そのものについての記述は散漫となり、焦点化できなかったのがこの時期の特徴であろう。

④　平成29年告示学習指導要領の学習方略[25)]

　平成28年の中央教育審議会答申の改訂の趣旨及び要点には、今回の学習指導要領の骨格ともなる家庭科、技術・家庭科（家庭分野）の資質・能力について、「実践的・体験的な学習活動を通して、家族・家庭、衣食住、消費や環境等についての科学的な理解を図り、それらに係る技能を身に付けるとともに、生活の中から問題を見いだして課題を設定し、それを解決する力や、よりよい生活の実現に向けて、生活を工夫し創造しようとする態度等を育成する」ことを基本的な考え方とすることが示された。また、具体的な改善事項として学習過程を踏まえた改善を行うことが強調されており、「生活の中から問題を見いだし、課題を設定し、解決方法を検討し、計画、実践、評価・改善するという一連の学習過程を重視し、この過程を踏まえて基礎的な知識・技能の習得に係る内容や、それらを活用して思考力・判断力・表現力等の育成に係る内容について整理」することが示されている。

　小学校の新学習指導要領では、目標において「生活をよりよくしようとする資質・能力」を育成すること、その資質・能力の柱の一つとして、「日常生活

の中から問題を見いだして課題を設定し、様々な解決方法を考え、実践を評価・改善し、考えたことを実現するなど、課題を解決する力を養う」と明記されている。また、「第3　指導計画の作成と内容の取扱い」の中で、授業改善の視点として、「資質・能力の育成に向けて、児童の主体的・対話的で深い学びの実践を図るようにすること。その際、生活の営みに係る見方・考え方を働かせ、知識を生活体験等と関連付けてより深く理解するとともに、日常生活の中から問題を見いだして様々な解決方法を考え、他者と意見交流し、実践を評価・改善して、新たな課題を見いだす過程を重視した学習の充実を図る」ことが示されている。また、指導項目としてA（4）「家族・家庭生活についての課題と実践」が新設された。これは、生活の課題解決能力と実践的な態度の育成を目指す内容であり、既設の中学校の「生活の課題と実践」及び「高等学校のホームプロジェクト」につながる内容でもある。

　これらのことから、この時期は、全教科等にわたる資質・能力ベースへの転換を背景として、家庭科、技術・家庭科で求める資質・能力を育むために、問題解決的な学習を充実させることが、目標と内容、学習活動レベルで明確に示されたのが特徴である。この基盤となる考え方は、教育課程部会家庭、技術・家庭ワーキンググループの「審議の取りまとめ」の中に次のように示されている。「家庭科、技術・家庭科家庭分野で育成することを目指す資質・能力は、『生活の営みに係る見方・考え方』を働かせつつ、生活の中の様々な問題の中から課題を設定し、その解決を目指して解決方法を検討し、計画を立てて実践するとともに、その結果を評価・改善するという活動の中で育成できる」。すなわち、育成すべき資質・能力は問題解決的な学習とその学習過程を踏まえた活動等において育まれるということである。さらに学習指導要領解説では、「2学年間を見通して、このような学習過程を工夫した題材を計画的に配列し、課題を解決する力を養うことが大切」とし、同頁には「家庭科、技術・家庭科（家庭分野）の学習過程」[26]が図示されている（図1）。参考例として示されているものではあるが、「生活の課題発見」→「解決方法の検討と計画」→「課題解決に向けた実践活動」→「実践活動の評価・改善」→「家庭・地域での実践」の順で学習過程が明示されており、これまでの解説には見られなかった大きな取扱いとなっていることから、重視の度合いが見て取れる。

図1　家庭科、技術・家庭科（家庭分野）の学習過程の参考例[26]

生活の課題発見	解決方法の検討と計画		課題解決に向けた実践活動	実践活動の評価・改善		家庭・地域での実践
既習の知識及び技能や生活経験を基に生活を見つめ、生活の中から問題を見いだし、解決すべき課題を設定する	生活に関わる知識及び技能を習得し、解決方法を検討する	解決の見通しをもち、計画を立てる	生活に関わる知識及び技能を活用して、調理・製作等の実習や、調査、交流活動などを行う	実践した結果を評価する	結果を発表し、改善策を検討する	改善策を家庭・地域で実践する

※上記に示す各学習過程は例示であり、上例に限定されるものではないこと

　なお、家庭との連携による知識・技能の日常生活での活用については、「第3章　指導計画の作成と内容の取扱い」の中に「(5)　家庭や地域との連携」として、従前と同様の考え方が示されている。

3　まとめ

　戦後の学習指導要領を紐解くと、小学校家庭科においては生活の課題解決能力を育む学習方略として、これまで「家庭との連携」や「言語活動」、「問題解決的な学習」が提示されてきたことが明らかとなった。また、問題解決的な学習の比重は、改訂を重ねるごとに大きくなっており、平成29年告示の学習指導要領では、問題解決的な学習過程を踏まえた指導の必要性が強調されているのは前述のとおりである。「生活の営みに係る見方・考え方」や小学校における指導事項「家族・家庭生活についての課題と実践」など、新たな中心概念の提起や生活の課題解決能力の育成に直結する内容の新設もあることから、今後は、目指す資質・能力を育成するための問題解決的な学習や学習評価の進め方について、理論と実践の双方から研究を組織的に進めることが重要である。

　また、これまで歴史的に十分に消化されずに残されてきた家庭科の「生活の課題解決能力（思考力・判断力・表現力）」そのものについて熟考すること、問題解決的な学習過程と資質・能力育成との関係を明解にすること、さらに、生活の課題解決能力を育む学習方略を探究していくことが、新しい学習指導要領の全面実施が進む現在の課題として浮き彫りになったといえよう。

引用文献

1) 文部科学省、2017、『小学校学習指導要領（平成29年告示）解説　家庭編』、東洋館出版社、p.12.
2) 文部科学省、2017、『中学校学習指導要領（平成29年告示）解説　技術・家庭編』、開隆堂出版、p.62.
3) 文部科学省、2018、『高等学校学習指導要領（平成29年告示）解説　家庭編』、p.19、http://www.mext.go.jp/component/a_menu/education/micro_detail/__icsFiles/afieldfile/2018/07/17/1407073_10.pdf（最終閲覧日2019年1月31日）.
4) 学校教育法第30条第2項には、学力の三要素として、「基礎的な知識及び技能」、「これらを活用して課題を解決するために必要な思考力、判断力、表現力」、「主体的に学習に取り組む態度」が示されている。
5) 国立教育政策研究所、2014、『学習指導要領データベース』、（最終閲覧日2019年1月31日）、https://www.nier.go.jp/guideline/.
6) 2) に同じ.
7) 布村幸彦、2002、『平成13年改善指導要録の基本的な考え方』、ぎょうせい、pp.165-323.
8) 文部省初等中等教育局高等学校教育課、1972、『学籍簿・指導要録の変遷』、p.50.
9) 同上、p.97.
10) 同上、p.120.
11) 7) に同じ.
12) 朴木佳緒留、2000、「3.1 小学校家庭科廃止論をめぐって」、『家庭科教育50年』、建帛社、p.14.
13) 7) に同じ.
14) 現代日本教育制度史料編集委員会、1990、『現代日本教育制度史料47』、東京法令出版、p.573.
15) 布村幸彦、2002、『平成13年改善指導要録の基本的な考え方』、ぎょうせい、p.285.
16) 布村幸彦、2002、『平成13年改善指導要録の基本的な考え方』、ぎょうせい、p.273.
17) 文部省、1999、『小学校学習指導要領解説　家庭編』、開隆堂出版、p.14.
18) 国立教育政策研究所、2002、評価規準の作成、評価方法の工夫改善のための参考資料（小学校）、http://www.nier.go.jp/kaihatsu/houkoku/index_e.htm（最終閲覧日2019年1月31日）.
19) 文部科学省、2008、『小学校学習指導要領解説　家庭編』、東洋館出版、p.13.
20) 国立教育政策研究所、2011、『評価規準の作成、評価方法等の工夫改善のための参考資料（小学校家庭）』、教育出版、p.23.
21) 教育課程部会家庭、技術・家庭ワーキンググループ、2016、「家庭、技術・家庭ワーキンググループにおける審議の取りまとめについて（報告）、p.9、http://www.mext.go.jp/b_menu/shingi/chukyo/chukyo3/065/sonota/__icsFiles/afieldfile/2016/09/12/1377053_01.pdf（最終閲覧日2019年1月31日）.
22) 文部省、1989.『小学校指導書家庭編』、開隆堂出版、p.72.
23) 文部省、1999、『小学校学習指導要領解説家庭編』、開隆堂出版、pp.64-67.
24) 文部科学省、2008、『小学校学習指導要領解説家庭編』、東洋館出版社、p.3、p.4、p.61.
25) 文部科学省、2017、『小学校学習指導要領（平成29年告示）解説家庭編』、東洋館出版社、p.6、p.12、p.15、p.71.
26) 文部科学省、2017、『小学校学習指導要領（平成29年告示）解説家庭編』、東洋館出版社、p.15.

参考文献

・国立教育政策研究所、2012、「小学校学習指導要領実施状況調査」、http://www.nier.go.jp/kaihatsu/shido_h24/01h24_25/07h24bunseki_katei.pdf（最終閲覧日2019年1月31日）.
・中央教育審議会、2016、『幼稚園、小学校、中学校、高等学校及び特別支援学校の学習指導要領等の改善及び必要な方策等について（答申）』.

備考）本節は『佐賀大学大学院学校教育学研究科研究紀要』第3巻（2019：31-45）の論文「課題解決能力を育む家庭科の学習方略についての考察：学習指導要領の変遷と小学校家庭科担当教員の指導状況の分析から」の前半部を一部修正して執筆したものである。

（第1章Ⅱ　　岡　陽子）

Ⅲ 汎用的能力からみる家庭科教育の固有性及び研究の現状

1 家庭科の指導内容の学問的背景と家政学

　家庭科は、生活に係る広範な知識や技術を個別に習得するだけではなく、それらの関係性や生活システムを理解し、一人一人のウェルビーイングを意図して生活を創造することができる自立した生活者の育成を目指す教科である。新学習指導要領（2017）では、汎用的スキルと教科固有の資質・能力の2視点を相互に関連付けながら明確にすることが謳われている。その際、各教科の本質を教育課程全体の中で捉え直していくことの重要性が注目されているところである。

　一方、小・中・高等学校で培われた家庭科のイメージは、本来とはかけ離れたものである（室 2014、志村ら 2008）。その理由の一つとして家庭科が科学に立脚した教科であるという認識が薄いことが挙げられる（小倉ら 2009）。家庭科の意義が子供たちに伝わりにくい要因の一つとして、家庭科の本質や学習内容の体系に対する家庭科教師たちの関心が低いことが挙げられる。その改善を図るために、教師教育の早い段階で、家庭科の独自性を理解し、その資質・能力を汎用的スキルとの関係の中で捉えて指導に生かそうとする姿勢を育むことが必要である。

　そこで優先される学びの文脈は、専門諸科学の研究成果を事実的知識として学ぶにとどまらず、それらを根拠として明らかにされる人間生活のありさまや、環境との相互作用の仕方を、多様な条件・状況の中で吟味し選択していくことである。

　諸科学の理論と実践を統合する科学である家政学の理論を踏まえて教科の本質を捉えることは、汎用的スキルの獲得に家庭科がどのように貢献できるのかという命題にアプローチすることを容易にする。家政学の研究対象は、人文科学、社会科学、自然科学分野の多岐にわたる研究成果の集積の中にある。家庭科教師には、教科の本質を理解した上で、それら諸科学の成果と家庭科学習内容との関係性を問うことが求められており、それらを多様な生活価値に基づいて整理することが必要である。そのためにも、諸科学の成果を総合して実践に

つなぐことを目指す家政学に注目する価値がある。

　家政学の定義について、国際家政学会 Position Statement（2008）では、「家政学は個人・家族・地域にとって最適で持続可能な暮らしを実現するための人間科学（自然科学、社会科学という科学の伝統的枠組みを超えた総合的な学問）であり専門である」とされ、第22期日本学術会議健康・生活科学委員会家政学分野の参照基準検討分科会報告（2013）においては、「家政学は、人間生活における人と環境との相互作用について、人的・物的両面から研究し、生活の質の向上と人類の福祉に貢献する実践的総合科学である」と示されている。いずれも家政学は、人と環境との相互作用を通してつくり上げられる「生活の総体」の具体的な状況として、「生活の質の向上と人類の福祉」「個人・家族・地域にとって最適で持続可能な暮らし」を挙げている。

　工藤（2020）は、「様々な要素からなる生活事象を、個々人の生活価値に照らして、それぞれの生活・人生の文脈に位置づけることが、生活の総体をつくり上げる『営み』であり、そのダイナミックな営みを、家政学は、『人と環境との相互作用』として示している」と述べている。

　家庭科教育の充実、発展のためには、教員養成や教師教育において、細分化した学問からのアプローチを脱し、衣食住等多岐にわたる教科専門の授業を、家庭科の意義・目的・方法等教科の共通知を基盤として再構成し、授業展開できる教師教育者の資質・能力の向上が鍵となる。それは、理念や価値の強要ではなく、各自の価値観を揺さぶり多様性を理解する学習展開ができる教師の育成につながるであろう。

　家庭科の目標では、育成する資質・能力に係る三つの柱を示すに当たり、その冒頭で「生活の営みに係る見方・考え方を働かせる」ことが強調されている。教科独自の学習対象が「生活の営み」であり、それに係る見方・考え方は、家庭科の目標、内容及び学習方法を規定する上で基盤となるものである。

　ここに示された家庭科の学習対象や、それらを捉える視点、創造する生活の在り方、及び工夫する対象としての「よりよい生活」は、教科の背景学問としての家政学に依拠していると考えられる。

　上記の家政学の定義（2013）に基づいて考えると、家庭科で育成する資質・能力は、①科学の知を総合して生活事象を解釈する力、②生活技能習得と日常

生活実践に対する価値・態度形成、③他者との相互作用による自己の生活の創発と捉えることもできる（鈴木 2014）。

このような家政学の在り方や「生活の営み」を総合的に捉える視点をカリキュラムや題材構成や授業に生かしていく必要がある。そのことが教育課程全体における家庭科の役割でもある。

生活の営みに係る見方・考え方として示された「協力・協働、健康・快適・安全、生活文化の継承・創造、持続可能な社会の構築等」という四つの視点は、よりよい生活を工夫するための視点でもあり、深い学びによって資質・能力を鍛える生活概念の形成につながる視点でもある。カリキュラムをコンピテンシーベースで構想する際には四つの視点のいずれかの視点を重視して全内容を捉えることもあるだろう。一方で、これらの視点を学習内容ごとに単独で対応させて強調することが「生活の営みを総合的に捉える」という家庭科の独自の使命を見失うことにつながる可能性もある。生活事象によって捉える視点や捉える重さが決まっているわけではなく、題材構成によっては、同題材で複数の視点を重視することもあり得る。

ここで、「生活」の捉え方を明確にしておく必要がある。生活を構成する要素は多種多様であるが、家政学では、それら要素の集合体としてではなく、要素の相互作用によって変化する総体として生活を捉える。そのため、個人がどのように周囲の環境に関わるかによって生活の総体は変化する。

このような家政学の在り方や「生活」の捉え方に依拠して、日本家庭科教育学会では、家庭科教育の目的を「個人及び家族の発達と生活の営みを総合的に捉えて、日々の生活活動の中で、主体的に判断して実践できる能力を育み、明日の生活環境・文化を創ることのできる資質・能力を育成する」こととしている。主体的に判断し実践できる能力とは、生活に対する問題意識、問題解決に向かう積極的態度、それを可能にする知識・技能や思考力の統合されたものである。

このような家庭科の学びは、他教科等に比べて汎用的スキルにアプローチしやすい特質をもっている。しかしながら、その独自の学びやアプローチを可能にする内容横断的な展開が見られる教員養成カリキュラムの例は少ない。教科固有の知識・スキル、学び方及び資質・能力が汎用的スキルと往還しながら獲

得されていく過程で双方を結び付けているのが、教科の本質としての見方・考え方であり、家政学の学問的特徴である。またその見方・考え方は、カリキュラムを通しての学びや汎用的スキルの訓練の中で鍛えられ、教科固有の資質・能力を高めていくことにもつながる。

　昨今の生活者が直面する課題は、広範囲に頻繁に形を変えて出現し、その要因は複雑な背景をもっており、解決のためには多面的な視点で方策を講じる必要がある。家庭科では、このような現代社会の特徴を理解させつつ、生活者の視点で様々な問いと向き合わせることが必要である。生活の要素を個別に取り上げるだけではなく、内容横断的に扱うことによって、複雑な生活課題の要因を総合的に捉えることが可能になる。

　家庭科教師は、題材としての内容のまとまりを捉えるだけではなく、題材相互の関係を意識し、学びの文脈をつくることが肝要である。問題解決的な学習もそのような長期的なプロセスの中に位置付けたい。小学校、中学校の「課題と実践」や高等学校の「ホームプロジェクト」の学習も、そのような学びの文脈の中でこそ効果的に展開されるであろう。それによって、オーセンティックな学びを提供しうる家庭科カリキュラムの実現が可能になる。

　このような「生活の多面的理解」及び「生活者育成」という目標に照らして、今後の家庭科においては、広範な教科内容の構造化と多様な方法論的アプローチを学ぶことが課題となる。

引用・参考文献

- 室雅子、2014、「教員養成課程における大学生の家庭科観からみる家庭科教育の課題」、椙山女学園大学研究論集 第 45 号（社会科学篇）、pp.239-249.
- 志村結美／大島寿美子、2008、「大学生の家庭科観」、山梨大学教育人間科学部附属教育実践総合センター研究紀要 教育実践学研究 第 13 号、pp.1-12.
- 小倉育代／宮崎陽子／大本久美子／表真美／岸本幸臣／長石啓子／吉井美奈子、2009、「家庭科教員の家政学認識と教育現場の課題」、日本家政学会 家政学原論研究 No.43 研究ノート.
- 中央教育審議会初等中等教育分科会教育課程部会教育課程企画特別部会「教育課程企画特別部会論点整理」平成 27 年 8 月 26 日.
- 奈須正裕「教員養成における教科内容の学び方と各教科の本質的意義の再考」広島大学大学院教育学研究科共同研究プロジェクト講演会資料、2016 年 1 月 29 日 16：30 ～ 19：00、広島大学大学院教育学研究科.
- 鈴木明子／村上かおり／福田明子／木下瑞穂／今川真治／松原主典／高田宏、2014、「家庭科教員養成におけるプログラムモデルの構築に向けて─教科教育と教科内容及び教科内容相互の架橋の検討─」『広島大学大学院教育学研究科紀要』第二部第 63 号、pp.307-316.

- 鈴木明子／草原和博／木下博義他、平成27年度、「教員養成における教科教育と教科内容との連携を図ったプログラムモデルの構築に向けて（1）―家庭科・社会科・理科からのアプローチ―」広島大学大学院教育学研究科共同研究プロジェクト報告書.
- 日本家庭科教育学会編、2013、『生きる力をそなえた子どもたち―それは家庭科教育から』学文社、p.67.
- 『家政学のじかん』編集委員会、2012、『今こそ家政学 - くらしを創る11のヒント』ナカニシヤ出版.
- 西岡加名恵、2016、『教科と総合学習のカリキュラム設計―パフォーマンス評価をどう活かすか』図書文化社.
- 国際家政学会 2008 Position Statement "Home Economics in the 21st Century"（正保正惠氏提供）.
- 鈴木明子、2017、「連載コンピテンシーベイスの授業づくり（8）家庭科の資質・能力育成におけるカリキュラム水準の文脈づくりの意義」（指導と評価、vol.63-3、pp.59-61）.
- 日本教科内容学会第7回研究大会（紙面開催）課題研究発表資料「家庭」の教科内容構成を基にしたシラバス提案と批評文　平田道憲／鈴木明子／村上かおり　広島大学（人間生活教育学コース協力による）（批評）工藤由貴子／佐藤ゆかり（2020年8月7日）.
- 科学研究費助成事業（学術研究助成基金助成金）課題番号19K02814（代表　鈴木明子）交付金によるシンポジウム資料（2019年10月20日）.
- 鈴木明子、2020、「質の高い教育を支える家庭科の本質と教師像」広島大学附属小学校学校教育研究会　学校教育　No.1240、pp.22-29.

（第1章Ⅲ-1　鈴木　明子）

2 家庭科研究にみられる課題解決能力と学習方略

近年の課題解決能力に関連する研究には、荒井（2010）の批判的リテラシーに着目した問題解決学習[(1)]の提案がある。荒井はPDS（Plan-Do-See）[(2)]と実践的推論プロセス[(3)]を対比させながら、日本の家庭科では「PDSを超える理論について掘り下げた議論はなされておらず、それを支える学習論の検討もまだ十分ではない」（荒井 2010：46-47）とし、批判的リテラシーを鍛える問題解決の在り方について理論研究と実践研究の両面から明らかにする必要性を述べている。また、問題解決学習で必要な視点として、次の四つを提案している。

- 転用可能な批判的リテラシーの育成には、問題をどう解決するかという中身以上に、探究のプロセスが重要。問題発見から振り返りまでの探究のプロセスをより丁寧に段階を踏んで設定する必要がある。
- 探究のプロセスの中では、問題の着目、問題の特定、解決の選択肢の検討を十分に行うことが重要であり、学習者の批判的思考を促す「問い」が必要である。
- 問題解決の最適の方法としてとろうとする行為のもつ意味や相互の関連を学

習者自身が理解し、それを吟味する力の育成が必要である。

・生徒の体験の積み上げに配慮して問題解決学習を行う。

　この提案は、新学習指導要領（2017）小学校家庭科において、資質・能力の一つとして「課題を解決する力」が示され、その力を育む学習方法として、問題解決的な学習が示されたことと同じベクトルをもつと捉えられる。すなわち、何をどう解決できたかという中身とともに、解決のプロセスを経てどのような力を獲得したかを捉える視点が重要ということであろう。また、知識・技能を活用して生活の課題をよりよく解決する力の育成とともに、豊かさの普遍的価値からその行為の意味を吟味する視点も重要である。

　福田（2010：79）は、この問題解決学習に関する効果的な学習方略の追究を目的として、大学生を対象とした授業を検証し、学習の転移に着目して次の結果を導いている。

・自己理解を促す学習方略として、協同的な学びが有効であり、その充実のためには、学習者が自己の考えや理解の状況を整理する【準備プロセス】の導入が必要である。

・課題遂行段階での学習目的の意識化と学習状況を点検・評価する仕組みが必要である。

・他者の異なった考えにふれ、自己の認識を客観視しつつ広がりや深みをもって協同構成を振り返り認識を再構築するプロセスが不可欠である。

・問題解決後に分かったことを学習者自身にある程度抽象化された形で抽出させることで新たな問題状況での転移が促されることから、教師が意図的に転移を図るべく【問題解決後の振り返り】を方略として組み込む必要がある。

　これらの知見は、新学習指導要領解説に示された問題解決の学習過程に授業を当てはめるだけという、型をなぞって授業構成することへの警鐘でもある。示された学習過程にどう息を吹き込むか、学習の質的な高まりを提供するための知見と捉えることができる。

　山田（2004：83-84）は、学習者が世界を意識化し判断主体となる学びの重要性から問題解決学習の捉え直しを提唱し、問題解決学習で重要なこととして次の4点を挙げている。

・問題解決学習を基礎・基本の応用の場とするのではなく、問題解決の過程

で、子供たちが共同で現代の課題に即して、現代生活を探究し、読み解き、新たな在り方を共同していける力を身に付けていく、と捉えること。

・家庭から社会を批判的に分析し（再）創造する場として問題解決学習を捉えること。

・家庭や家族に関する言説、慣習や制度、文化や学問に内在されてきた政治性の解明を「子供の側」から行うこと。

・批判的学習を通して、強制することなく、世界の見方や態度・価値観の形成を行う、と捉えること。

　家庭科教育における空間軸を捉えると、小学校、中学校、高等学校と学校段階に応じて、学習対象は、家庭、地域、社会へと広がっていく。小学校家庭科においては、自分の家庭生活とともに地域の生活や地域に住む人々、低学年の子供や高齢者を対象にした学習内容が設定されている。山田の知見を踏まえると、その中で子供が問題解決の主体となって学習に創造的に関わるためには、自分以外の世界（家庭・家族、他者、地域、自然・環境）を意識化し、子供の側から世界を捉え返して、「問い」による批判的思考を活性化しつつ世界に参加する視点が重要になると考える。

　野中（2019）は、消費者生活の課題解決能力を育成するための授業デザインのモデル図を提案している。その中でも、学習者の課題に対する自己開示と思考過程の可視化の重要性について、「問題解決的な学習を通して、学習者の課題に対する自己開示と問題解決における思考過程を可視化することによって、当事者として意思決定しながら自分の意識の変容に気付くことができ、自分の生活への批判的思考、ならびに生活課題解決のための実践的態度を養う」（野中2019：189）と述べている。

　このことについて、山田の言葉を借りれば、自己開示とは世界（この場合は課題）と向き合うということであり、そこに参加し子供の側から世界を捉え返すことだと解釈したい。このことが学習者が問題解決の主体となるための重要な視点だと考える。

　以上、新学習指導要領の考え方や荒井、福田、山田、野中の知見を踏まえ、生活の課題解決能力を改めて次のように捉える。

・社会の変化の中で世界を意識し豊かさの普遍的価値を問うとともに、知識及

び技能を活用して生活の課題を解決する能力

・問題解決的な学習の過程で育成されるもの

　例）調理実習などの実践的活動を含む題材の中で構想される問題解決的な学
　　　習なども含む

　なお、次節Ⅳの質問紙調査については、この考え方に基づき調査項目を作成
し、分析を行った。

注
(1) 荒井らの「問題解決学習」は、本研究で使用の「問題解決的な学習」と同義と捉える。
　　本稿では、戦後初期の新教育における「問題解決学習」と区別し、現行学習指導要領に記載の
　　「問題解決的な学習」を用いている。
(2) PDS は「計画－実践－反省・評価」の３段階を指す。家庭科の問題解決学習の学習法として提
　　唱され、高等学校のホームプロジェクトの学習方法として教科書にも記載されている。
(3) ブラウン（米国）らに提唱された批判的リテラシーを獲得する学習論。「問題への着目－実践的
　　推論―批判的思考と判断―行動とその評価」の４ステージがある。

引用・参考文献
・岡陽子／萱島知子／鈴木明子、2019、「課題解決能力を育む家庭科の指導の現状と課題―佐賀県と広
　島市の小学校家庭科担当教員の指導状況の分析から―」『佐賀大学大学院学校教育学研究科紀要』第
　4 巻、pp.18-29.
・荒井紀子／鈴木真由子／綿引伴子、2010、『新しい問題解決学習 Plan Do See から批判的リテラシー
　の学びへ』、教育図書、pp.46-47.
・野中美津枝、2019、『生活課題解決能力を育成する授業デザインの実証的研究―授業評価・改善に関
　するモデル』、福村出版、p.189.
・福田恵子、2010、「家庭科教育における問題解決学習の課題と学習方略―学習の転移に着目した問題
　解決プロセスの構造分析―」日本家庭科教育学会誌第 53 巻第 2 号、pp.71-80.
・山田綾、2004、「問題解決学習から課題提起型学習へ」、日本家庭科教育学会編『衣食住・家族の学
　びのリニューアル ―家庭科カリキュラム開発の視点―』、pp.80-87、明治図書.

（第 1 章Ⅲ-2　　岡　陽子）

Ⅳ 衣生活、食生活の授業の課題からみる授業改善の方向性（調査結果を基に）

1 小学校家庭科授業における問題解決的な学習に係る指導の実態調査の意義

　小学校家庭科の指導の実態については、2012年に国立教育政策研究所が実施した小学校学習指導要領実施状況調査がある（国立教育政策研究所、2012）。しかし、生活の課題解決能力や問題解決的な学習に焦点を当てた教員の指導実態に関する研究は、小学校を対象としたものは見当たらない。

　生活の課題解決能力に係る教育的課題を踏まえ、新学習指導要領（2017）による授業を牽引する資質・能力ベースの小学校家庭科のモデルカリキュラムと評価メソッドを開発するためには、まず生活の課題解決能力に係る学校現場の指導の現状と課題を明らかにする必要があろう。そこで、筆者らは小学校家庭科における生活の課題解決能力を育む、問題解決的な学習に係る指導の現状と課題を明らかにするために、小学校の家庭科担当教員の協力を得て、佐賀県と広島県広島市にて質問紙調査を実施した（岡ら、2019、2020）。本節では、この調査結果から小学校家庭科における課題解決能力を育む指導実態を分析した内容を紹介する。特に、課題を内包していると考えられる2点、すなわち①問題解決的な学習の指導と②調理と製作の学習の指導に焦点を絞り、課題解決能力を育む指導の現状を明らかにし、授業改善の方向性を探った。

2 調査方法の概要

　生活の課題解決能力を育む指導の実施状況や新学習指導要領への理解についての現状と課題を把握するため、佐賀県と広島県広島市においてインターネットによる自記式質問紙調査を実施した。

（1）調査時期と対象者

　2018年7～9月に佐賀県公立小学校全161校と広島市の公立小学校全101校において、家庭科主任又は家庭科を指導している教員1名を対象に調査を行った。有効回答数は、佐賀県155名（有効回答率96.3％）、広島市93名（有効回答率92.1％）であった。なお、本調査時期は、新学習指導要領の移行措

置として先行実施が始まった平成30年度である。

(2) 調査内容

　調査項目は、属性に加えて、課題解決能力の育成に関する指導についての項目（小学校家庭科での指導33項目、新学習指導要領についての理解9項目、新学習指導要領についての自由記述1項目）と、指導項目別の学習指導についての項目（指導項目別での指導の難易度1項目18分類、調理・布を用いた物の製作の学習の課題及び家庭科の指導についての自由記述各3項目）を設定し、計49項目で構成した。回答方法は、項目によって、選択式あるいは記述式とした。

③ 小学校家庭科における指導の実態と課題

(1) 属性

　回答者の属性（勤務年数、性別、免許取得状況）については、両エリアで特徴的な差はみられなかった。

(2) 小学校家庭科での指導実態

　図2に、小学校家庭科における現在の指導状況や指導上の認識について回答を得た結果（32項目）を示す。具体的には、年間指導計画の設定や問題解決的な学習、学習評価、教材の活用などについて質問し、4件法で回答を得た。肯定的な回答を段階的に4点、3点、否定的な回答を2点、1点と数値化し、項目ごとに平均値を求めた。なお、否定的な回答の方が評価できると捉えられる質問項目は「逆転項目」として扱い、最も否定的な回答を4点とし、以下段階的に数値化した。

1) 指導実態と課題

　図2に示すように平均値が高い上位4項目は、二つのエリアで順位は異なるものの共通していた。特に「家庭科で学習したことを家庭で実践するように指導している」については、実践的な態度を重視してきた家庭科教育の学力の捉え方が結果に表れているものと推測できる。また、「児童の自己評価を取り入れることは大切」も重要性の認識が高く、「児童の学習活動としての自己評価」の実施も平均値が高い項目であり、認識と実践の一致がうかがえた。さらに「家庭科の各題材は2学年間の年間指導計画に基づき構成」も上位項目である

図2　小学校家庭科の指導実態*

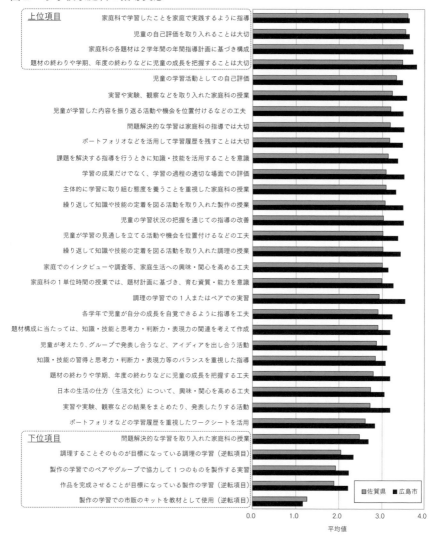

上位項目
- 家庭科で学習したことを家庭で実践するように指導
- 児童の自己評価を取り入れることは大切
- 家庭科の各題材は2学年間の年間指導計画に基づき構成
- 題材の終わりや学期、年度の終わりなどに児童の成長を把握することは大切
- 児童の学習活動としての自己評価
- 実習や実験、観察などを取り入れた家庭科の授業
- 児童が学習した内容を振り返る活動や機会を位置付けるなどの工夫
- 問題解決的な学習は家庭科の指導では大切
- ポートフォリオなどを活用して学習履歴を残すことは大切
- 課題を解決する指導を行うときに知識・技能を活用することを意識
- 学習の成果だけでなく、学習の過程の適切な場面での評価
- 主体的に学習に取り組む態度を養うことを重視した家庭科の授業
- 繰り返して知識や技能の定着を図る活動を取り入れた製作の授業
- 児童の学習状況の把握を通じての指導の改善
- 児童が学習の見通しを立てる活動や機会を位置付けるなどの工夫
- 繰り返して知識や技能の定着を図る活動を取り入れた調理の授業
- 家庭でのインタビューや調査等、家庭生活への興味・関心を高める工夫
- 家庭科の1単位時間の授業では、題材計画に基づき、育む資質・能力を意識
- 調理の学習での1人またはペアでの実習
- 各学年で児童が自分の成長を自覚できるように指導を工夫
- 題材構成に当たっては、知識・技能と思考力・判断力・表現力の関連を考えて作成
- 児童が考えたり、グループで発表し合うなど、アイディアを出し合う活動
- 知識・技能の習得と思考力・判断力・表現力等のバランスを重視した指導
- 題材の終わりや学期、年度の終わりなどに児童の成長を把握する工夫
- 日本の生活の仕方（生活文化）について、興味・関心を高める工夫
- 実習や実験、観察などの結果をまとめたり、発表したりする活動
- ポートフォリオなどの学習履歴を重視したワークシートを活用

下位項目
- 問題解決的な学習を取り入れた家庭科の授業
- 調理することそのものが目標になっている調理の学習（逆転項目）
- 製作の学習でのペアやグループで協力して1つのものを製作する実習
- 作品を完成させることが目標になっている製作の学習（逆転項目）
- 製作の学習での市販のキットを教材として使用（逆転項目）

■佐賀県　■広島市

平均値

＊回答された選択肢を、数値化（行っている／そう思う4点：どちらかといえば行っている／そう思う3点：ど
　ちらかといえば行っていない／そう思わない2点：行っていない／そう思わない：1点）した場合の平均値を
　示す（佐賀県 n＝154、155、広島市 n＝92、93）。なお、項目名は質問文を一部省略し示している。
出典）岡ら、『佐賀大学大学院学校教育学研究科紀要』、4（2020）より作成

　ことから、知識・技能の習得と定着を目指した家庭科の指導の取組がうかがわ
れた。

　一方、平均値が低い下位5項目についても、両エリアで同じ項目がみられ

た。このうち「問題解決的な学習を取り入れた家庭科の授業」の実施は平均値が下位項目の範疇であったが、その重要性の認識を尋ねる「問題解決的な学習は家庭科の指導では大切」は上位の項目であった。また、調理や製作に関する学習の指導に関する項目である「調理することそのものが目標になっている調理の学習（逆転項目）」「製作の学習でのペアやグループで協力して1つのものを製作する実習」「作品を完成させることが目標になっている製作の学習（逆転項目）」「製作の学習で市販のキットを教材として使用（逆転項目）」も両エリアに共通する下位項目であった。

これらの下位項目について、実践度や重要性の認識における回答の分布を図3（A）に示す。生活の課題解決能力の育成に重要とされている問題解決的な学習については、「行っている」「どちらかといえば行っている」と肯定的に回答した教員の割合は、佐賀県で53.6％、広島市で64.5％と5、6割程度であった。特に「行っている」と回答した割合は双方ともに10％に満たなかった。生活の課題解決能力の育成に当たって有効であるとともに、必須と考えられる問題解決的な学習について、取り入れていない教員が4割前後みられたことは課題であろう。

調理や製作の学習時に作ることそのものが目標になってしまっているか尋ねた項目では、6、7割程度が「そう思う」または「どちらかといえばそう思う」と回答していた。また、製作の学習ではグループ活動を行っているとした回答者は3、4割程度であり、布を用いた製作の授業では市販のキットを教材として使用している学校は9割以上と多くみられた。以上より、両エリアともに作ることが目的化している実態は顕著であり、調理実習や製作の学習時の問題解決的な学習の進め方に課題があることが推測できる。

2) 問題解決的な学習の指導状況

① 導入実態と認識の違い

前述のとおり、問題解決的な学習の重要性の認識とその導入実態にはズレがみられた。回答の分布からも、両エリアともに重要度の認識は高く、「問題解決的な学習は家庭科の指導では大切だと思いますか」と尋ねた項目では「そう思う」及び「どちらかといえばそう思う」と肯定的な回答をした教員は、佐賀県では9割以上、広島市では全回答者であった（図3（B）a）。一方、問題解

決的な学習を行っていると肯定的に回答した割合は、先述のとおり5、6割程度であり重要性の認識に比べ低かった。問題解決的な学習を重要と認識していても導入していない、またはできない者が一定数いる実態がみられた。

そこで、その要因を探るため、相対的に記述量が多かった佐賀県の調査を取り上げて、質問項目「家庭科の指導を行う上で大切にしていることは何か」の自由記述の内容を分析した（表4）。その結果、5割強の教員が「家庭科で学習したことを家庭生活において実践できること」「生活で生かすようにすること」、「実生活とのつながりを意識させる」など「実践的な態度の育成」について記述しており、最も高い割合（56.1％）を占めた。一方、「問題解決的な学習」については、「課題解決するための教授・学習過程の重視」「考える力を育む指導」などが記述されていたものの、1割にも満たなかった。問題解決的な

図3　下位項目及び問題解決的な学習の認識についての回答の分布[*]

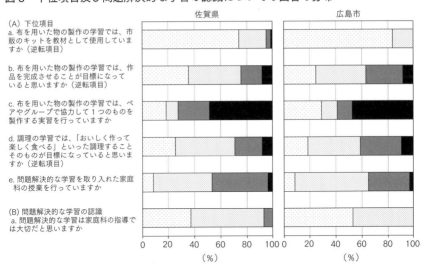

[*]図2にて平均値の下位5項目（A）、問題解決的な学習の認識に関する項目（B）における回答分布を示す（佐賀県 n＝155、広島市 n＝92、93）。なお、項目名は質問文を省略せず示しており、次のように図2の質問項目に対応する。（A）a：製作の学習での市販のキットを教材として使用；b：作品を完成させることが目標になっている製作の学習；c：製作の学習でのペアやグループで協力して1つのものを製作する実習；d：調理することそのものが目標になっている調理の学習；e：問題解決的な学習を取り入れた家庭科の授業；（B）a：問題解決的な学習は家庭科の指導では大切。
出典）岡ら、『佐賀大学大学院学校教育学研究科紀要』、4（2020）より作成

学習の指導についての認識や優先順位は図1の全体結果と類似の傾向にあることが推測できた。すなわち、問題解決的な学習は、重要度は認識されているものの、家庭科がもつ諸々の要因や背景から、優先順位は低いという実態を捉えることができた。

表4　家庭科の指導で大切にしていること*

カテゴリー	％
実践的な態度の育成	56.1
学びに向かう力・人間性	16.1
基礎的知識・技能	14.2
生活の自立	11.6
安全・衛生面	7.1
実習の配慮事項	4.5
問題解決的な学習	3.9
家庭との連携・配慮	3.2
目標意識	3.2
学習評価	2.6
その他	2.6

＊回答は複数分類あり。割合（％）の母数は、佐賀県の回答者数（n = 155）。
出典）岡ら、『佐賀大学大学院学校教育学研究科紀要』、4（2020）より作成

②　問題解決的な学習の指導の困難点

　小学校家庭科での指導として問題解決的な学習のどの過程の指導に難しさを感じるかを、新学習指導要領の解説（2018）に示された問題解決的な学習過程に基づき5段階に区分し、質問した。ここでは、問題解決的な学習を「行っている」「どちらかといえば行っている」と肯定的に回答したグループを導入あり群、「行っていない」「どちらかといえば行っていない」と否定的に回答したグループを導入なし群として示す（図4）。

　家庭科の問題解決的な学習を行う場合に最も難しいと思う過程を尋ねた結果、佐賀県では導入あり群と導入なし群で各学習過程の困難さの回答分布に統計的に有意な差（$\chi^2 = 13.4244$、$p < 0.01$）がみられた。導入あり群では「家庭・地域での実践を行うこと」を選んだ教員が3割弱と最も多く、導入なし群

では「問題を見いだし生活の課題を発見すること」及び「実践活動の評価・改善をすること」を選んだ教員が共に2割程度で最も多くみられた。各群ともに著しく高い割合で選択された過程はみられなかったものの、問題解決的な学習の導入の有無により、指導が困難と感じる過程に違いがあることがうかがえた。

一方、広島市では、各学習過程の困難さの回答分布に両群で有意な差はみられなかった。しかし、「問題を見いだし生活の課題を発見すること」を最も難しいと選んだ回答者の割合は、佐賀県では導入あり群と比べ導入なし群の方が2倍程度高かったのに対して、広島市ではその逆の傾向がみられた。

以上より、問題解決的な学習の導入の有無によって、各学習過程における学習のイメージが異なるのではないかということ、とりわけ「生活の課題発見」の捉え方に違いがある可能性が推察された。学習者が自らの生活の中から課題を絞り込むのか、または教員側が予めある程度絞り込める状況をつくった上で学習者に課題を発見させるのかにより、課題発見の指導の困難さは異なるだろう。小学校家庭科の問題解決的な学習を、中学校、高等学校につなぐ基盤の学習と捉えたときに、学習者が課題解決の主体となるためにも、発達段階や学校段階に応じた課題発見の仕方について、今後の検討が引き続き重要と考えられ

図4　問題解決的な学習の指導において最も困難とする過程*

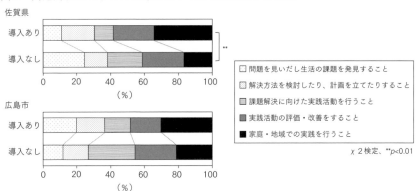

* 「家庭科の問題解決的な学習を行う場合、次のどの過程の指導が難しいと思いますか。最も難しいと思う指導を1つだけ選んでください」と尋ねた回答の分布を示す佐賀県：導入あり群 n = 83、導入なし群 n = 72；広島市：導入あり群 n = 59、60、導入なし群 n = 33）。
出典）岡ら、『佐賀大学大学院学校教育学研究科紀要』、4（2020）より作成

る。すなわち、どのような方法で子供は自分以外の世界（家庭・家族、他者、地域、自然・環境など）を意識し、子供の側から世界を捉え返すのか、また、豊かさの普遍的価値を問いながらどう課題を発見するのかを考え、課題発見の場面を設定する必要がある。

③ 問題解決的な学習と他の指導等との関連

　問題解決的な学習を取り入れているか否かでその他の指導の仕方に相違があるのかを把握するために、その他の指導31項目（図2）との関わりについて比較した。

　その結果、問題解決的な学習の導入あり群と導入なし群の回答の分布に有意な差が両エリアともに確認されたのは、「繰り返して知識や技能の定着を図る活動を取り入れた調理の授業」の実施、「知識・技能の習得と思考力・判断力・表現力等のバランスを重視した指導」の実施、「日本の生活の仕方（生活文化）について、興味・関心を高める工夫」の実施の3項目であった（図5（A）a-c）。いずれも導入あり群の方が「行っている」と回答した割合が高くみられた。また、有意差がみられたのは佐賀県のみであったが、「繰り返して知識や技能の定着を図る活動を取り入れた製作の授業」の実施においても、導入あり群の方が「行なっている」と回答した者の割合が高い傾向がみられた（図5（B）a）。これらのことから、導入あり群は、問題解決的な学習においても知識・技能の定着を意識して指導を行っていること、また、知識及び技能と思考力、判断力、表現力等の育成の双方の関係性を重視して問題解決的な学習を構成していることが推測できる。

　しかし、調理や製作の学習において完成させることが目的化していることと問題解決的な学習の導入の有無との関連については、予想に反して、有意な差はみられなかった（図5（B）b、c）。佐賀県では「調理することそのものが目標になっている調理の学習」及び「作品を完成させることが目標になっている製作の学習」の実施状況について、導入あり群の方がなし群よりも「そう思う」と回答した割合がそれぞれ高くみられた。すなわち、問題解決的な学習に対して意識が高く実際に授業で実施していると回答している教員でも、調理や製作の学習については、「おいしく作って食べる」ことや「作品を完成させる」ことが授業の目標になってしまう傾向にある可能性が推測される。調理や製作

図5　問題解決的な学習の導入の有無と他の指導との関連*

(A) 関連がみられた項目（両エリア）

a. 調理の学習で、繰り返して知識や技能の定着を図る活動を取り入れた授業を行っていますか

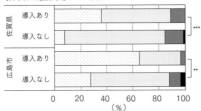

(B) その他の項目

a. 布を用いた物の製作の学習で、繰り返して知識や技能の定着を図る活動を取り入れた授業を行っていますか

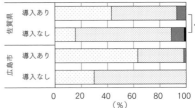

b. 家庭科の基礎的・基本的な知識・技能の習得と思考力・判断力・表現力等を育成する観点からバランスを重視して指導を行っていますか

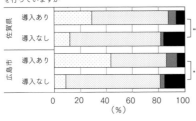

b. 布を用いた物の製作の学習では、作品を完成させることが目標になっていると思いますか

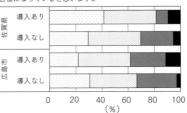

c. 家庭科では、日本の生活の仕方（生活文化）について、興味・関心を高める工夫をしていますか

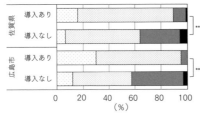

c. 調理の学習では、「おいしく作って楽しく食べる」といった調理することそのものが目標になっていると思いますか

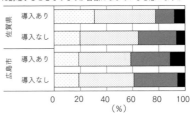

凡例：
- □ 行っている / そう思う
- ▨ どちらかといえば　行っている / そう思う、どちらかといえば知識・技能の習得を重視（(A)b）
- ▩ どちらかといえば　行っていない / そう思わない、どちらかといえば思考力・判断力・表現力などの育成を重視（(A)b）
- ■ 行っていない / そう思わない

χ2検定，*p<0.05，**p<0.01，***p<0.01

*問題解決的な学習の導入と関連がみられた項目（A）、その他の注目すべき項目（B）における回答分布を示す（佐賀県：導入あり群 n = 83、導入なし群 n = 72；広島市：導入あり群 n = 59、60、導入なし群 n = 33）。なお、項目名は質問文を省略せず示しており、次のように図2の質問項目に対応する。(A) a：繰り返して知識や技能の定着を図る活動を取り入れた調理の授業；b：知識・技能の習得と思考力・判断力・表現力等のバランスを重視した指導；c：日本の生活の仕方（生活文化）について、興味・関心を高める工夫；(B) a：繰り返して知識や技能の定着を図る活動を取り入れた製作の授業；b：作品を完成させることが目標になっている製作の学習；c：調理することそのものが目標になっている調理の学習。

出典）岡ら，『佐賀大学大学院学校教育学研究科紀要』4（2020）より筆者作成

の学習指導には小学校家庭科の約5割を超える授業時数を配当する[1]。したがって、子供も教師もその取組を優先してしまうと推察できるが、これらの指導において問題解決的な学習を積極的に展開できるよう改善することは、家庭科全体の課題解決能力育成をより効果的に実施する上で必要であろう。

なお、問題解決的な学習の導入あり群と導入なし群では、新学習指導要領（2017）における問題解決的な学習の理解においても有意差（佐賀県 $\chi^2 =$ 21.3005、$p < 0.001$　広島市 $\chi^2 = 9.7155$、$p < 0.05$）がみられ、導入あり群の方が新学習指導要領で示された問題解決的な学習を理解しているという結果であった。また、「見方・考え方」や「主体的・対話的で深い学び」など新教育課程の内容に係る項目についても有意差がみられ、両エリアともに導入あり群の方が意識的に新学習指導要領の理解を深めている状況が推察された。

3) 調理と製作の学習指導についての認識

① 家庭科の指導項目の難易度

家庭科で指導する内容を18項目取り上げ、それぞれの指導の難易度を4段階で尋ねた（図6）。その結果、佐賀県、広島市の両エリアとも同じ傾向がみられた。すなわち、「指導しやすい」及び「どちらかというと指導しやすい」と肯定的な回答が多い項目は、上位6項目が調理の学習を含む食生活の全項目であり、次の上位4項目は製作の学習を含む衣生活の全項目となっていた。例えば、「ゆでたり、いためたりする調理」については、「指導しやすい」「どちらかというと指導しやすい」と肯定的に回答した教員の割合は、両エリアともに9割以上みられた。「布を用いた生活に役立つ物の製作」も、同様に8割以上が指導しやすさについて肯定的な回答をしていた。

これらのことから、小学校家庭科の指導項目の中で、食生活や衣生活の内容は他の内容に比べ指導しやすいと認識されていることが推測できた。さらに、その中に含まれる調理や製作の学習の指導についても比較的指導しやすいと認識されていることが分かった。なお、これらの結果については、問題解決的な学習の導入の有無による統計的な差はみられなかった。

② 調理についての課題

調理の学習指導を行う上で課題となっていることは何か、自由記述にて尋ねた内容を整理した（表5）。前項①では、食生活の内容は指導しやすいとほと

図6 家庭科の指導項目別での難易度*

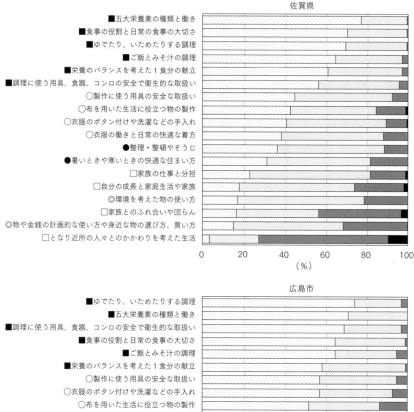

佐賀県

項目（上から）
- ■五大栄養素の種類と働き
- ■食事の役割と日常の食事の大切さ
- ■ゆでたり、いためたりする調理
- ■ご飯とみそ汁の調理
- ■栄養のバランスを考えた1食分の献立
- ■調理に使う用具、食器、コンロの安全で衛生的な取扱い
- ■製作に使う用具の安全な取扱い
- ○布を用いた生活に役立つ物の製作
- ○衣服のボタン付けや洗濯などの手入れ
- ○衣服の働きと日常の快適な着方
- ●整理・整頓やそうじ
- ●暑いときや寒いときの快適な住まい方
- □家族の仕事と分担
- □自分の成長と家庭生活や家族
- ◎環境を考えた物の使い方
- □家族とのふれ合いや団らん
- ◎物や金銭の計画的な使い方や身近な物の選び方、買い方
- □となり近所の人々とのかかわりを考えた生活

(%)

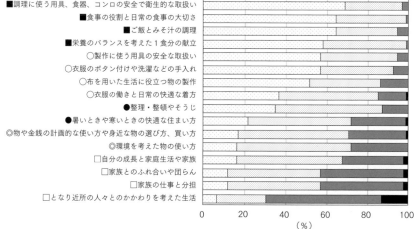

広島市

項目（上から）
- ■ゆでたり、いためたりする調理
- ■五大栄養素の種類と働き
- ■調理に使う用具、食器、コンロの安全で衛生的な取扱い
- ■食事の役割と日常の食事の大切さ
- ■ご飯とみそ汁の調理
- ■栄養のバランスを考えた1食分の献立
- ○製作に使う用具の安全な取扱い
- ○衣服のボタン付けや洗濯などの手入れ
- ○布を用いた生活に役立つ物の製作
- ○衣服の働きと日常の快適な着方
- ●整理・整頓やそうじ
- ●暑いときや寒いときの快適な住まい方
- ◎物や金銭の計画的な使い方や身近な物の選び方、買い方
- ◎環境を考えた物の使い方
- □自分の成長と家庭生活や家族
- □家族とのふれ合いや団らん
- □家族の仕事と分担
- □となり近所の人々とのかかわりを考えた生活

(%)

□指導しやすい　□どちらかというと指導しやすい　■どちらかというと指導しにくい　■指導しにくい

*小学校第5・6学年で指導する家庭科の各内容について、指導の難易度を尋ねた回答の分布を示す（佐賀県 n＝154、155、広島市 n＝92、93）。項目名の記号は次の内容に該当する。□：家族・家庭生活、■食生活、○衣生活、●住生活、◎消費生活・環境
出典）岡ら『佐賀大学大学院学校教育学研究科紀要』4（2020）より作成

んどの教員が認識していたものの、この自由記述では、9割以上の教員が具体的な課題を記述していた。

　最も多かった課題は「個に応じた指導」であり、個別指導の難しさや、生活経験の変化等への対応など、延べ51件の課題が記述されていた。次に、安全・衛生やアレルギー対応など「実習での配慮」、「指導者への負担」、「予算・設備の不足」が挙げられていた。「評価の工夫」については、実習における個に応じた評価の難しさが多く挙げられていた。

　一方で、問題解決的な学習など「指導の工夫」に分類される記述は10件と最も少ない結果であった。さらに、問題解決的な学習の難しさが列挙されてはいたが、本指導についての直接的記述は1件のみであった。問題解決的な学習を創り上げる以前の段階として、実習を進める上での課題に心を砕いている様子が読み取れた。

③　製作についての課題

　製作の学習指導を行う上で課題となっていることは何か、自由記述にて尋ねた内容を整理した（表5）。前項①では、衣生活の内容は指導しやすいと認識している教員が多かったものの、この自由記述では、調理と同様に9割以上の者が具体的な課題を記述していた。

　最も多かった課題は「個に応じた指導」であり、個人差による指導や個別指導の難しさ、児童の実態の変化等への対応などが挙げられており、調理学習と比較しても顕著に多かった。次に多い課題として、ミシン等備品の不足など「予算・設備の不足」、「指導者への負担」が続き、調理と同様に環境整備の課題が背景にあることが感じられた。また、「授業時数の確保」については、時間外での対応を必要としたり、時間不足に悩んだりする姿が浮き彫りとなった。

　一方で、問題解決的な学習など「指導の工夫」に分類される記述は17件と少なく、キット活用の課題や完成させることが目的となっている実態も記述されていたが、問題解決的な学習についての直接的記述は1件のみであった。

　以上の結果から、調理や製作は指導しやすいと多くの教員が回答していたものの（図6）、個に応じた指導や学習評価に課題を感じている実態や環境整備の課題も浮き彫りになった。矛盾を抱えつつ解決策を得られないまま指導を行っていることは、調理や製作の学習にて課題解決能力の育成を含む指導の在

り方が最優先課題として意識されにくく、調理や製作の指導と問題解決的な学習が結び付きにくい実態の背景要因として存在することが推測された。それらの問題は、問題解決的な学習を導入しているか否かには関係なく存在すると考えられた。

表5　調理及び製作の学習の指導上の課題

課題	調理の学習		製作の学習	
	具体的事項（件数）	件数	具体的事項（件数）	件数
個に応じた指導	個別指導の難しさ（23）、生活経験・食生活の差・生活の多様化への対応（14）、個人差による指導の難しさ（8）、児童の実態と変化（6）	51	個人差による指導の難しさ（46）、個別指導の難しさ（23）、児童の実態と変化（20）	89
指導者への負担	指導教員の不足など指導者に関する課題（22）、他業務での負担の重さ（5）	27	指導教員への負担の重さ（31）	31
予算・設備の不足	備品や器具等の不足（24）、小規模校の課題（1）、予算不足（1）	26	ミシン等備品の不足（21）、ミシンの故障等の課題（20）、予算不足（8）	49
評価の工夫	個に応じた指導（20）、創意工夫等評価の仕方（1）	21	―	―
授業時数の確保	時間不足や時間確保の課題（14）	14	時間不足（21）、時間外での対応（7）	28
家庭実践の実施	家庭実践、実生活との関連や家庭との連携（13）	13	家庭実践での課題（8）	8
指導の工夫	指導者の技能や指導力の課題（4）、献立や調理の指導法（思考力育成）に課題（2）、概念化、科学的な理解、総合力の育成（2）、問題解決的な指導の難しさ（1）、効果的な教材（1）	10	習得に課題（9）、キット活用など指導上の課題（4）、完成させることが目的になってしまう課題（2）、問題解決的な学習の難しさ（1）、指導補助者の確保（1）	17
実習での配慮	安全面、衛生面（26）、食物アレルギーへの対応（9）、材料の準備・食材選び（7）、欠席者への補習（1）	43	安全面の課題（6）	6
その他	―	―	ミシン指導必要性の疑問（1）	1

＊佐賀県の回答者（n＝155）の自由記述。複数分類あり。
出典）岡ら、佐賀大学大学院学校教育学研究科紀要、4（2020）より作成

4 指導改善への提案

　本節では、佐賀県と広島県広島市の小学校家庭科担当教員を対象とした質問紙調査の結果（岡ら、2019、2020）を概観した。これにより明らかとなった小学校家庭科における生活の課題解決能力に関わる指導の実態と課題を踏まえて、次のような指導改善が考えられる。

　調査結果より、問題解決的な学習の重要性への認識は高いがその導入率は高いとは言えない実態、また調理や製作に係る指導方法として作ることや完成させることが目的化している実態がみられた。さらに、問題解決的な学習を取り入れている教員の方が、知識及び技能の習得と思考力、判断力、表現力等の育成のバランスを重視している傾向、調理や製作の指導において知識及び技能の定着を意図した活動を繰り返し積極的に取り入れている傾向がみられた。しかしながら、問題解決的な学習の導入の有無による、作ることや完成させることが目的化しているか否かという指導実態の違いはみられなかった。

　以上より、生活の課題解決能力を育む指導の改善への提案として、調理や製作の目的を踏まえた問題解決的な学習を効果的に組み込むためのカリキュラムの開発が考えられる。小学校家庭科での授業時数の配当割合が高く、問題解決的な学習の導入が乏しいと予想される調理や製作の授業においてカリキュラム開発を行うことは本学習を家庭科で効果的に実施するために必要であろう。

　また、佐賀県の結果から、問題解決的な学習の導入の有無により、問題解決的な学習で指導が難しいと感じる学習過程が異なっており、とりわけ「生活の課題発見」の捉え方に違いがある可能性が推察された。学習者が対象世界とやりとりをしつつ課題解決の主体となる問題解決的な学習を進めるためには、「生活の課題発見」の捉え方を明確にして学習を進めることが必要であろう。特に、小学校の段階におけるこのような学習指導過程の検討は、学習者の対象世界が広がる中学校、高等学校の学習の基礎となる能力を身に付けさせるための指導の在り方を検討する上でも有効であろう。

　以上の指導改善の提案を踏まえカリキュラム開発を行った内容については、理論編第3章にて紹介する。

謝辞

　本研究において、調査実施に全面的にご協力いただいた佐賀県及び広島県広島市の小学校教育研究会家庭部会並びに関係各位に記して心より感謝の意を表したい。

注

1.　現行教科書2社の指導書の年間指導計画では、総授業時数115時間のうち、約55時間を調理や製作に係る時数として示している。

引用・参考文献

・国立教育政策研究所、平成24年度・平成25年度小学校学習指導要領実施状況調査、https://www.nier.go.jp/kaihatsu/shido_h24/index.htm、（202105015現在）.
・岡陽子／萱島知子／鈴木明子、2019、「課題解決能力を育む家庭科の学習方略についての考察─学習指導要領の変遷と小学校家庭科担当教員の指導状況の分析から─」佐賀大学大学院学校教育学研究科紀要第3巻、31-45.
・岡陽子／萱島知子／鈴木明子、2020、「課題解決能力を育む家庭科の指導の現状と課題」─佐賀県と広島市の小学校家庭科担当教員の指導状況の分析から─」佐賀大学大学院学校教育学研究科紀要4、18-29.
・文部科学省、2018、『小学校学習指導要領（平成29年告示）解説　家庭編』、東洋館出版社.

（第1章Ⅳ　　鈴木明子、萱島知子）

V 衣生活と食生活の学習のねらいと授業構成の原理

■ 課題解決能力を育成する衣生活、食生活の指導の課題

　前節IVでは、佐賀県と広島市の小学校家庭科担当教員を対象とした質問紙調査結果の分析と考察を通して、生活の課題解決能力に係る指導の現状と課題を追究した。その結果、問題解決的な学習の導入割合の低さや、作ることや完成させることが目的化しているという、調理と製作に係る指導方法の課題などが明らかになった。また、問題解決的な学習の導入あり群の方が、「知識及び技能の習得」と「思考力、判断力、表現力等の育成」のバランスを重視しており、調理や製作の指導で、知識及び技能の向上、定着を意図して、問題解決的な学習過程を構想している実態を捉えることができた。さらに、学習指導環境が未整備であることにより、導入あり群でも、調理、製作の指導に問題解決的な学習を効果的に組み込むことに困難を感じていた。

　また、一部の導入なし群は、問題解決的な学習の指導過程における「生活の課題発見」に難しさを感じていた。指導者側が学習者に対してある程度課題を絞り込むような状況をつくり、その中から学習者に課題を発見させるのか、もしくは学習者が自ら生活の中から課題を絞り込むことを求めるのかによっても、その難易度は異なるだろう。学習者が対象世界とやりとりをしつつ課題解決の主体となれるような問題解決的な学習過程を工夫し、「生活の課題発見」の捉え方を明確にして学習を進めることが必要である。また、調理や製作の指導に問題解決的な学習を効果的に組み込むためのカリキュラムや、学習者が自己の学びを概観できる評価メソッドの開発を進めることは、生活の課題解決能力を育むための家庭科の役割を明確にすることにもつながると考えられる。

　2017年・2018年に改訂された新学習指導要領では、家庭科の学習内容の体系化を図るために、小学校「家庭」・中学校「技術・家庭、家庭分野」及び高等学校「家庭」の共通科目の学習内容は、同じ枠組みA、B、Cに整理された（高校はDホームプロジェクトクト等あり）。これによって、教科目標に沿い、発達段階に応じた各内容の精選が可能になったと言える。小学校では、生活自立のための基礎的・基本的学習内容を習得するとともに、学習したことを活用

して自分や家族の生活をよりよくしていこうとする態度を養い、中学校、高等学校の家庭科学習の基盤をつくることが求められる。

また、衣生活と食生活の学習内容は、「B 衣食住の生活」に含まれ、基礎的・基本的学習内容を習得しながら、内容「A 家族・家庭生活」や内容「C 消費生活・環境」の学習を効果的に学ぶ教材としても捉えることができる。具体的な学習内容や教材を扱うため、児童にとって、学習の動機付けの機会となり、達成感ももたせやすい。しかしながら、それゆえに、完成させることだけを目指して浅い学びに終始してしまっている実態が少なからずみられることは、前節の調査結果からも明らかである。

その学習意欲や学習成果を、実生活につなぎ活用しなければ家庭科の目標は達成されない。そこで、なぜそうするのか（科学的根拠）、自分の生活でそれをどう生かすのか（生活状況に応じた最適解）、さらになぜそれを学ぶ必要があるのか（学習の必要性）など、生活事象や生活技術を俯瞰して考える機会を設定したい。そのためには、生活の営みに係る見方・考え方の視点を活用し、問題解決的な学習過程を通して学ぶことが効果的である。

本節では、新学習指導要領により示された育成を目指す資質・能力に基づいて、衣生活と食生活それぞれの（1）学習のねらいを示し、（2）課題解決能力を育む指導の工夫、（3）授業構成の原理について述べる。

② 衣生活の課題解決能力を育む指導と授業構成

（1）衣生活学習のねらい

新学習指導要領における小・中・高等学校の「衣生活」の学習のねらいとして特記すべき事項は、次のとおりである。

① 小・中・高等学校の内容構成と系統性の重視

「衣生活」の学習内容は、小学校は、生活の自立の基礎として必要な、衣服の「働き」「着方」「手入れ」及び「布を用いた製作」に関する理解と技能、中学校は、生活の自立に必要な、衣服の「機能」「着用・選択」「計画・手入れ」及び「布を用いた製作」に関する理解と技能で構成されている。高等学校は、各ライフステージに対応した自立に必要な、被服の「機能」「着装」及び「計画・管理」等に関する理解と技能で構成されており、衣生活を取り巻く現代的

な課題を科学的視点や衣生活文化の創造の視点から捉えるために、多様な角度から理解を深めることになる。

以上の内容構成には、小・中・高等学校の系統性を図る観点から、生活を捉える視点を時間軸と空間軸によって整理したことにも反映されている。学校種が上がるにしたがって、時間軸は、現在の生活をみる視点からこれからの生活、生涯を展望する視点へ、空間軸は、個人（自己）を見つめる視点から地域、社会を見つめる視点へと生活を捉える視点が広がっていくように構成されたのである。衣服、被服を対象とした衣生活の学習も、同様の内容を繰り返し扱いながら生活を捉える視点が広がり、多様な角度から生活課題を捉えることができるように構成されていることが見て取れる。

このような、小・中・高等学校におけるスパイラルな衣生活学習の成果を上げるために、小学校では、衣生活の構成要素別に、その基盤となる内容を確実に理解し、技能を習得することが求められる。

② 学びの過程の重視

今回の改訂では、問題解決的な学習が一層重視されている。小学校の「衣生活」の学習では、課題をもって、健康・快適・安全で豊かな衣生活に向けて考え、工夫する活動を通して、衣服の着用と手入れ、布を用いた製作に関する基礎的・基本的な知識・技能を身に付け、衣生活の課題を解決する力を養い、衣生活をよりよくしようと工夫する実践的な態度を育成することがねらいである。

③ 生活の営みに係る見方・考え方の重視

「衣服の着用と手入れ」の学習では、生活に係る見方・考え方の視点の中で、主として健康・快適・安全の視点から考えさせ、衣服の着用、手入れの大切さに気付かせる指導が求められる。同様に、「季節に合わせた着方」の学習においては、衣生活文化のよさや大切さに気付くことができるよう配慮する必要がある。

以上のように、発達の段階と生活を捉える視点に基づく学習内容の体系性を踏まえて、衣生活学習を効果的に展開するために、生活の営みに係る見方・考え方の視点が活用され、問題解決的な学習過程を設定することが求められる。衣生活学習の内容は、現代社会における衣生活の営みに係る課題を追求するために、被服の「機能」「着装」及び「計画・管理」等を理解し関連の技能を習

得する内容ⅰ）と、ⅰ）の課題を俯瞰して衣生活を創造していくための学習として の布を用いた製作に係る内容ⅱ）の二つの内容で構成されている。題材や カリキュラムを構想する際には、これら二つの側面から目標を捉えることができ る。これら二つの内容を効果的に関連付け融合させて目標設定を図るため に、生活の営みに係る見方・考え方の視点を活用し、問題解決的な学習過程を 設定することになる。

　小学校を例に挙げると、二つの学習内容のねらいは次のとおりである。

　ⅰ）としての「衣服の着用と手入れ」のねらいは、衣服の着用と手入れにつ いて、課題をもって、衣服の主な働きや、季節や状況に応じた日常着の快適な 着方や手入れの仕方に関する基礎的・基本的な知識及び技能を身に付け、着用 と手入れの仕方を工夫することができるようにすることである。

　ⅱ）としての「生活を豊かにするための布を用いた製作」のねらいは、布を 用いた製作を通して、課題をもって、製作に必要な材料や手順、製作計画、手 縫いやミシン縫いによる目的に応じた縫い方及び用具の安全な取扱いに関する 基礎的・基本的な知識及び技能を身に付け、製作計画を考え、製作を工夫する ことができるようにすることである。

　今回、小学校ではⅱ）の項目名が「生活に役立つ物の製作」から「生活を豊 かにするための布を用いた製作」に変わった。「生活を豊かにするための布を用 いた物」とは、身の回りの生活を快適にしたり、便利にしたり、楽しい雰囲気を つくり出したり、家族や地域の人などとの関わりを深めたりする物など、布の特 徴を生かして自分や身近な人やその生活を豊かにする物のことである。また、 それらを製作する過程で、自分自身が豊かな気持ちになれる物のことである。

　このように、ⅱ）の学習は、生活に役立つばかりではなく、自分や身近な人 との関わりを深めたり、生活文化に関心をもつ機会をつくったりすることにつ ながり、私たちの生活を豊かにするための営みに係るものであることが強調さ れたことになる。中学校では、以前から、当該の内容ⅱ）に同じ項目名「生活 を豊かにするための布を用いた製作」が用いられているが、今回の改訂では、 上記の小学校と同様の扱いに加えて、環境配慮の視点が強調されている。ⅱ） の内容とⅰ）の内容との関連をもたせて問題解決的な学習過程を構想すること によって、作品を完成させることのみに終始しない展開につながる。さらに、

内容 A や内容 C の学習を発展させる機会も提供できる。

（2） 衣生活学習における課題解決能力を育む指導の工夫

1） 衣生活の課題発見の設定と学習の文脈づくり

　小学校を例に述べる。小学校では、まず「衣服の着用と手入れ」についての課題を解決するために、身に付けた基礎的・基本的な知識及び技能を活用し、健康・快適などの視点から、日常着の快適な着方や手入れの仕方を考え、工夫することが求められる。

　日常着の快適な着方に関する課題については、季節や状況に応じた日常着の着方に関する問題を見いだし、自分の生活の課題として設定するようにする。学習の流れとしては、実際にいろいろな着方を試して、その違いや理由について調べたり、住まい方の工夫と合わせて、どのような着方の工夫ができるか考えたりする活動や、児童一人一人の生活経験についての意見交流などを通して、季節や状況に合わせた衣服の選び方や健康で快適な着方について検討することなどが考えられる。

　日常着の手入れの仕方に関する課題については、児童の身近な生活の中から、衣服を大切に扱い、気持ちよく着るために必要な問題を見いだし、自分の生活の課題として設定するようにする。場面や状況に応じた効果的な手入れの仕方や汚れの度合いに応じた洗い方を試したり、環境に配慮した手入れの仕方や洗い方の工夫を調べたり、A（2）「家庭生活と仕事」と関連させて自分でできることや家族に協力できることを話し合ったりする活動などを通して、健康で快適な衣生活を送るための手入れや洗濯の仕方について検討することなどが学習の流れとして考えられる。

　次に、「生活を豊かにするための布を用いた製作」についての課題を解決するために、身に付けた基礎的・基本的な知識及び技能を活用し、生活を豊かにするために布を用いた物の製作計画や製作方法を考え、工夫することが求められる。

　布を用いた物の製作計画に関する課題については、児童の身近な生活を豊かにするために、布を用いた物の製作計画が目的に合ったものかどうか、身に付けた製作手順や縫い方が目的や縫う部分に応じて適切に使われているかどうかなどについて問題を見いだし、自分の生活の課題として設定するようにする。学習の流れとしては、製作手順や技能の習得度を自己評価したり、友達と相互

に評価し合ったりする活動や、自分の課題を明確にするために話し合ったりする活動を通して、効率よく計画に合わせて製作するための方法について検討したり、製作や活用の場面で生じた課題について検討して次の製作に生かしたりすることが考えられる。

2) 思考の深まりを促す指導の工夫及び環境づくり

衣服の主な働きの指導に当たっては、児童が日常生活と関連させて理解できるように、実験や観察、話合い等を踏まえて、主体的に自分の衣服の選び方や着方を見つめ、なぜそうするのか考えてその理由に気付くような学習を展開することが重要である。例えば、生活の中で場面に応じて着替える理由を考えたり、夏を涼しく冬を暖かく過ごすための衣服の選び方や着方、気温の変化に応じた着方を話し合ったりする活動などがある。また、実際に衣服を重ねて着た際の暖かさや動作による身体の動きを観察したり、実験を通して布地の特徴を調べたりする活動なども効果的であろう。なお、夏の涼しい着方と関連付けて日本の伝統的な衣服であるゆかたに触れることも生活文化を見直すよい機会となる。

日常着の手入れの指導に当たっては、児童の具体的な生活経験と関連させて、実感を伴って理解できるようにすることも必要である。またA（2）「家庭生活と仕事」のアの学習との関連を図り、家庭で実践する喜びを味わったり家族との関わりを考えて学習を進めたりするように配慮する。例えば、衣服の手入れについて家族や自分が行っていることについて話し合ったり、靴下やTシャツ、体育着などの児童にとって身近な衣服を手洗いする活動の中で、道具を使って汚れを落としたり、乾きやすい干し方、後の手入れが簡単な干し方などを考えて話し合ったりする学習も効果的である。

身に付けた力を活用して、課題を解決する方法を考え、計画を立てたり、実践したことを評価・改善したりする際、グループや学級内で交流するなどの活動を工夫し、児童が考えを広げたり深めたりできるよう配慮する。また、児童が課題を解決できた達成感や、実践する喜びを味わい、次の学習に主体的に取り組むことができるようにする。さらに、学校での学習を家庭や地域での実践として展開できるようにするために、児童の生活環境に配慮し、家庭や地域との連携を図るようにする。

日常着の着用については、例えば、夏を涼しく、冬を暖かく過ごすための着方について、野外活動などでどのような着方をすればよいかを考え、活動後に改善点を発表し合ったりするなど、指導事項アの（ア）の学習を生かした学習活動が考えられる。この学習では、C（2）「環境に配慮した生活」との関連を図り、自分の衣服の選び方及び着方と環境と関わりを見直し、省エネルギーへの意識につなげるなどの展開も考えられる。

　日常着の手入れについては、例えば、実際にボタンの取れた衣服にボタンを付けたり、身近な衣服を手洗いする活動の中で気付いた課題を取り上げて、汚れを落とすためにどのような洗い方がよいのか、また手入れのためにどのような干し方がよいのか、調べたり話し合ったりする学習展開などが考えられる。

　材料や手順、製作計画の指導に当たっては、布や布で作られた物に対する関心を高めたり、製作手順を具体的に考えたりして製作への意欲をもたせるよう配慮する。また、製作したい物のでき上がった様子を具体的に思い描き、それを製作するために必要なことを考えて製作計画を立てるよう配慮する。また、布製品を観察して丈夫な縫い方や布端の始末の仕方を調べたり、段階見本等を用いて製作過程を確かめたりしながら、製作への見通しをもって製作手順を考える活動などが考えられる。さらに、製作したい物を具体的に思い描くために、布製品の実物や写真等を参考にしたり、他の人の意見を参考にしたりする活動などが考えられる。

　手縫いやミシン縫い及び道具の安全な取扱いの指導に当たっては、一人一人の児童の実態を考慮し、基礎的・基本的な技能をただ反復して練習するだけではなく、なぜそうするのかといった根拠を理解できるよう配慮する。例えば、簡単な作品づくりを通して手縫いやミシン縫いに関する基礎的・基本的な技能を段階的に身に付けていくことができるようにするとともに、児童自身も達成感や満足感を味わうことができるようにする活動が求められる。また、製作過程において、布の性質、縫う部分や製作品の使い方に応じて、丈夫に縫ったり、針目の大きさを変えて縫ったり、ほつれやすい布端を始末したりすることの必要性に気付かせ、製作計画を見直す学習活動も重要である。さらに、安全の確認や技能の上達が視覚的に捉えられるような自己評価表や掲示資料を利用したり、よりよい製作に向けて話し合ったりする活動も効果的である。

　上記の学習によって身に付けた力を活用して、課題を解決する方法を考え、計画を立てたり、実践したことを評価・改善したりする際、グループや学級内で交流するなどの活動を工夫し、児童が考えを広げたり深めたりできるよう配慮する。また、児童が課題を解決できた達成感や、実践する喜びを味わい、次の学習に主体的に取り組むことができるようにすることが重要である。さらに、学校での学習を家庭や地域での実践として展開できるようにするために、児童の生活環境に配慮し、家庭や地域との連携を図ることも必要である。

　製作計画にはポートフォリオなどを用いて、製作過程での進度の確認や自己評価及び相互評価による計画の見直しを行い、製作する目的を最後まで意識して活動できるようにすることも求められる。家族で食卓を囲む際に役立つランチョンマット、整理・整頓に役立つウォールポケット、環境に配慮した生活を送るためのエコバッグ、自分が野外活動で使うためのナップザックなどの製作計画においては、形や大きさを考え、使いやすさを考えた工夫や身に付けた知識及び技能の生かし方等を課題とし、常に、製作の目的や相手への思いを確認できるような活動の展開を工夫することも大切である。

（3）　衣生活授業構成の原理

　家庭科では、「生活の課題を見いだし、それぞれの児童が自分や家族にとっての最適な解決策を追究する過程」を体験させることが教科独自の役割である。複数の題材間にストーリーをもたせ、問題解決的に最終的な目標達成を目指すためには、衣生活の授業構成として、先述した i ）と ii ）との関連、内容AやCとの関連を図って、学びが深まるような問いを立てて展開することが重要である。小学校では基礎的・基本的な知識や技能の習得が主となるが、それらが断片的な知識や一時的な理解にとどまらず、活用できることを授業の中で実感させることも必要である。そのためには、キット教材の扱い方の工夫もあわせて製作教材の吟味・検討が必要不可欠である。

　また、各校種内の構想にとどまらず、小・中・高等学校が連携し家庭科カリキュラム・マネジメントを行うことも求められる。さらに家庭科の本質を追究していく上で、他教科との境界を見つめていくことも重要であろう。このような「生活者育成」という目標に照らして、家庭科で課題解決能力を育成するための授業構成の原理は次のようにまとめられる。

- 子供たちの現実を彼らの周辺環境もあわせて捉え、どのような問いや教材と出合わせることが、課題解決能力育成のきっかけになるのか、教員の教材研究の視点を柔軟にすること
- 学習と評価のプロセスを学習者と指導者が共有できる工夫を行うこと
- ショートスパンの問題解決を繰り返し、問題解決の方法を習得するとともに、主体的に生活課題を探ることが可能なカリキュラムを工夫すること
- 実践的・体験的な活動と問題解決的な思考の場をつなぐ工夫をすること

（第1章Ⅴ-1、2　　鈴木　明子）

3 食生活の課題解決能力を育む指導と授業構成

（1）　食生活学習のねらい

　ここでは、新学習指導要領（2017・2018）における課題解決能力を育む指導に関連して、食生活の内容として特記すべき点を整理して示す。

1）小・中・高等学校の内容構成と系統性の重視

　新学習指導要領における食生活の内容構成の特徴として、衣生活と同様に、小学校・中学校・高等学校の系統性を重視した構成が挙げられる。小学校と中学校の食生活の内容は共通する3項目、すなわち「食事の役割」「栄養・献立」「調理」から構成されている。例えば、「食事の役割」については、小学校では、健康面や団らんの面から「食事の大切さ」、食事の作法といった「食事の仕方」について理解し、それらの知識を活用し自らが他者と「楽しく食べるための食事の仕方」を考え、課題解決を目指す展開となっている。さらに、中学校では、生活の中で「食事が果たす役割」を健康・快適・安全、生活文化の継承・創造の視点からより高次に捉え直し、栄養素の特徴を理解した上で、中学生である自らにとって「健康によい食習慣」について課題設定・解決を目指す展開となっている。これらの学習を基盤として、高等学校においては、健康・快適・安全と生活文化の継承・創造に加えて持続可能な社会構築の視点も含め、自立した生活者として生活を科学的に理解し、「自己や家族の食事」について生涯を見通した課題設定・解決を目指す展開となっている。

　このように、「食生活」の内容においても小学校・中学校の学習内容の接続

が考慮されたことにより、学習者は共通する枠組みの中で連続的に、なおかつ反復して生活課題を捉えることができる。これにより生活課題への理解を深め知識・技能を定着させるとともに、空間軸、時間軸の視点を段階的に広げ繰り返し問題解決的な学習を行うことにより課題解決能力を育むことができる。

2) 学びの過程の重視

　問題解決的な学習がより重視されている今回の改訂において、食生活の内容においても、生活の自立のために必要な基礎的・基本的な知識及び技能の習得とともに、それらを活用することで生活上の課題を見いだし、多面的な視点から解決する力を養うことの重要性が明確化されている。特に小学校・中学校の3項目の内容構成においては、それぞれその役割や働きの理解から始まり（指導事項ア）、そして主に健康・快適・安全の視点から豊かな食生活を営むための課題を見いだし工夫することで解決を目指す活動が展開されている（指導事項イ）。

　また、小学校を例にみると、課題解決能力を養うための「実践を評価・改善し、考えたことを表現する」機会として、調査や交流活動とともに調理実習での学習が挙げられている。調理実習において計画、実践、評価・改善は、従来から行われてきた活動であるが、課題解決能力を養うための問題解決的な学習の学びの過程としても捉えることができるといえる。

3) 生活の営みに係る見方・考え方の重視

　今回の学習指導要領の改訂（2017・2018）において、家庭科が目指す資質・能力を育むために、教科の特質に応じた物事を捉える視点や考え方である「見方・考え方」が示され、重視されている。食生活の内容については、衣生活及び住生活と同様に「健康・快適・安全」「生活文化の継承・創造」「協力・協働」「持続可能な社会の構築」の視点からその営みに係る物事を捉えることが示されている。学習内容によって、重視する視点を適切に定めることが重要とされている。それぞれの視点を明確に区別することは難しい場合もあると思われるが、食生活の内容においてより重点が置かれる視点は「健康・快適・安全」であり、指導事項によっては「生活文化の継承・創造」などの視点も考慮される。

　小学校を例にみると、食生活の内容は、「健康・安全」の視点がより重視されている。特に「安全」の視点は、調理実習において安全で衛生的な調理を考

える際に重要となる。さらに、「生活文化の継承・創造」の視点は、小学校では「日本の伝統的な生活を学ぶことで、生活文化の大切さに気付くこと」が挙げられている。例えば、「食事の役割」における食事の仕方や「調理の基礎」における米飯とみそ汁や和風のだしにおいて、「健康・快適・安全」の視点に加えて、この「生活文化の継承・創造」の視点からも理解を深めることができるとされている。また、「協力・協働」の視点は家族・家庭生活の内容と、「持続可能な社会の構築」の視点は消費生活・環境の内容と、それぞれ関連させて示すことができる。

(2) 食生活の学習における課題解決能力を育む指導の工夫

　ここでは、食生活の内容について、課題解決能力を育む指導の工夫に関して、①新学習指導要領（2017・2018）及びその解説で示された課題の設定に関する事項を整理し、②思考の深まりを促す学習に役立つと思われる指導上の視点を紹介したい。なお、①については、小学校家庭科及び中学校技術・家庭科（家庭分野）において、「知識及び技能」を日常生活で活用できることを意図し、「思考力、判断力、表現力等」について示した指導項目（イ）に焦点を当てた。

1) 食事の役割

① 課題の設定

　食生活の重要性を理解することにつながる「食事の役割」の学習は、新学習指導要領において小学校及び中学校で指導項目として明記され、特に中学校教科書では、食生活の学習の始まりに位置付けられている。課題としては、知識を活用して、小学校では協力・協働の視点も含めて他者と「楽しく食べるために日常の食事の仕方」、中学校では健康の視点から自らの「健康によい食習慣」について考え、工夫することが目指されている。その課題設定については、児童生徒の日常や身近な生活の中から、問題を見いだすことが示されている。課題解決方法としては、小学校では調理実習の試食や学校給食を振り返った話合い、家族との団らんの実践についての意見交換、中学校ではコンピュータなど情報手段の活用や各自の生活経験についての意見交換が挙げられている。さらに指導に当たっては、小学校では学校給食の時間に低学年の児童と食事をする計画、中学校では1週間の生活時間と食事内容の振り返りを通した活動が例示されている。

　問題解決的な学習の効果的な展開のためには、計画、評価・改善の際に、意見を共有することにより学習者がお互いに考えを広げたり、深めたりできるようにすることが重要であろう。さらに、課題を解決できた達成感や実践する喜びを実感させることは、次の学習への意欲を高めるためにも大切である。これらの取組は、後述する「調理の基礎」「栄養・献立」においても、問題解決的な学習の効果的な展開のために重要である。

② 指導上の視点

　生涯における食事の回数は膨大な数となる。日々繰り返し行われている食事の役割を考えることは、食生活の重要性を理解するともに、それについて学ぶ意義を見いだすことにもつながる。

　食事は単に空腹を満たすためのものでなく、人々の交流の場としての役割もある。正しいとされる食事の作法の理由を考えると、一緒に食べる人に不快感を与えないための所作であり、他者と楽しく食事をするために大切なことであることに気付くであろう[1]。また食べる人にとっても、食べやすい所作である場合が多い。さらに、「食事を楽しみましょう」という項目は、食生活指針（農林水産省、平成28年6月一部改正）にも含まれている。他者との団らんも含めて自らの食事を楽しむという姿勢は、自分や家族の食生活をよりよくしようとする態度形成につながるであろう。

2) 調理

① 課題の設定

　基礎的・基本的調理操作を理解し、技能を身に付け実践につなげる「調理」の学習は、新学習指導要領において小学校及び中学校では栄養・献立の学習と関連を図る構成となっている。さらには、高等学校「家庭基礎」では、調理実習・実験の活動を中心として調理と栄養、食品、食品衛生、食文化といった食生活の内容を関連付けて学ぶ構成となっている。なお、小学校の教科書においては「調理」の内容は、第五学年での食生活の学習の始まりに位置付けられている。これは、調理実習において実際に食品を扱い、料理を作る経験をすることにより、料理や食品の組合せを捉えやすくし、調理経験が少ないと思われる児童の理解を助け、栄養・献立の基礎を確実に習得できるようにするためである。

　課題としては、知識・技能を活用して特に「健康・安全」の視点から、小学

校では「おいしく食べるために」ゆでる調理、いためる調理、米飯とみそ汁について、中学校では「日常の1食分」の献立について、調理の仕方と調理計画を考え、工夫することが目指されている。中学校では食品の選択も含めて考える。課題設定は、小学校では効率よく調理するための手順、時間配分といった調理計画、材料の切り方、味の付け方、盛り付けといった調理の仕方、中学校ではこれらに加えて食品選択について問題点を見いだすこととされている。その解決方法は、小学校ではグループでの話合いを通した目的を考えた調理計画の検討、食べる人のことやでき上がり時間を考えた調理の仕方の検討、中学校ではグループでの意見交換などを通して用途に応じた食品の選択、材料に適した調理の仕方、手順を考えた効率的な調理計画の検討が挙げられている。この際、既習事項や生活経験とも関連付け、実践に向けた具体的な計画の立案が目指されている。さらに、実践を振り返ることで、計画どおりにできたことやできなかったこと、実践中に工夫したことなどを評価し、意見交換などを通じて、改善方法を考える活動も提示されている。これは、課題解決能力を養う「実践を評価・改善し、考えたことを表現する」活動と捉えることができるだろう。

　指導に当たっては、他の指導事項と関連付け、実習題材として小学校では米飯とみそ汁、ゆでたりいためたりする調理、それらを組み合わせた朝食、中学校では基礎的な日常食や地域の食材を用いた和食を取り入れた栄養バランスのよい1食分の献立が例示されている。いずれの場合も、実生活での活用に向けて一人で調理する場合の計画についても考えることができるよう配慮が求められている。

　問題解決的な学習の効果的な展開のためには、調理実習においても、実習の計画、評価・改善の際に、自分の工夫や実践の結果を発表するなどして、意見を共有することにより学習者が考えを広げたり、深めたりできるよう配慮が求められる。実習の計画、実践、評価・改善の流れを問題解決的な学習の過程として捉え実施することで、「おいしく作って楽しく食べる」といった料理を完成させることのみに終始しない展開につながるだろう。また、学習者が課題を解決できた達成感、調理する喜びを味わうことは、次の学習への意欲を高める上でも重要である。ポートフォリオなどを用いて、各実習の課題解決方法の評価や次の実践のための課題を整理することは、一連の実習を通じて身に付けた

力やこれから身に付けるべき力を学習者自身が把握することができ達成感や実践の喜びにつながるとともに、複数回行われる実習をつないで連続的に問題解決的な学習を展開する上でも効果的である。

② 指導上の視点

「調理」という言葉は、物事を整えるという意味があるように、食材を適切に整えて料理にする操作である。その目的は、消化吸収性の向上、安全性の向上、嗜好性の向上である。調理で行う操作にもそれぞれ具体的な目的があり、これを原理とともに理解することは、適切な調理の仕方を選択する上で欠かせない。なぜそうするかという根拠を理解することで、習得した調理操作を特定の料理に限定せずに、幅広く応用することができるだろう。

調理操作は非加熱調理操作と加熱調理操作に大別することができる。このうち熱を加えることより食材の状態を著しく変化させることができる加熱調理操作は、水を熱媒体とする湿式加熱（ゆでる、煮る、炊く、蒸す）と水を媒体としない乾式加熱（焼く、いためる、揚げる）に分類することができる。なかでも小学校で取り上げる「ゆでる」と「いためる」は、食品の加熱状態を観察しやすく、比較的容易な加熱調理操作と思われる。水の対流により熱が伝わり、調理温度が100℃を超えない「ゆでる」に対して、「いためる」は熱した鍋（フライパンなど）や鉄板からの伝導により食材に熱が伝わり、その調理温度は150〜200℃程度とより高温である。「いためる」では、温度を上げた鍋類に直接触れる部分は強く加熱されるなど加熱ムラが生じるため、食材をかき混ぜる操作が必要となる。少量の油は、食品と鍋類、食品同士の接着を防ぎ、食品に風味を与える。一般的にいため物の野菜類は「しゃっきり」とした食感が好まれる。これは「いためる」の特徴である高温短時間加熱で可能となる。そのためには、食材の切り方は火が通りやすい形状にそろえ、食材を投入する順番は火が通りにくいものから加えるといった工夫が必要となる。また、手早く混ぜるために適した調理器具の選択も求められる。

一方、非加熱調理操作は、準備調理で行われる場合が多い。「洗う」や「計量」のように一般的なレシピでは省略されることが多い基本的な調理操作についても、その目的を理解することは大切であろう。

調理計画は、日常では頭の中で組み立てて実行することが多い。しかし、調

理経験が少ない者にとっては、可視化し手順を明確にすることにより、効率的な時間配分や手順を確認することができ、実践に当たって調理の全体の流れをイメージすることもできる。この際、特に、調理実習においては、全体の流れに試食や片付けの時間も組み込まれることも忘れてはならない。

　調理実習では、料理の品数、食材の種類を増やしたり、調理方法を変えたりして、扱う調理の難易度を段階的に上げることで、調理経験が少ない者でも積み重ねて調理技能を習得することができるだろう。一方、おいしい料理は安全であることが大前提であり、効率化を追求するあまり、安全性への配慮が欠けることは避けなければならない。

3) 栄養・献立

① 課題の設定

　「栄養・献立」の学習は、前述のように調理の学習と関連付けて構成されている。献立作成においては栄養の他に嗜好、調理法、季節、費用など複数の観点が考えられるが、特に小学校・中学校では栄養バランスを考えた料理や食品の組合せを考えることに重点が置かれている。課題としては、知識を活用して主に健康の視点から、小学校では1食分の献立について、中学校では1日分の献立について、栄養バランスを考え、工夫することが挙げられている。その課題設定については、児童生徒の身近な生活の中から1食分または1日分の食事内容について問題を見いだすこととされている。解決方法は、小学校では、料理カードやデジタル教材の活用、考えた献立の発表、中学校では料理カードやデジタル教材に加えてコンピューターなどの情報手段の活用、グループでの交流を通した検討が挙げられている。ここでも、献立作成の振り返りとして、考えたこと、工夫したことを評価し、発表し合う活動を通して、どのように改善し生活に生かしたらよいか考える機会の設定が大切である。

　指導に当たっては、小学校では米飯とみそ汁、ゆでたりいためたりしたおかず、中学校では実習をする献立や伝統的な郷土料理、自分で作る昼食の弁当の献立が挙げられており、共に他の指導事項と関連させ、一部が指定された料理・献立の残りを栄養バランスに配慮して考え、1食分または1日分の献立を立案する活動が例示されている。また、遠足・集団宿泊的行事での食事との関連（小学校）、学校給食の献立の活用（中学校）も例示されている。

問題解決的な学習の効果的な展開のためには、献立を立て改善方法を検討する際に、考えた献立や工夫したことを発表するなどの活動を通じて、ここでも学習者同士が考えを広げたり深めたりする配慮が重要である。

②　指導上の視点

　献立を作成する際、日常食では「一汁三菜」や「主菜・副菜・汁物」といった枠組みに当てはめると考えやすい。さらに、体に必要な栄養素を満たすために「何を、どれだけ食べたらよいか」という点からは、「食品群」の考え方を活用し食品の組合せを考えるとよい。食品群の考え方は食事診断においても活用できる。

　栄養改善を目的に開発された食品群の考え方は、厳密性よりも実用性を重視したものといえる。食品群の考え方は、栄養素と食品の相対的な関係を理解することができ、煩雑な栄養計算も必要としないため利用しやすい。特に小学生の段階では、実際に手に取って確認することが難しい栄養素のレベルより、具体的な食品と結び付けた食品群を用いて栄養素のバランスを考える方が理解が容易であろう。食品群（三色食品群、六つの基礎食品群、四群点数法）によって一部食品の分類が異なる場合もあるが、特定の群に偏るのではなく全ての群の食品を組み合わせて選択することで、五大栄養素をまんべんなく摂取できるとされる。

　「どれだけ食べたらよいか」という食品の摂取量の目安については、例えば六つの基礎食品群では、日本人の栄養所要量（日本人の食事摂取基準）を基に、「日本人が各食品群に属する食品をどのような比率で摂取しているかを考慮した食品群別荷重平均成分表」を用い算出されている（金子ら、2002）。これにより求められた1日に摂取すべき概量を満たすことで、年齢、性別別に必要な栄養素をほぼバランスよく摂取できることが確認されている。つまり、摂取量の目安は、献立作成の際にその値を厳密にそろえることを目指すものではない点は配慮が必要であろう。

(3)　食生活授業構成の原理

　衣・食・住生活、家族・保育、消費生活・環境という家庭生活全般の中に食生活の学習を位置付け、実践を含め総合的・体系的に食生活を学ぶことができる家庭科は、学校教育における食生活教育の中核となる重要な教科である。そ

の中で食生活の内容における課題解決能力を育む授業構成の原理は、衣生活の内容と同様に、家庭科の他の指導項目との接続、小・中・高等学校を通じた学習内容の系統性、他教科や食育活動との関連性に配慮し、「生活者育成」という目標に照らして考える必要がある。

　例えば、食生活の学習で多くの授業時数を配当する調理実習において、問題解決的な学習を効果的に実施するためには、実践を振り返る活動により、調理計画や調理の仕方について実習中や実習後に気付いたことを導き出し「実践を評価・改善し、考えたことを表現する」機会を設定することが有効である。評価すべき点や新たに見いだされた課題を明らかにし、次の実習や家庭での実践につなげる働きかけをすることで、学習者がショートスパンの問題解決を繰り返し、問題解決の方法を習得するとともに、主体的に生活課題を探ることが可能となるだろう。実践的・体験的な活動と問題解決的な思考の場をつなぐためには、学習者にも、調理実習は料理を完成させることのみが目的ではないことを理解させることが重要である。これにより生活者として、知識・技能を活用して生活を評価・改善していく力や、そのための知識・技能を生涯にわたって習得しようとする意欲を育てることができるだろう。

注

1.　例えば、学校給食の様子を例に、食事のマナーの事例を紹介する動画が平成 20 年度文部科学省委託事業の一環として公開されている。
　　文部科学省、「正しい食事のマナーを知っていますか」https://www.youtube.com/watch?v=RxlYt8gQXvY（20210515 現在）

引用・参考文献

・文部科学省、2018、『小学校学習指導要領（平成 29 年告示）解説家庭編』、東洋館出版社.
・文部科学省、2018、『中学校学習指導要領（平成 29 年告示）解説技術・家庭編』、開隆堂出版.
・文部科学省、2019、『高等学校学習指導要領（平成 30 年告示）解説 家庭編』、教育図書.
・岡陽子／鈴木明子（編）、2017、『平成 29 年改訂　小学校教育課程実践講座　家庭』、ぎょうせい.
・金子佳代子／渋川祥子／福原桂／杉山久仁子／相坂浩子、2002、「『五訂日本食品標準成分表』および『日本人の栄養所要量』第六次改定に伴う『六つの食品群別摂取量のめやす』の改訂」、『日本家庭科教育学会誌』、45（1）、pp.22-29.

（第 1 章Ⅴ-3　　萱島　知子）

第2章　新しい学習評価の考え方

I　生活の課題解決能力を育む3観点による学習評価

1　目標と評価の観点が同等の括りで統一された意義

　小学校の家庭科を例に、新しい学習評価について考えてみよう。

　小学校家庭科が目指すのは「生活をよりよくしようと工夫する資質・能力」であり、その資質・能力の三つの柱として「知識及び技能」「思考力、判断力、表現力等」「学びに向かう力、人間性等」がある。実践的・体験的な学習活動を通して、日常生活に必要な「理解とそれらに係る技能」を身に付け、日常生活の「課題を解決する力」を育み、家族の一員として「生活をよりよくしようとする実践的な態度」を養うことが目標と言えよう。家庭科の学習指導は、この目標の実現を目指し、適切な題材を設定して、指導及び評価計画の作成→授業実践→評価という一連の活動が繰り返されて展開される。中学校技術・家庭科（家庭分野）、高等学校家庭科においても考え方は同じである。

　学習評価については、理論編第1章Ⅱで述べたとおり、目標に示された資質・能力の三つの柱に対応して、その観点が従前の4観点から3観点に改善され、目標と評価の観点が同等の括りで統一された。教員が一人一人の児童生徒の学習状況を把握して指導を見直したり、学期や学年の終わりには必ず評定を行ったりしていることなどを考えると、評価の方針は教員の指導の在り方に大きな影響を及ぼすと言える。目標と評価の観点が統一されたことは歴史的にも大きな意味があり、目標の実現を目指して行う指導と評価の一体化の視点からも必要不可欠な改善だったと考える。

　注目したいのは、生活の課題解決能力に関連する学力である。教科目標においては「(2) 日常生活の中から問題を見いだして課題を設定し、様々な解決方法を考え、実践を評価・改善し、考えたことを表現するなど、課題を解決する

力を養う」と示されている。それに対して、評価の観点「思考・判断・表現」では、「日常生活の中から問題を見いだして課題を設定し、様々な解決方法を考え、実践を評価・改善し、考えたことを表現するなどして課題を解決する力を身に付けている」と示されており、目標と評価の観点が完全に統一されたことが分かる（表1）。

表1　小学校家庭科の「評価の観点及びその趣旨」

観　点	趣　旨
知識・技能	日常生活に必要な家族や家庭、衣食住、消費や環境などについて理解しているとともに、それらに係る技能を身に付けている。
思考・判断・表現	日常生活の中から問題を見いだして課題を設定し、様々な解決方法を考え、実践を評価・改善し、考えたことを表現するなどして課題を解決する力を身に付けている。
主体的に学習に取り組む態度	家族の一員として、生活をよりよくしようと、課題の解決に主体的に取り組んだり、振り返って改善したりして、生活を工夫し、実践しようとしている。

　第1章Ⅱで述べたように、歴史的変遷を捉えると、生活の課題解決能力について、教科目標と評価の観点が完全に一致したのはこの改訂期が初めてである。生涯にわたる生活の課題解決リテラシーを定着させる家庭科教育の方向を見据えたとき、歴史的に十分に消化されずに残されてきた「家庭科の『生活の課題解決能力（思考力、判断力、表現力等)』とは何なのか」という問いを熟考すること、また問題解決的な学習過程と資質・能力の育成との関係を明解にすること、さらに生活の課題解決能力を育む学習方略を探究することは、家庭科に向けられた新しい課題であることを改めて提起しておきたい（理論編第1章Ⅱ参照）。

❷　「知識・技能」はどう変わったか

　小学校家庭科では、これまで「知識・理解」と「生活の技能」の2観点で示されてきたものが、「知識・技能」として一つの観点にまとめられた。観点の趣旨は、「日常生活に必要な家族や家庭、衣食住、消費や環境などについて理解しているとともに、それらに係る技能を身に付けている」であり、技能と理解は切り離せない関係として示されている。例えば、まつり縫いや返し縫いな

どの基礎技能についても、縫製の目的に応じた縫い方を理解するとともにできるということであり、理解と技能は一体的なものとして捉えることが重要であろう。つまり、ある練習布で返し縫いがきれいにできるという個別の技能だけではなく、強度が必要な場所に適切に返し縫いができること、すなわち、目的に応じた縫い方ができるようにするための知識・技能が求められているということであり、そのための指導が必要となる。さらに、問題解決的な学習の過程で、個別の知識・技能の実現状況を教員が把握することに加えて、活用できる概念や技能となっているかを評価することも重要となる。

そのためには、活用できる概念を評価できる場面の設定や、概念が整理できる「問い」（学習課題）に係る記述欄などを設けたワークシートやペーパーテストなどを工夫する必要がある。本書で提案している「資質・能力開発ポートフォリオ」はこの機能をもつワークシートと言えるので、参考にしてほしい（理論編第3章参照）。

❸ 「思考・判断・表現」はどう変わったか

これまでは、小学校家庭科で「生活を創意工夫する能力」、中学校技術・家庭科で「生活を工夫し創造する能力」という教科独自の呼称で示されていた「思考・判断・表現」の観点名が、全教科等で統一され、観点「思考・判断・表現」に変更された。小学校家庭科における本観点の趣旨は、「日常生活の中から問題を見いだして課題を設定し、様々な解決方法を考え、実践を評価・改善し、考えたことを表現するなどして、課題を解決する力を身に付けている」と変わった。

具体の評価場面では、問題解決的な学習における各過程の学びに即して、次の四つの視点から評価規準を作成し、学習者の状況を評価することとなる。

ア．問題を見いだし、課題を設定しているか

イ．課題の解決方法を考え、工夫しているか

ウ．課題解決のための実践等を評価・改善しているか

エ．課題解決のための一連の活動について、考えたことを分かりやすく表現しているか

これらの四つの視点から分かることは、「課題を解決する力」は問題解決的

な学習活動の中で育まれるという考え方が土台にあり、これまで以上に課題発見→解決方法の検討→課題解決に向けた実践活動→評価・改善という学習過程が重視されているということである。すなわち、児童生徒がこの学習過程を自分のものにすることが、生活の諸課題を解決する力につながると言えよう。したがって「思考・判断・表現」については、このア、イ、ウ、エの４段階を捉えた指導と評価を行い、学習者の課題を解決する力を把握し、その質を高める指導が求められている。

　そのため、指導と評価の在り方を検討する際には課題解決に向けた四つの場面を捉えて考える必要がある。例えば、①題材のはじめの授業で、自分の生活を振り返って問題を発見し、課題を設定する場面をつくり、その実現状況を評価したり、②知識・技能を活用して総合的・発展的に課題を解決する場面（パフォーマンス課題等）を設定して考え工夫する力を評価したり、③課題解決のための実践を振り返る場面を設定して評価・改善の状況を評価したり、④課題解決の一連の活動を振り返って発表する場面をつくって表現する力を評価したりするなど、これらの４場面を捉えて授業をつくることが重要となる。

　特に配慮が必要なのは、学びの立ち上がりとなる「問題の中から課題を設定する」場面の指導であろう。学習者が日常生活を見つめる中で自分の問題に気付き、その中から課題が設定できるようにしたい。学習者の思考の流れに沿いながら、その問題意識を可視化し、課題を学習者自身がつかみ課題解決の見通しをもって学習ができるようにすることが重要である。そのためには、教員自身が、題材そのものがもつ「問い」（学習課題）とその「問い」の解決に向けた学びの形成といった視点から題材全体を捉え直し、課題解決を目指す授業をつくる必要がある。教員の意識改革が求められており、学習者の主体的な学びはここからスタートすると言えよう。

4 「主体的に学習に取り組む態度」はどう変わったか

　これまでの「関心・意欲・態度」の観点は、観点「主体的に学習に取り組む態度」に変わった。小学校家庭科における趣旨は、「家族の一員として、生活をよりよくしようと、課題の解決に主体的に取り組んだり、振り返って改善したりして、生活を工夫し実践しようとしているか」と示されている。

この観点では、次の三つの側面から評価を行う必要がある。

ア．「課題の解決に向けて主体的に知識・技能を身に付け、思考・判断・表現しようとしているか」などの視点から、「粘り強く取り組もうとすること」を捉え、評価する。

イ．「自らの課題解決とその過程を振り返り、よりよいものとなるよう改善しようとする」等の視点から、「自らの学習を調整しようとすること」を捉え、評価する。

ウ．家族の一員として、「生活をよりよくしようと、工夫し、実践しようとしている」視点から、実践的な態度を捉え、評価する。

この中のイの側面は従前の評価にはなかったメタ認知の要素を含んだ新しい視点である。本書で提案している「資質・能力開発ポートフォリオ」に含まれる視点でもあるので、参考にしてほしい（理論編第2章Ⅲ、第3章参照）。

5 問題解決的な学習は資質・能力形成にどう関わるのか

家庭科で育む資質・能力と問題解決的な学習との関係は、中央教育審議会答申（2016）の「家庭科、技術・家庭（家庭分野）の学習過程のイメージ」に明解に示されている（図1）。この図から、問題解決的な学習過程において、個別の知識・技能が活用できる知識・技能へと高まっていくこと、学習過程の各段階に応じて思考力・判断力・表現力に係る四つの力が順次育まれること、題材全体を通して主体的に学びに向かう態度が育まれることがイメージできる。

重要なことは、この学習過程を土台にした題材での学習を繰り返す中で、学習者自身が問題解決の方略を自分のものにすることである。そのことは、人間の生涯にわたる発達と衣食住等の生活に係る諸課題をよりよく解決することにつながっていくものであり、持続可能な社会の構築に向かう主体を誕生させることにもなると考えている。

図1　家庭科、技術・家庭（家庭分野）の学習過程のイメージ

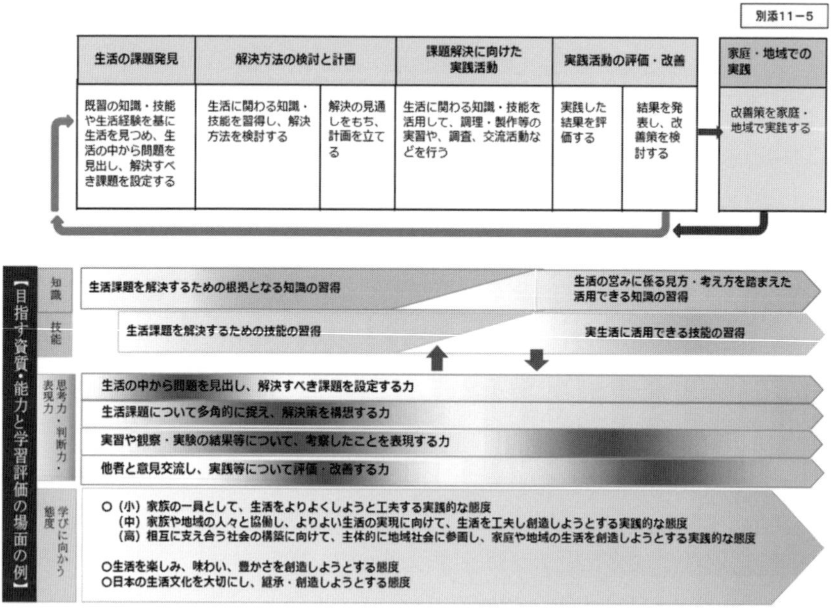

別添11−5

生活の課題発見	解決方法の検討と計画		課題解決に向けた実践活動		実践活動の評価・改善		家庭・地域での実践
既習の知識・技能や生活経験を基に生活を見つめ、生活の中から問題を見出し、解決すべき課題を設定する	生活に関わる知識・技能を習得し、解決方法を検討する	解決の見通しをもち、計画を立てる	生活に関わる知識・技能を活用して、調理・製作等の実習や、調査、交流活動などを行う		実践した結果を評価する	結果を発表し、改善策を検討する	改善策を家庭・地域で実践する

【目指す資質・能力と学習評価の場面の例】

知識
生活課題を解決するための根拠となる知識の習得　　生活の営みに係る見方・考え方を踏まえた活用できる知識の習得

技能
生活課題を解決するための技能の習得　　実生活に活用できる技能の習得

思考力・判断力・表現力
生活の中から問題を見出し、解決すべき課題を設定する力
生活課題について多角的に捉え、解決策を構想する力
実習や観察・実験の結果等について、考察したことを表現する力
他者と意見交流し、実践等について評価・改善する力

学びに向かう態度
○ (小) 家族の一員として、生活をよりよくしようと工夫する実践的な態度
　 (中) 家族や地域の人々と協働し、よりよい生活の実現に向けて、生活を工夫し創造しようとする実践的な態度
　 (高) 相互に支え合う社会の構築に向けて、主体的に地域社会に参画し、家庭や地域の生活を創造しようとする実践的な態度
○生活を楽しみ、味わい、豊かさを創造しようとする態度
○日本の生活文化を大切にし、継承・創造しようとする態度

出展：中央教育審議会答申（平成28年12月）別添11-5　P386

引用・参考文献

- 国立教育政策研究所、2020、『「指導と評価の一体化」のための学習評価に関する参考資料』、東洋館出版社.
- 中央教育審議会、2016、『幼稚園、小学校、中学校、高等学校及び特別支援学校の学習指導要領等の改善及び必要な方策等について（答申）』.
- 文部科学省、2017、『小学校学習指導要領（平成29年告示）解説　家庭編』、東洋館出版社.

（第2章I　　岡　陽子）

Ⅱ 評価の観点にみられる家庭科教育の特徴

1 各教科における小・中学校の観点の趣旨

　各教科における小学校及び中学校の評価の観点とその趣旨を表3及び表4（P75、P78）に整理した。本章Ⅰで述べたとおり、全教科が「知識・技能」「思考・判断・表現」「主体的に学習に取り組む態度」の3観点に統一されたことから、同一の視点からそれぞれの教科の特徴を捉えることができるようになったと言える。評価の観点の趣旨には、目指す学習者の姿が三つの観点から分析的に示してあることから、教科間の比較によってそれぞれの教科の特徴をより明確に把握することが可能である。

2 評価の観点の趣旨にみられる家庭科、技術・家庭（家庭分野）の特徴

　果たして、家庭科、技術・家庭（家庭分野）はどのような特徴をもっているのだろうか。小・中学校の各教科における評価の観点の趣旨を比較することによって家庭科教育の独自性を考察する。

　三つの観点のうち、「知識・技能」はそれぞれの教科が対象とする学習内容と直結している。家庭科では家庭・家族、衣食住、消費・環境などの生活事象を対象として、それらに関する知識と技能を身に付けているかどうかが評価の視点となる。教科それぞれがその教科の所以といわれる知識・技能を有しているのは周知のところである。

　では、「思考・判断・表現」はどうだろうか。小学校家庭科の「思考・判断・表現」の趣旨は「日常生活の中から問題を見いだして課題を設定し、様々な解決方法を考え、実践を評価・改善し、考えたことを表現するなどして課題を解決する力を身に付けている」と示されており、育むのは課題を解決する力であること、そしてそれは問題解決的な学習過程の中で育まれる力であることが明示されている。この家庭科とよく似た観点の趣旨をもつ教科として社会と理科、体育を取り上げ、それらの違いを考えてみよう（表2参照）。まず、4教科の「対象となる事象」を比較すると、社会的事象や自然の事物・現象など

表2　小学校各教科の「思考・判断・評価」の趣旨と特徴

	思考・判断・表現	対象となる事象	問題及び課題へのアプローチの仕方	目指す能力
社会	社会的事象の特色や相互の関連、意味を多角的に考えたり、社会に見られる課題を把握して、その解決に向けて社会への関わり方を選択・判断したり、考えたことや選択・判断したことを適切に表現したりしている。	社会的事象	社会的事象の特色や相互の関連、意味を多角的に考えたり、社会に見られる課題を把握する	課題を把握し、解決に向けて選択・判断、表現する
理科	自然の事物・現象から問題を見いだし、見通しをもって観察、実験などを行い、得られた結果を基に考察し、それらを表現するなどして問題解決している。	自然の事物・現象	自然の事物・現象から問題を見いだす	問題解決（問題を見いだし、見通しのある観察・実験の結果を考察・表現する）
家庭	日常生活の中から問題を見いだして課題を設定し、様々な解決方法を考え、実践を評価・改善し、考えたことを表現するなどして課題を解決する力を身に付けている。	日常生活	日常生活の中から問題を見いだして課題を設定する	課題を解決する力（問題から課題を設定し、解決方法を考え、実践を評価・改善、表現する）
体育	自己の運動の課題を見付け、その解決のための活動を工夫しているとともに、それらを他者に伝えている。また、身近な生活における健康に関する課題を見付け、その解決を目指して思考し判断しているとともに、それらを他者に伝えている。	自己の運動身近な生活	自己の運動の課題を見付ける身近な生活における健康に関する課題を見付ける	課題を見つけ、解決を目指して、活動したり、思考・判断、伝える。

　自己の外にある世界が対象となっている社会や理科に対し、家庭や体育は日常生活や身近な生活など自己と直結する世界が対象となっていることが分かる。また、対象となる事象から「問題を見いだして課題を設定する」ことが示されている教科は家庭科のみであることにも気付かされる。社会科は「課題を把握する」こと、理科は「問題を見いだす」こと、体育は「課題を見つける」ことが明記されており、問題及び課題について重点の置き方が家庭科とは異なることが分かる。

　以上のことから、観点の趣旨にみられる家庭科の特徴を整理してみよう。

　ア．日々の衣食住の生活や家族との関わりなど学習者の生活を対象としてい

ることから、学習者が自ら対象世界に入り込み、そのよさや問題を見つけることが可能な教科である。ただし、大人の生活に組み込まれた生活であり、生まれた時から当たり前に存在する生活であることから、対象世界の中で主体が立ち上がることが重要となる。学習者が感性を研ぎ澄まして生活を見つめる手立て、すなわち生活主体となるための教員の手立てが求められる。

イ．対象世界の中心に私を据えて捉え直すことが重要であり、私の世界のよさや問題が見いだせれば、その中から真の課題を設定して課題解決に向かうことができる。真正の学びを実現させる必要がある。

ウ．ア及びイが家庭科の独自性とも言え、育まれた力は、豊かさの普遍的価値を追い求めつつ、生涯にわたりよりよい生活を創り出す力の土台となる。

　参考までに、小学校及び中学校の各教科における評価の観点とその趣旨を一覧に示す（表3、表4）。

（第2章Ⅱ　　岡　陽子）

表3　小学校の各教科における評価の観点とその趣旨

	知識・技能	思考・判断・表現	主体的に学習に取り組む態度
国語	日常生活に必要な国語について、その特質を理解し適切に使っている。	「話すこと・聞くこと」、「書くこと」、「読むこと」の各領域において、日常生活における人との関わりの中で伝え合う力を高め、自分の思いや考えを広げている。	言葉を通じて積極的に人と関わったり、思いや考えを広げたりしながら、言葉がもつよさを認識しようとしているとともに、言語感覚を養い、言葉をよりよく使おうとしている。
社会	地域や我が国の国土の地理的環境、現代社会の仕組みや働き、地域や我が国の歴史や伝統と文化を通して社会生活について理解しているとともに、様々な資料や調査活動を通して情報を適切に調べまとめている。	社会的事象の特色や相互の関連、意味を多角的に考えたり、社会に見られる課題を把握して、その解決に向けて社会への関わり方を選択・判断したり、考えたことや選択・判断したことを適切に表現したりしている。	社会的事象について、国家及び社会の担い手として、よりよい社会を考え主体的に問題解決しようとしている。
算数	・数量や図形などについての基礎的・基本的な概念や性質などを理解している。	日常の事象を数理的に捉え、見通しをもち筋道を立てて考察する力、基礎的・基本	数学的活動の楽しさや数学のよさに気付き粘り強く考えたり、学習を振り返ってよりよ

75

	・日常の事象を数理的に処理する技能を身に付けている。	的な数量や図形の性質などを見いだし統合的・発展的に考察する力、数学的な表現を用いて事象を簡潔・明瞭・的確に表したり目的に応じて柔軟に表したりする力を身に付けている。	く問題解決しようとしたり、算数で学んだことを生活や学習に活用しようとしたりしている。
理科	自然の事物・現象についての性質や規則性などについて理解しているとともに、器具や機器などを目的に応じて工夫して扱いながら観察、実験などを行い、それらの過程や得られた結果を適切に記録している。	自然の事物・現象から問題を見いだし、見通しをもって観察、実験などを行い、得られた結果を基に考察し、それらを表現するなどして問題解決している。	自然の事物・現象に進んで関わり、粘り強く、他者と関わりながら問題解決しようとしているとともに、学んだことを学習や生活に生かそうとしている。
生活	活動や体験の過程において、自分自身、身近な人々、社会及び自然の特徴やよさ、それらの関わり等に気付いているとともに、生活上必要な習慣や技能を身に付けている。	身近な人々、社会及び自然を自分との関わりで捉え、自分自身や自分の生活について考え、表現している。	身近な人々、社会及び自然に自ら働きかけ、意欲や自信をもって学ぼうとしたり、生活を豊かにしたりしようとしている。
音楽	・曲想と音楽の構造などとの関わりについて理解している。 ・表したい音楽表現をするために必要な技能を身に付け、歌ったり、演奏したり、音楽をつくったりしている。	音楽を形づくっている要素を聴き取り、それらの働きが生み出すよさや面白さ、美しさを感じ取りながら、聴き取ったことと感じ取ったこととの関わりについて考え、どのように表すかについて思いや意図をもったり、曲や演奏のよさなどを見いだし、音楽を味わって聴いたりしている。	音や音楽に親しむことができるよう、音楽活動を楽しみながら主体的・協働的に表現及び鑑賞の学習活動に取り組もうとしている。
図画工作	・対象や事象を捉える造形的な視点について自分の感覚や行為を通して理解している。 ・材料や用具を使い、表し方などを工夫して、創造的につくったり表したりしている。	形や色などの造形的な特徴を基に、自分のイメージをもちながら、造形的なよさや美しさ、表したいこと、表し方などについて考えるとともに、創造的に発想や構想をしたり、作品などに対する自分の見方や感じ方を深めたりしている。	つくりだす喜びを味わい主体的に表現及び鑑賞の学習活動に取り組もうとしている。

家庭	日常生活に必要な家族や家庭、衣食住、消費や環境などについて理解しているとともに、それらに係る技能を身に付けている。	日常生活の中から問題を見いだして課題を設定し、様々な解決方法を考え、実践を評価・改善し、考えたことを表現するなどして課題を解決する力を身に付けている。	家族の一員として、生活をよりよくしようと、課題の解決に主体的に取り組んだり、振り返って改善したりして、生活を工夫し、実践しようとしている。
体育	各種の運動の行い方について理解しているとともに、基本的な動きや技能を身に付けている。また、身近な生活における健康・安全について実践的に理解しているとともに、基本的な技能を身に付けている。	自己の運動の課題を見付け、その解決のための活動を工夫しているとともに、それらを他者に伝えている。また、身近な生活における健康に関する課題を見付け、その解決を目指して思考し判断しているとともに、それらを他者に伝えている。	運動の楽しさや喜びを味わうことができるよう、運動に進んで取り組もうとしている。また、健康を大切にし、自己の健康の保持増進についての学習に進んで取り組もうとしている。
外国語	・外国語の音声や文字、語彙、表現、文構造、言語の働きなどについて、日本語と外国語との違いに気付き、これらの知識を理解している。 ・読むこと、書くことに慣れ親しんでいる。 ・外国語の音声や文字、語彙、表現、文構造、言語の働きなどの知識を、聞くこと、読むこと、話すこと、書くことによる実際のコミュニケーションにおいて活用できる基礎的な技能を身に付けている。	・コミュニケーションを行う目的や場面、状況などに応じて、身近で簡単な事柄について、聞いたり話したりして、自分の考えや気持ちなどを伝え合っている。 ・コミュニケーションを行う目的や場面、状況などに応じて、音声で十分慣れ親しんだ外国語の語彙や基本的な表現を推測しながら読んだり、語順を意識しながら書いたりして、自分の考えや気持ちなどを伝え合っている。	外国語の背景にある文化に対する理解を深め、他者に配慮しながら、主体的に外国語を用いてコミュニケーションを図ろうとしている。

出典：「小学校、中学校、高等学校及び特別支援学校等における児童生徒の学習評価及び指導要録の改善等について（通知)」（平成 31 年）を著者にて一部整理

表4　中学校の各教科における評価の観点とその趣旨

	知識・技能	思考・判断・表現	主体的に学習に取り組む態度
国語	社会生活に必要な国語について、その特質を理解し適切に使っている。	「話すこと・聞くこと」、「書くこと」、「読むこと」の各領域において、社会生活における人との関わりの中で伝え合う力を高め、自分の思いや考えを広げたり深めたりしている。	言葉を通じて積極的に人と関わったり、思いや考えを深めたりしながら、言葉がもつ価値を認識しようとしているとともに、言語感覚を豊かにし、言葉を適切に使おうとしている。
社会	我が国の国土と歴史、現代の政治、経済、国際関係等に関して理解しているとともに、調査や諸資料から様々な情報を効果的に調べまとめている。	社会的事象の意味や意義、特色や相互の関連を多面的・多角的に考察したり、社会に見られる課題の解決に向けて選択・判断したり、思考・判断したことを説明したり、それらを基に議論したりしている。	社会的事象について、国家及び社会の担い手としてよりよい社会の実現を視野に課題を主体的に解決しようとしている。
数学	・数量や図形などについての基礎的な概念や原理・法則などを理解している。 ・事象を数学化したり、数学的に解釈したり、数学的に表現・処理したりする技能を身に付けている。	数学を活用して事象を論理的に考察する力、数量や図形などの性質を見いだし統合的・発展的に考察する力、数学的な表現を用いて事象を簡潔・明瞭・的確に表現する力を身に付けている。	数学的活動の楽しさや数学のよさを実感して粘り強く考え、数学を生活や学習に生かそうとしたり、問題解決の過程を振り返って評価・改善しようとしたりしている。
理科	自然の事物・現象についての基本的な概念や原理・法則などを理解しているとともに、科学的に探究するために必要な観察、実験などに関する基本操作や記録などの基本的な技能を身に付けている。	自然の事物・現象から問題を見いだし、見通しをもって観察、実験などを行い、得られた結果を分析して解釈し、表現するなど、科学的に探究している。	自然の事物・現象に進んで関わり、見通しをもったり振り返ったりするなど、科学的に探究しようとしている。
音楽	・曲想と音楽の構造や背景などとの関わり及び音楽の多様性について理解している。 ・創意工夫を生かした音楽表現をするために必要な技能を身に付け、歌唱、器楽、創作で表している。	音楽を形づくっている要素や要素同士の関連を知覚し、それらの働きが生み出す特質や雰囲気を感受しながら、知覚したことと感受したこととの関わりについて考え、どのように表すかについて思いや意図をもったり、音楽を評価しながらよさや美しさを味わって聴いたりしている。	音や音楽、音楽文化に親しむことができるよう、音楽活動を楽しみながら主体的・協働的に表現及び鑑賞の学習活動に取り組もうとしている。

美術	・対象や事象を捉える造形的な視点について理解している。 ・表現方法を創意工夫し、創造的に表している。	造形的なよさや美しさ、表現の意図と工夫、美術の働きなどについて考えるとともに、主題を生み出し豊かに発想し構想を練ったり、美術や美術文化に対する見方や感じ方を深めたりしている。	美術の創造活動の喜びを味わい主体的に表現及び鑑賞の幅広い学習活動に取り組もうとしている。
技術・家庭	生活と技術について理解しているとともに、それらに係る技能を身に付けている。	生活や社会の中から問題を見いだして課題を設定し、解決策を構想し、実践を評価・改善し、表現するなどして課題を解決する力を身に付けている。	よりよい生活の実現や持続可能な社会の構築に向けて、課題の解決に主体的に取り組んだり、振り返って改善したりして、生活を工夫し創造し、実践しようとしている。
保健体育	運動の合理的な実践に関する具体的な事項や生涯にわたって運動を豊かに実践するための理論について理解しているとともに、運動の特性に応じた基本的な技能を身に付けている。また、個人生活における健康・安全について科学的に理解しているとともに、基本的な技能を身に付けている。	自己や仲間の課題を発見し、合理的な解決に向けて、課題に応じた運動の取り組み方や目的に応じた運動の組合せ方を工夫しているとともに、それらを他者に伝えている。また、個人生活における健康に関する課題を発見し、その解決を目指して科学的に思考し判断しているとともに、それらを他者に伝えている。	運動の楽しさや喜びを味わうことができるよう、運動の合理的な実践に自主的に取り組もうとしている。また、健康を大切にし、自他の健康の保持増進や回復についての学習に自主的に取り組もうとしている。
外国語	・外国語の音声や語彙、表現、文法、言語の働きなどを理解している。 ・外国語の音声や語彙、表現、文法、言語の働きなどの知識を、聞くこと、読むこと、話すこと、書くことによる実際のコミュニケーションにおいて活用できる技能を身に付けている。	コミュニケーションを行う目的や場面、状況などに応じて、日常的な話題や社会的な話題について、外国語で簡単な情報や考えなどを理解したり、これらを活用して表現したり伝え合ったりしている。	外国語の背景にある文化に対する理解を深め、聞き手、読み手、話し手、書き手に配慮しながら、主体的に外国語を用いてコミュニケーションを図ろうとしている。

出典：「小学校、中学校、高等学校及び特別支援学校等における児童生徒の学習評価及び指導要録の改善等について（通知）」（平成 31 年）を著者にて一部整理

III メタ認知と家庭科教育

1 新学習指導要領とメタ認知

　新学習指導要領（2017）では、各教科等の目標や内容の示し方が大幅に整理され、教科等独自の「見方・考え方」が示されるとともに、内容ベースから資質・能力ベースへと大きく舵が切られた。

　この告示に先立ち示された中央教育審議会答申「幼稚園、小学校、中学校、高等学校及び特別支援学校の学習指導要領等の改善及び必要な方策等について」（以下、「答申」とする）では、目指す資質・能力を育むための、個別の知識・技能から様々な場面で活用できる知識や技能、概念へと高める重要性が述べられており、実生活や社会で活用できる知識・技能に再構成することのできる学びの過程や学習方法の重要性が示されている。

　家庭科教育においても、同答申別添資料「家庭科、技術・家庭（家庭分野）の学習過程のイメージ」（P72 図1参照）において、知識は「生活課題を解決するための根拠となる知識の習得」から「生活の営みに係る見方・考え方を踏まえた活用できる知識の習得」へと高まっていくこと、また、技能は「生活課題を解決するための技能の習得」から「実生活に活用できる技能の習得」へと高まっていくことが、イメージ図として示されている。

　これらの知識・技能の活用について、カリキュラム・リデザイン・センター（CCR）のファデルら（岸学監訳、2016：134）は、現代に必要な新しい学力観の骨組みとして、教育の四つの次元、すなわち知識、スキル、人間性、メタ学習を挙げ、「メタ認知を育成しなければならない最大の理由は、メタ認知を働かせることで、知識やスキル、人間性特徴を、それを学んだ文脈以外の領域で使うことができるようになる点にある」と述べている。さらに「これによりコンピテンシーを、学問分野を超えて転移させることが可能になる」としている。

　また、スタンバーグ（1996）は、人生の重要な目標を達成するための知能をサクセスフル知能（Successful intelligence）と呼び、その柱として「分析的知能（Analytical intelligence）」「創造的知能（Creative intelligence）」「実践

的知能（Practical intelligence）」の３種類を挙げ、それらがバランスよく働くことが重要と述べている。実践的知能とは、他の二つの知能を日常生活においてどう活用するかを判断し、その方法を見いだす能力である。この実践的知能について、三宮（2012：25-26）は「とりわけ実践的知能には、メタ認知が大きく関与する」とし、「それは、自分の分析的知能や創造的知能を十分に把握し、どのような状況でどの知能を活用すべきかを知っていること、また、知能における自分の強みを生かし弱みを補う方法を理解していることなど、まさにメタ認知的要素が実践的知能の基礎となるからである」と述べている。

　資質・能力ベースの新学習指導要領の趣旨を踏まえたとき、「個別の知識・技能」を「活用できる知識・技能」に高め、最終的には生活や社会で生きて働く力にするための重要な鍵として、メタ認知を捉えることができる。このことについては、中川・松原（1996）の「自己評価カード」（算数）や吉野・島貫（2015）の「頭の中の先生」（算数）など、日本における実践研究においても、メタ認知を働かせることの有効性が示されている。

2　メタ認知と改訂版タキソノミー

　次に、教育目標とメタ認知の関係について考えてみよう。双方の関係から考察することが可能なものに、ブルームの教育目標分類体系を改訂したアンダーソンとクラスウォールらの「改訂版タキソノミー」がある。アンダーソンらは、学習と教授、評価をより関連付けて、表5に示したとおり、知識の次元四つと認知過程次元の六つを二次元テーブルに示した。特に、認知過程次元の六つのカテゴリーを動詞で示し、実際の学習場面での活用を意識しているのが特

表5　改訂版タキソノミーテーブル

知識の次元	認知過程次元					
	①想起する	②理解する	③応用する	④分析する	⑤評価する	⑥創造する
A．事実的知識						
B．概念的知識						
C．手続き的知識						
D．メタ認知的知識						

徴の一つである。

　メタ認知については、「D. メタ認知的知識」として知識の次元に位置付けられている。石井（2003）は、「改訂版タキソノミー」を基に、このメタ認知的知識を表6のように整理し、このカテゴリーの特徴として次の3点を挙げている。

・学習を促進し制御する方略の獲得とその柔軟な活用が重視されていること
・従来は潜在的カリキュラムとして扱われてきた知識への着目がみられること
・メタ認知と情意形成とを意識的に結び付ける発想があること

表6　「改訂版」によるメタ認知的知識の分類

※「改訂版」を基に石井が作成したもの

カテゴリー	例
1.「方略についての知識（strategic knowledge）：学習、思考、問題解決のための一般的な方略についての知識。	
1－1. 認知過程一般、特に、記憶や理解といった知識習得過程で使用される一般的学習方略についての知識	情報のリハーサルは情報を保持するための一つの方法だという知識
1－2. 認知過程を制御するのに便利なメタ認知的方略についての知識	自己テストや自問のような認知過程を理解・監視する方略についての知識
1－3. 問題解決や思考のための一般的方略についての知識	明確に定義されていない問題を解くための発見的方法としての手段＝目的分析についての知識
2.「文脈と条件についての適切な知識を含む、認知的課題に関する知識（Knowledge about cognitive tasks, including appropriate contextual and conditional knowledge）」：認知的課題についての知識。	
2－1. 課題の要求するものや目的についての知識	再生課題は再認課題よりも難しいという知識。
2－2. 特定の方略をいつどのような条件の下で使うべきかについての知識（「条件についての知識（conditional knowledge）」）	既有知識が直接使えないような目新しい問題に出くわした時は、一般的な問題解決のための発見的方法が有効であるという知識。

2－3. 文化・社会的状況や因習的規範と方略の使用とを結びつける知識	特定の教師が行うテストのタイプに関する知識。

3．「自己に関する知識（self-knowledge）」：自分自身の認知や情意の様態に関する知識		
	3－1．　自分自身の認知についての知識	
	3－1－1. 認知や学習における自分の長所と短所についての知識	随筆を書くのは苦手だが批評は得意であるという知識。
	3－1－2. 自分の持っている知識の広さと深さについての知識	自分自身の知識レベルについての知識。
	3－1－3. ある状況における自分の思考法や用いる方略の傾向性についての知識	自分がある状況では特定の方略に頼る傾向があるという知識。
	3－2．　自分自身の動機についての信念（motivational beliefs）	
	3－2－1. 課題を遂行する自己の能力についての判断である、自己効力感についての信念	特定の課題を遂行するための自分の能力についての知識。
	3－2－2. 課題を遂行する目的や理由についての信念	ある課題を遂行する際に自分が抱いている目的についての知識。
	3－2－3. 課題への個人的興味や自分にとっての課題の重要度や価値についての信念	課題への個人的興味や課題の利用価値に関する自己の判断についての知識。

出典）石井英真（2003）、「メタ認知を教育目標としてどう設定するか」より一部抜粋.

　さらに、「メタ認知を教育目標として設定し意識的な指導の対象とすることは、領域を超えた一般的な学習能力や問題解決能力を育成する道を開くとともに、教育実践への学習者の参加を促して学習の自己調整を実現することにもつながりうる」としている。教育目標との関連の中で、しかも実際の学習場面を意識しメタ認知を捉え明らかにする意義は大きいと考える。

　では、新学習指導要領に示された教科目標においてメタ認知はどのように示されているのだろうか。新学習指導要領（2017）における各教科等の目標には、育むべき資質・能力とともに資質・能力の三つの柱（知識及び技能／思考力、判断力、表現力等／学びに向かう力、人間性等）が分析的に示されているが、メタ認知に係る直接的な記述は見られない。今回の改訂では、全教科等の

目標が同様の柱立てとなっているため、代表例として、小学校家庭科の目標を表7に示す。

ここで注目すべきは「生活の営みに係る見方・考え方を働かせ」という文言である。「見方・考え方」とは、今回の改訂で新たに各教科等に位置付けられた概念である。この「見方・考え方」には、次の三つの特徴がある。

表7　新小学校家庭科の目標

> 生活の営みに係る見方・考え方を働かせ、衣食住などに関する実践的・体験的な活動を通して、生活をよりよくしようと工夫する資質・能力を次のとおり育成することを目指す。
> (1) 家族や家庭、衣食住、消費や環境などについて、日常生活に必要な基礎的な理解を図るとともに、それらに係る技能を身に付けるようにする。
> (2) 日常生活の中から問題を見いだして課題を設定し、様々な解決方法を考え、実践を評価・改善し、考えたことを表現するなど、課題を解決する力を養う。
> (3) 家庭生活を大切にする心情を育み、家族や地域の人々との関わりを考え、家族の一員として、生活をよりよくしようと工夫する実践的な態度を養う。

①　各教科の対象となる事象について、どのような視点から物事を捉えどのような考え方で思考していくのかという、物事を捉える視点や考え方を示したものである。

②　各教科等を学ぶ本質的な意義の中核をなすものである。

③　生活や社会で活用できる概念である。

家庭科における「生活の営みに係る見方・考え方」とは、「家族や家庭、衣食住、消費や環境などに係る生活事象を、協力・協働、健康・快適・安全、生活文化の継承・創造、持続可能な社会の構築等の視点で捉え、よりよい生活を営むために工夫すること」と明示されており、これらの視点や考え方を働かせながら学習活動を行うことにより目指す資質・能力を育成することがねらいとされている。他教科等においても同様であり、独自の「見方・考え方」を働かせて学習活動を行い、教科の目指す資質・能力を育成することが示されている。

この「見方・考え方」を改訂版タキソノミーのメタ認知的知識の分類（表6）と比較すると、「方略についての知識（学習、思考、問題解決のための一般的な方略についての知識）」における「問題解決や思考のための一般的方略についての知識」に近い視点をもっていると捉えることができる。また、「見方・考え方を働かせて」とは、見方・考え方の視点からモニタリングやコントロールをしつつ学習を行うことが示されていると捉えることもできる。

つまり、全教科等にわたって見直された新学習指導要領の目標の中には、メタ認知的要素が含まれていると見ることができよう。

❸ 小学校家庭科とメタ認知

（1） 小学校家庭科のメタ認知に係る研究の実態

　近年の家庭科におけるメタ認知の研究を探ってみよう。河村（2013）は、調理技能の習得における知識との関連について行った実践研究の中でメタ認知について言及しており、メタ認知的知識の中でも、自己認識（自分自身のことを振り返って理解すること）が模倣や試行錯誤段階の身体的な調理技能の習得には不可欠と述べている。これは、表6の3-1「自分自身の認知についての知識」に該当すると考えられる。また、田中（2015）は、メタ認知を意識化するための質問項目を用いて大学生の調理学実習を行っているが、長期間継続することでメタ認知思考・行動の般化・転移が見られたと結論付けている。

　しかし、家庭科教育におけるメタ認知研究は対象校種や内容が限定的であり、他教科と比べてもその数は少ない。小・中学校では既に新教育課程が全面実施されており、資質・能力ベースの家庭科教育の推進は喫緊の課題と言えよう。今後は、新たに示された家庭科の目標・内容の分析や、メタ認知に関する研究及び効果的な指導法についての更なる実践研究が求められる。

（2） 「生活の営みに係る見方・考え方」とメタ認知

　ここで、小学校家庭科の教科目標を改めて確認してみよう（表7）。この目標に示されているとおり、「生活の営みに係る見方・考え方」は育成するものではなく、「働かせ」るものである。すなわち、この「見方・考え方」を活用することによって、家庭科が目指す「生活をよりよくしようと工夫する」資質・能力を育むということである。資質・能力とは、生活の課題を解決する力（思考力、判断力、表現力等）と、その力を支える知識及び技能、よりよくしようと工夫する実践的な態度（学びに向かう力、人間性等）の三つである。

　では、この「働かせる」について更に考えてみよう。

　私たちは何かの意思決定をする際に、特に意識せずとも判断する基準に照らし合わせたり、過去の事例を踏まえたりして回答を出すことが多い。さらに、その認知的活動を認知（メタ認知）すること、比喩的に言えば、「この答えで

本当に大丈夫だろうか」と自分をチェックするもう一人の自分がいる状況が生まれることもある。「見方・考え方」を働かせるとは、このメタ認知の状況をつくり出すことに近い。すなわち、自分の認知的活動を「見方・考え方」の視点から再確認するということ、あるいは、「見方・考え方」を基軸に思考・判断するということである。このように、「見方・考え方」を使って自分の考えや行動をモニタリングしたりコントロールしたりすることにより、家庭科独自の「生活をよりよくしようと工夫する」資質・能力がより豊かに育まれると言えよう。

さて、今回の改訂では、家庭科のみならず全ての教科等において、目標や内容の示し方が大幅に見直され、目標には、「見方・考え方」を働かせて思考させ、資質・能力の三つの柱を育むことが明記された。内容についても、教科独自の「知識及び技能」と「思考力、判断力、表現力等」を中心に再構成され、内容を資質・能力ベースで示す工夫がなされている。これは、教育内容を中心に示す従来の内容ベースの構造から、育む資質・能力を重視した示し方へと転換を図ったものであり、これにより教科相互の関係性も見えやすくなったといえる。

このことは、「この教科を学ぶことで何が身に付くのか」という、各教科等を学ぶ本質的な意義を明らかにする試みでもあり、教科等の枠組みを超え、教育課程全体として効果的な学習を生み出す仕掛けの一つとも言えよう。

４ 「生活の営みに係る見方・考え方」をどう捉えるか

ある小学校で家庭科の授業を参観したとき、不思議な違和感を覚えたことがあった。材料や目的に応じたゆで方を探る授業であり、児童は嬉々として実験に取り組んでいた。ストップウオッチを片手に各種野菜のゆで方やゆで時間等の条件を変え、実験結果を表やグラフにまとめて、科学的な視点から多くの気付きを述べていた。児童の活動は素晴らしかったのだが、なぜか腑に落ちなかった。授業終了後、学校でのこれまでの取組を聞いてみると、理科の指定を受けて３年間の研究を行ってきたということであった。それを聞いて、「なるほど」と納得した。当該校の研究歴と「理科のような授業だな」という私の印象がぴったり一致していたからである。そして、この違和感こそが、教科の見

方・考え方に由来するものであったと言えよう。つまり、「どのような視点で物事を捉え、どのような考え方で思考していくのか」ということである。

参考までに、中央教育審議会答申（2016）に示された理科と家庭科の「見方・考え方」を表8に示す。

表8　理科と家庭科の見方・考え方

生活の営みに係る見方・考え方	家族や家庭、衣食住、消費や環境などに係る生活事象を、協力・協働、健康・快適・安全、生活文化の継承・創造、持続可能な社会の構築等の視点で捉え、よりよい生活を営むために工夫すること
理科の見方・考え方	自然の事物・現象を、質的・量的な関係や時間的・空間的な関係などの科学的な視点で捉え、比較したり、関係付けたりするなどの科学的に探究する方法を用いて考えること

理科の見方・考え方として示された「科学的な視点で捉え、比較したり、関係付けたりするなどの科学的に探究する方法を用いて考えること」は家庭科でも大いに必要となる視点であるが、実践的な態度の育成を最終目標とする家庭科では、生活事象を協力・協働や健康・快適・安全等の関連ある視点から総合的に捉えつつ、「よりよい生活を営むために工夫する」方向性やそのための思考が不可欠となる。

つまり、家庭科であれば、調理実験は、その事象を科学的に捉えつつも、おいしさや健康の視点から、最終的には実生活と結び付け、よりよい食生活実現のための自分自身の気付きや具体の調理法の発見・見直しへとつなぐことが重要となる。この事例では、実生活の視点が希薄になっており、当該校の先生も児童も「理科の見方・考え方」は豊かに鍛えられていたが、家庭科の「生活の営みに係る見方・考え方」については研究途上であったということであろう。

このように、各教科等の特質に応じた物事を捉える視点や考え方が「見方・考え方」であり、この「見方・考え方」は、「この教科では何を学習するのか」、「なぜこの教科が必要なのか」という教科を学ぶ本質的な意義の中核をなすものといえる。また、本事例の理科と家庭科のように各教科のそれぞれが独自でありながら、相互に関連し、相互補完の関係でもある。ましてや、一人の学習者の中では、全てが渾然一体となって存在している。学習者が直面する種々の状況において、必要に応じて有効と思われる「見方・考え方」を働かせて

課題を解決したり、既有の知識を新しい知識と結び付けて新たな概念を獲得したり、思いや考えを基に創造したりしていくことができるよう、各教科等の「見方・考え方」を指導者自身が的確に理解することが重要であろう。そして、学校の教育課程全体として、各教科等の枠組みを超えて、学習者の豊かな学びを創り上げることのできるカリキュラム・マネジメントが求められているといえる。

5 「見方・考え方」を軸に資質・能力を豊かにする授業づくり

　ここでは、家庭科教育が目指す資質・能力を豊かに育むために、「生活の営みに係る見方・考え方」を働かせる授業をどう構成するのか、小学校を取り上げてその授業づくりについて考察する。

(1) ガイダンスと「見方・考え方」

　5年生になったばかりの児童は、新しい家庭科の始まりに期待感で一杯である。裁縫箱や教科書の中の写真やイラストに釘付けになる。この最初の時間に、ガイダンスとして「見方・考え方」が登場する。教科書の目次を追いながら学習内容をイメージさせ、楽しく豊かな生活にするために、衣食住や家族との生活でどんなことができるようになりたいか、どんな生活にしたいかなど、児童の思いや夢を引き出していく。そしてそれらが、「見方・考え方」の四つの視点等に集約できることを確認・整理し、「見方・考え方」のよさを実感させることが重要である。また、課題解決時の困ったときに「見方・考え方」が役立つことに気付くようにするなど、スタートの学びを「見方・考え方」と結び付け、児童の心に残す工夫が重要であろう。

(2) 学習環境と「見方・考え方」

　小・中・高等学校の家庭科室には「生活の営みに係る見方・考え方」のイメージ図を学習者に分かるような言葉と楽しいイラストにして掲示しておきたい。「見方・考え方」は生活事象を捉える視点や考え方であり、家庭科の意義を表したものでもある。

　授業の折々に児童自身が自然に想起することのできる環境を整えておくことが、家庭科らしい授業や主体的な学びを創り出すことにつながっていく。

(3) 問題解決的な学習と「見方・考え方」

　家庭科の問題解決的な学習において、学習者の資質・能力がどう高まり、

「生活の営みに係る見方・考え方」がどう鍛えられていくのか、学習指導要領解説に示された「家庭科、技術・家庭（家庭分野）の学習過程の参考例」を用いながら、授業づくりについて考察する（図2参照）。

家庭科の「生活の営みに係る見方・考え方」は、衣食住の生活事象に係る課題を解決するための一連の学習過程（生活の課題発見→解決方法の検討と計画→課題解決に向けた実践活動→実践活動の評価・改善等）において、思考・判断・表現するときの基軸となる視点である。「協力・協働」「健康・快適・安全」や「生活文化の継承・創造」「持続可能な社会の構築」が考察し志向する視点の中心となる。また、これらの視点は実生活の場面でも思考の手段として活用できるものであり、「よりよい生活」の中核概念ともいえる。

児童は生活を見つめるところから学習をスタートさせる。生活の中の問題を見いだし、解決すべき課題を設定する授業である。学びの始まりの段階で、複

図2　家庭科の学習過程と「見方・考え方」を働かせた学習のイメージ（岡・2019）

学習過程	
生活の課題発見	既習の知識及び技能や生活経験を基に生活を見つめ、生活の中から問題を見いだし、解決すべき課題を設定する。
解決方法の検討と計画	生活に関わる知識及び技能を習得し、解決方法を検討する
	解決の見通しをもち、計画を立てる
課題解決に向けた実践活動	生活に関わる知識及び技能を活用して、調理・製作等の実習や、調査、交流活動などを行う
実践活動の評価・改善	実践した結果を評価する
	結果を発表し、改善策を検討する
家庭・地域での実践	改善策を家庭・地域で実践する

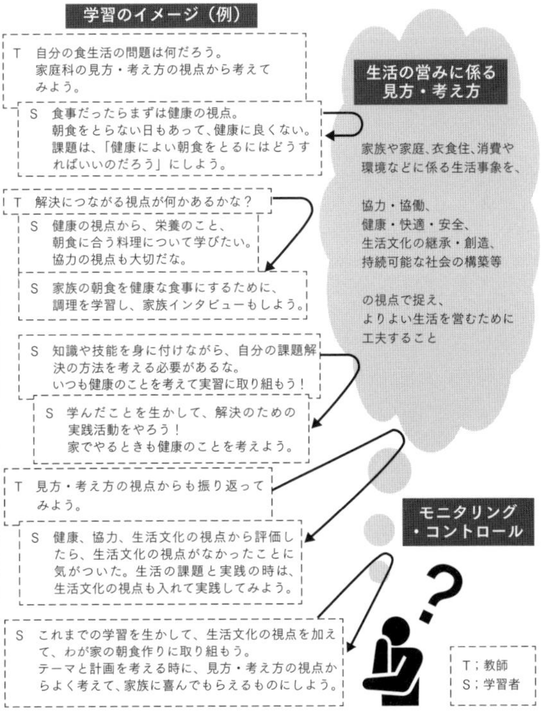

数の「見方・考え方」の視点を活用することは難しい。例えば食生活であれば、まずは「健康」の視点から食事を見つめることになろう。この段階の児童の「健康」のイメージは、「好き嫌いをしない」「三食きちんと食べる」など、これまでの生活で得られた認識に基づくものであろう。この「健康」の視点から「どうなっているのか」という問いをもって観察することで、食生活のよさや構成する要素、問題点に気付くとともに、生活への感性も高まっていく。この過程の学びは、問題解決的な学習を主体的に進めるための重要な段階であり、よりよい生活や持続可能な社会の創り手としての第一歩となる学びでもある。

　課題発見の次は解決方法の検討と計画立案の過程となる。この過程では、例えば「健康」の視点から、課題解決に必要な学習や課題解決の見通しをもつことが重要となる。「栄養や朝食のことを知ろう」「朝食の料理が作れるようになろう」「それを基に食生活の課題を解決しよう」など、児童の中から学びの見通しとともに課題解決の道筋がみえるように指導したい。

　次は、課題解決に向けた実践活動の過程である。「見方・考え方」の視点の一つ、「健康」を基軸に必要な知識・技能を獲得し、課題解決に向けて取り組んでいく。主体的に考え、他者との対話の中で思考を深め、知識・技能を活用して解決策を見いだす段階である。この実践活動や他者との対話の過程で、新たな「見方・考え方」の視点に気付くこともある。さらに、個別の知識は活用できる知識（概念化）に、技能は実生活で活用できる技能へと高まっていく。また、児童なりの課題設定力や解決策を構想する力、根拠や理由に基づき表現する力などが育まれていく。

　最後は、実践活動の評価・改善の過程である。中心概念の「健康」を用いて振り返り、課題があれば改善策へとつないでいく。また他者との交流の中で、「協力」や「生活文化」等の新たな視点に気付くことも多い。それは新しい課題の発見でもあり、実生活において自分で解決する課題へと発展する。この段階の「健康」のイメージは「栄養」「五大栄養素」「食品の組合せ」「心の豊かさ」等が加わり、より精緻なものとなる。資質・能力の高まりとともに「見方・考え方」も鍛えられていることが分かる。

　さらに、「生活の課題と実践」の予定がある場合は、習得した知識・技能や

概念、思考力などを活用し、「見方・考え方」を働かせて、家庭や地域での実践に取り組む活動も加わってくる。

　以上、これらの学習過程が繰り返される中で、学習者の資質・能力は高まり、その資質・能力に支えられた「見方・考え方」も豊かなものになる。ここでは、学習者が課題や見通しをもって主体的に学ぶこと、また、授業での学びと家庭での実践の往還が深い学びの鍵となろう。

　重要なことは、学習者の学習活動が生涯にわたる学びにつながる意味のあるものとなるようにしていくこと、つまり、自立し共に生きる生活や持続可能な社会の主体として、生活の営みに係る「見方・考え方」を活用できるようにすることである。

　なお、家庭科の学びは実生活と直結しているため、学習者のもつ素朴概念や価値観が教育内容としての知識・技能と拮抗することもある。学びを離れると素朴概念に逆戻りすることもある。よりよい生活に係る概念や技能を身に付け、新たな生活を創造する力を育むには、何よりも学習者一人一人が主体的・対話的に取り組むこと、「見方・考え方」を働かせて、「あ、そうなんだ」と深い気付きと深い学びを体験することができる授業づくりを目指すことが重要である。

引用・参考文献

- 石井英真、2003、「メタ認知を教育目標としてどう設定するか」、『京都大学大学院教育学研究科紀要』、49巻、pp.207-219.
- 岡　陽子、2019、「「見方・考え方」を鍛えて、確かな「資質・能力」を育む」、『学校教育』、第1218号2月号、pp.6-13.
- 岡　陽子、2017、「「見方・考え方」を軸にして資質・能力を豊かに育む」、『教育研究』、第72巻第7号、pp.18-21.
- 岡　陽子／鈴木明子編著、2017、『平成29年改訂小学校教育課程実践講座家庭』、ぎょうせい.
- 河村美穂、2013、『家庭科における調理技能の教育』、勁草書房、pp.235-237.
- 三宮真智子編著、2012、『メタ認知 学習力を支える高次認知機能』、北大路書房.
- C.ファデル、M.ビアリック、B.トリリング、岸学監訳（2016）、『21世紀の学習者と教育の4つの次元』、北大路書房.
- 田中由美子、2015、「メタ認知を意識化した調理学実習の実践的研究」、『安田女子大学紀要』44巻、pp.159-169.
- 中央教育審議会、2016、『幼稚園、小学校、中学校、高等学校及び特別支援学校の学習指導要領等の改善及び必要な方策等について（答申）』、文部科学省.
- 中川惠正／松原千代子、1996、「児童における「わり算の学習」に及ぼす自己評価訓練の効果―自己

評価カード導入の効果」、日本教育心理学会誌『教育心理学研究』、44巻、2号、pp.214-222.

- 文部科学省、2016、『小学校学習指導要領（平成29年告示）解説　家庭編』東洋館出版社.
- 吉野巌／島貫靜、2015、「メタ認知能力を育成する試み（4）―小学校算数授業における「頭の中の先生」の意識づけと訓練の効果」、日本教育心理学会『57回総会発表論文集』、p.158.
- Anderson, L. W. & Krathwohl, D.R., et, 2001, *Taxonomy for Learning, Teaching, and Assessing, A: A Revision of Bloom's Taxonomy of Educational Objectives,* Abridged Edition.
- Robert J. Sternberg, 1996, *Successful Intelligence: How Practical and Creative Intelligence Determine Success in Life,* New York; Simon & Schuster.

（第2章Ⅲ　　岡　陽子）

IV　パフォーマンス評価とポートフォリオ評価の家庭科における意義

　資質・能力ベースの指導と評価を行うための有効な評価方法として、パフォーマンス評価やポートフォリオ評価などがある。本書で提案の「資質・能力開発ポートフォリオ」は、調理や製作に係る授業において学習者自身のメタ認知の活性化を目指すとともに、まさしく資質・能力ベースの指導と評価を効果的に行っていくためのものである。ここでは、パフォーマンス評価及びポートフォリオ評価の家庭科教育における意義について考察する。

1　近年の家庭科研究におけるパフォーマンス評価とポートフォリオ評価

　2000年代に入ってからの家庭科教育におけるパフォーマンス評価とポートフォリオ評価の研究の状況を表9と表10に示す。これらは、CiNiiの論文検索から「パフォーマンス」と「ポートフォリオ」をそれぞれキーワードにして得られた情報を整理したものである。

　双方とも2015年から2017年にかけて論文数が多くなっており、この年度はパフォーマンス評価とポートフォリオ評価への関心が高まっていた時期と言えよう。特に、パフォーマンス評価においては、この評価を取り入れた学習モ

表9　パフォーマンス評価に係る研究論文数

(CiNiiの検索に基づく)

年	論文数	授業研究				理論研究
		小学校	中学校	高等学校	大学	
2021	1			1		
2019	1		1			
2018	3	1		1		1
2017	6		2	1	1	2
2016	6		2	3		1
2015	3	1		1		1
2014	1			1		
2013	1			1		
2012	1				1	
2011	1			1		
2009	1			1		
2007	1	1				
2001	1					1
計	27	3	8	8	2	6

表10　ポートフォリオ評価に係る研究論文数
（CiNiiの検索に基づく）

デルやカリキュラム構想に係る理論研究や、目指す資質・能力を育むためのパフォーマンス評価の有効性を問う授業研究が特徴であった。研究対象となった指導内容は、消費生活、ホームプロジェクト、家族・家庭、食生活、人間生活教育概論（大学）などであった。

この時期は、中央教育審議会において学習指導要領改訂に向けての議論が進んでいた時期でもあることから、次期の学習指導要領の方向性を見据えた研究

年	論文数	授業研究				理論研究
		小学校	中学校	高等学校	大学	
2020	1					
2019	1			1		
2018	1	1				
2017	3		2		1	
2016	4		2		2	
2015	2		2			
2014	1				1	
2013	3				3	
2012	2		2＊			
2009	1					1
2008	1	1				
2007	1				1	
2005	1					1
2003	1				1	
計	23	2	6	1	8	2

＊特別支援学校中等部1を含む

が活発化したものと考えられる。新学習指導要領の考え方が明示された2015年の「論点整理」（教育課程企画特別部会）には、育む資質・能力とこれらの評価との関係について、次のように示されている（下線は筆者）。

「（学力の）三要素のバランスのとれた学習評価を行っていくためには、指導と評価の一体化を図る中で、論述やレポートの作成、発表、グループでの話合い、作品の制作等といった多様な活動に取り組ませるパフォーマンス評価を取り入れ、ペーパーテストの結果にとどまらない、多面的な評価を行っていくことが必要である。さらには、総括的な評価のみならず、一人一人の学びの多様性に応じて、学習の過程における形成的な評価を行い、子供たちの資質・能力がどのように伸びているかを、例えば、日々の記録やポートフォリオなどを通じて、子供たち自身が把握できるようにしていくことも考えられる」（教育課

程企画特別部会、2015：63）。

　すなわち、ペーパーテストによって教員が画一的に知識・技能を中心とした評価を行うだけではなく、知識・技能を活用する力や総合的・複合的な課題を解決する力を把握したり、学習者が学びを自己評価する方法を導入したりすることによって、必要な資質・能力を育む指導と評価が実現できるということであろう。中央教育審議会において、学習指導要領の骨格をつくる議論と評価の在り方の議論が同時期に進められたのはこの改訂期が初めてであり、指導と評価の一体化を図る上では極めて重要な方針であったと捉えている。資質・能力ベースの教育を実現するための一つの転換点ともいえよう。

2　家庭科教育とパフォーマンス評価

　それでは、家庭科教育における目標と指導、評価の在り方には、どのような課題があるのか、考えてみよう。

　家庭科、技術・家庭科（家庭分野）の目標には、育む資質・能力について、小学校が「生活をよりよくしようと工夫する資質・能力」、中学校は「よりよい生活の実現に向けて、生活を工夫し創造する資質・能力」、高等学校では「よりよい社会の構築に向けて、男女が協力して主体的に家庭や地域の生活を創造する資質・能力（高等学校）」と明記されている（理論編第1章Ⅱ表1参照）。さらに、これらの資質・能力は、「実践的・体験的な活動を通して」こそ育むことができる。すなわち、目指す資質・能力を育むためには、調理や製作などの実践的・体験的な活動をどのように行うのか、この活動に対する指導者の認識や目標の捉え方が極めて重要であることが分かる。ところが、前述のとおり、調理や製作の授業においては作ることや完成させることが目的化している学校現場の実態が見られ、その指導方法には課題があると言えよう（理論編第1章Ⅳ参照）。

　この課題を解決する一つの方法として、パフォーマンス評価（G. ウィギンズとJ. マクタイ、2018）がある。家庭科教育におけるパフォーマンス評価は、家庭や地域の生活などのより現実的で真実みのある場面や課題を設定して、学習者の振る舞いや作品などを手がかりに、知識及び技能の総合的な活用力や課題を解決する力などを評価するものである。生活における実践的な態度を重視

する家庭科教育の視点から見ても効果的な評価方法といえる。

　G.ウィギンズら（2018、西岡訳）は、「あまりにも多くの教員が、学習にではなく指導に焦点を合わせている」、また「結果ではなく内容に合わせた設計」を行っていることを批判的に捉えて、逆向き設計論を提唱している。逆向き設計論では、次の3段階で授業を構想する（G.ウィギンズ／J.マクタイ、2018：22）。

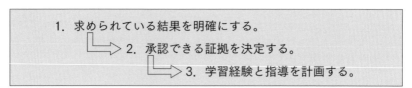

1．求められている結果を明確にする。
2．承認できる証拠を決定する。
3．学習経験と指導を計画する。

　第1段階は、学習者は何を理解し何ができるようになるのかなどゴールを熟考する段階である。永続的理解や本質的な問いを明確にする必要がある。「資質・能力開発ポートフォリオ」の題材の問い（課題）はここに位置付く（図3）。

　第2段階は評価のための証拠を決定する段階であり、ここにパフォーマンス評価が位置付けられている。この評価に必要な構成要素として、パフォーマンス課題とルーブリック（評価指標）がある。パフォーマンス課題とは学習者のパフォーマンスによってより高次の学力を評価する課題であり、より複雑で現実的な場面や状況で知識及び技能を使いこなすことを求める課題である。なお、評価を行う際には、ルーブリックと評価規準との整合性が図られていることも必要な視点である。本書の実践編第3章の具体事例でも取り上げているので、参考にしていただきたい。

　第3段階は、明確になったゴールの姿とパフォーマンス課題を踏まえ、学習計画を立てる段階である。どのような学習経験と指導があれば、学習者が求められている結果を達成できるのかを考えて設計を行う。学習者の学びとゴールの姿を基軸とすることにより、学習者主体の授業づくりが可能になると考える。

3 家庭科教育とポートフォリオ評価

　ポートフォリオ評価とは、一定の基準に照らして系統的・継続的に収集したもの（学習履歴）を用いて、学習者の成長を評価する方法である。この収集し

たものをポートフォリオといい、例えば、学習の成果としての作品や学習のプロセスを示すワークシート、学習者の自己評価等がある。

　家庭科、技術・家庭科（家庭分野）では、授業時数が限られていることから、題材における学習のプロセスや１時間ごとの学びが一覧できる簡便なポートフォリオが用いられることが多い。このポートフォリオによって、指導者が学習者の学びのプロセスや変容を把握するとともに、学習者自身が題材のスタート時点と最終段階での自分の学びを比較したり、そのプロセスを俯瞰して捉えることにより自分の変容（成長）を感じたりすることができる。学習者が学びをメタ認知しながら自分の成長を実感できることは、主体的な学びや次につなぐ学びを促進する上でも効果的である。

　ここでは、家庭科、技術・家庭科（家庭分野）のポートフォリオ２事例を挙げて、解説する。

（1）「資質・能力開発ポートフォリオ」

　図３は小学校家庭科の「ゆでる調理」で用いる「資質・能力開発ポートフォリオ」であり、９時間程度の授業の記録ができるようになっている。料理①、

図３　「資質・能力開発ポートフォリオ」（ゆで野菜サラダ）

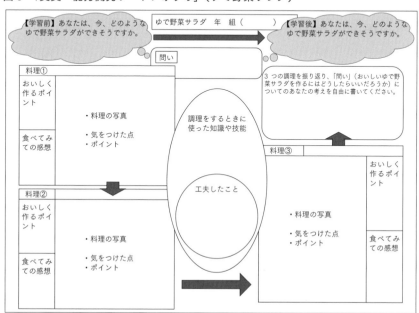

図4　技術・家庭科「快適に着よう　私の衣服」の一枚ポートフォリオ

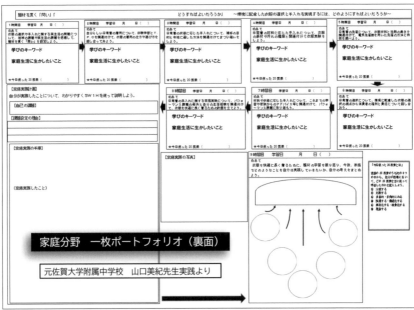

（元佐賀大学教育学部附属中学校　山口美紀教諭作成）

②、③の中央に「調理をするときに使った知識・技能」と「工夫したこと」を学習者自らが自分の言葉で記入することにより、3回の調理の共通点、すなわち「ゆでる調理」の概念に自ら近づくことを意図している。また、学習前後に「どのようなゆで野菜サラダが作れそうか」と問い、学習前後でできるようになったことを比較できるようにしている。題材全体の問い（課題）と学習後に問いについての考えを記入する欄もある。これらは、メタ認知を意識した本ポートフォリオの独自性でもある。

（2） 一枚で題材を見通す簡便なポートフォリオ（技術・家庭科編）

図4は佐賀大学教育学部附属中学校で考案された一枚ポートフォリオである。堀（2006）の考え方を論拠に作成されたものである。A3用紙の表と裏を使っている。表面は学習前と学習後の考えが比較できるようになっており、裏面は1時間ごとの記録を行うとともに何を学んだか、これから何を学ぶのかが一覧できるようになっている。

中学校の技術・家庭科（家庭分野）の授業は週1時間である。その限られた時間の中で題材としてのねらいを実現するためには、題材全体を貫く学びの骨格（問い）と1時間単位の授業がどうつながっているのか、また目指すものは何なのか（何ができるようになるか）を1枚のワークシートで可視化できるようにしておくことが重要である。このことは、学習者の主体的な学びを進める上で極めて重要な要素と捉えている。

４ 自分の成長や学ぶ意義を感じ取れる学習評価

各学校段階での学びを効果的に接続・継続させ、学校卒業後も多様化する生活課題を主体的・協働的に解決できる力を育む必要がある。そのためには、小学校家庭科の授業で散見する前のめりの学習意欲を中学校や高等学校にも継続させたい。生活の中の科学の面白さ、できる・分かる喜び、自立への予感、他者との協働の楽しさ、家族と共に生活を創り出す喜びや意義を感じ取れる評価を工夫する必要があろう。教員の目標準拠評価とともに、自己評価や相互評価、個人内評価も含めて、学習者自身が、「成長した」、「学んでよかった」と実感できる学習評価の在り方を探っていくことが今後の課題でもある。

引用、参考文献

- 教育課程企画特別部会、2015、論点整理、p.63、（最終閲覧日 2021 年 4 月 29 日）、https://www.mext.go.jp/component/b_menu/shingi/toushin/__icsFiles/afieldfile/2015/12/11/1361110.pdf.
- 堀哲夫、2006、『一枚ポートフォリオ評価　小学校編』、日本標準.
- G. ウィギンズ／ J. マクタイ、2018、西岡加名恵訳、『理解をもたらすカリキュラム設計：「逆向き設計」の理論と方法』、日本標準.

（第 2 章Ⅳ　　岡　陽子）

第3章　家庭科における「資質・能力開発ポートフォリオ」の原理

I　「資質・能力開発ポートフォリオ」とは何か

◾️ 「改訂版タキソノミー」の家庭科での活用とその意義

　家庭科の学習指導要領の文言は必要事項のみに絞り込まれているために、その文言から認知の質を判断することは難しい。そこで、学習指導要領解説と教育目標の類型を示した改訂版タキソノミーに着目した。

　第2章Ⅲで述べたように、石井（2003）は、アンダーソンらの「改訂版タキソノミー」（表1）を基に、メタ認知を教育目標に位置付けることを試みている。その論考の中で、「メタ認知を教育目標として設定し意識的な指導の対象とすることは、領域を越えた一般的な学習能力や問題解決能力を育成する道を開くとともに、教育実践への学習者の参加を促して学習の自己調整を実現することにもつながりうる」（石井、2003：215）としている。

表1　改訂版タキソノミーテーブル

知識の次元	認知過程次元					
	①想起する	②理解する	③応用する	④分析する	⑤評価する	⑥創造する
A. 事実的知識						
B. 概念的知識						
C. 手続き的知識						
D. メタ認知的知識						

　これらの知見に依拠して、『小学校学習指導要領（平成29年告示）解説　家庭編』を対象として学習目標の検討を行った。指導項目については、「B 衣食住の生活」の「(2) 調理の基礎」及び「(5) 生活を豊かにするための布を用いた製作」について、「改訂版タキソノミー」を基に学習目標を読み解き、知識

次元と認知過程次元を整理することを試みた。さらに、そこに示された要素を踏まえて、メタ認知に着目した調理と製作の学習における「資質・能力開発ポートフォリオ」を考案した。本章では、これら二つの指導項目について、考案した「資質・能力開発ポートフォリオ」を用いた授業実践を通して、その効果を検証する。

　なお、本書における「資質・能力開発ポートフォリオ」は、評価メソッドの一つであり、「題材においてスパイラルに繰り返される複数回の学び（例：調理や製作）の実態とその中で使った知識・技能等を1枚のワークシートに学習履歴として視覚化するものであり、それによりメタ認知が活性化し、資質・能力が開発されるもの」として設計した。

② 「改訂版タキソノミー」による小学校家庭科調理と製作の学習に係る学習目標の整理

（1）　小学校学習指導要領家庭科の目標と指導内容の特徴

　小学校新学習指導要領家庭科の目標と指導内容を資質・能力ベースの視点から分析すると、「生活をよりよくしようと工夫する資質・能力」を育むことが目標であり、その資質・能力の三つの柱として、「知識及び技能」「思考力、判断力、表現力等」「学びに向かう力、人間性等」が示されている。また、AからCの指導内容には、指導事項アに「知識及び技能を身に付けること」が挙げられており、指導事項イに「思考力・判断力・表現力等」に係る内容が示されている。これまでの内容ベースの指導事項では、知識・技能や思考力等が一文の中に示されていたが、今回の改訂では、資質・能力が二つの柱に明確に分けて示されたこと、また、指導事項アとイを関連させて授業を構想し、既習の知識・技能を活用して課題を解決する力を育むことが意図されていることが、大きな特徴である。

　この学習指導要領の語尾を整理して資質・能力別に一覧表とした（表2）。「知識及び技能」の語尾（動詞）は、「分かる」「理解する」「（適切に）できる」の三つに大別できる。「思考力、判断力、表現力等」については、「自覚する」「気付く」「考える」「工夫する」「課題を設定する」「計画を立てる」「実践できる」に大別できる。この中の、「課題を設定する」「計画を立てる」「実践でき

表2　新学習指導要領　小学校　家庭
　　　各内容項目の「知識及び技能」と「思考力、判断力、表現力等」の語尾一覧
（下線は著者による）

内容項目		ア　知　識　及　び　技　能
A　家族・家庭生活	2	（ア）家庭には、家庭生活を支える仕事があり、互いに協力し分担する必要があることや生活時間の有効な使い方について<u>理解すること</u>。
	3	（ア）家族との触れ合いや団らんの大切さについて<u>理解すること</u>。
		（イ）家庭生活は地域の人々との関わりで成り立っていることが<u>分かり</u>、地域の人々との協力が大切であることを<u>理解すること</u>。
B　衣食住の生活	1	（ア）食事の役割が<u>分かり</u>、日常の食事の大切さと食事の仕方について<u>理解すること</u>。
	2	（ア）調理に必要な材料の分量や手順が<u>分かり</u>、調理計画について<u>理解すること</u>。
		（イ）調理に必要な用具や食器の安全で衛生的な取扱い及び加熱用調理器具の安全な取扱いについて<u>理解し</u>、<u>適切に使用できること</u>。
		（ウ）材料に応じた洗い方、調理に適した切り方、味の付け方、盛り付け、配膳及び後片付けを<u>理解し</u>、<u>適切にできること</u>。
		（エ）材料に適したゆで方、いため方を<u>理解し</u>、<u>適切にできること</u>。
		（オ）伝統的な日常食である米飯及びみそ汁の調理の仕方を<u>理解し</u>、<u>適切にできること</u>。
	3	（ア）体に必要な栄養素の種類と主な働きについて<u>理解すること</u>。
		（イ）食品の栄養的な特徴が<u>分かり</u>、料理や食品を組み合わせてとる必要があることを<u>理解すること</u>。
		（ウ）献立を構成する要素が<u>分かり</u>、1食分の献立作成の方法について<u>理解すること</u>。
	4	（ア）衣服の主な働きが<u>分かり</u>、季節や状況に応じた日常着の快適な着方について<u>理解すること</u>。
		（イ）日常着の手入れが必要であることや、ボタンの付け方及び洗濯の仕方を<u>理解し</u>、<u>適切にできること</u>。
	5	（ア）製作に必要な材料や手順が<u>分かり</u>、製作計画について<u>理解すること</u>。
		（イ）手縫いやミシン縫いによる目的に応じた縫い方及び用具の安全な取扱いについて<u>理解し</u>、<u>適切にできること</u>。
	6	（ア）住まいの主な働きが<u>分かり</u>、季節の変化に合わせた生活の大切さや住まい方について<u>理解すること</u>。
		（イ）住まいの整理・整頓や清掃の仕方を<u>理解し</u>、<u>適切にできること</u>。
C　消費生活・環境	7	（ア）買物のしくみや消費者の役割が<u>分かり</u>、物や金銭の大切さと計画的な使い方について<u>理解すること</u>。

| | | （イ）身近な物の選び方、買い方を<u>理解し</u>、購入するために必要な情報の収集・整理が<u>適切</u>に<u>できる</u>こと。 |
| | | （ア）自分の生活と身近な環境との関わりや環境に配慮した物の使い方などについて<u>理解する</u>こと。 |

内容項目		イ　思考力、判断力、表現力等
A　家族・家庭生活	1	自分の成長を<u>自覚し</u>、家庭生活と家族の大切さや家庭生活が家族の協力によって営まれていることに<u>気付く</u>こと。
	2	家庭の仕事の計画を<u>考え</u>、<u>工夫する</u>こと。
	3	家族や地域の人々とのよりよい関わりについて<u>考え</u>、<u>工夫する</u>こと。
	4	日常生活の中から問題を見いだして課題を<u>設定し</u>、よりよい生活を<u>考え</u>、<u>計画を立てて実践できる</u>こと。
B　衣食住の生活	1	楽しく食べるために日常の食事の仕方を<u>考え</u>、<u>工夫する</u>こと。
	2	おいしく食べるために調理計画を<u>考え</u>、調理の仕方を<u>工夫する</u>こと
	3	1食分の献立について栄養のバランスを<u>考え</u>、<u>工夫する</u>こと。
	4	日常着の快適な着方や手入れの仕方を<u>考え</u>、<u>工夫する</u>こと。
	5	生活を豊かにするために布を用いた物の製作計画を<u>考え</u>、製作を<u>工夫する</u>こと。
	6	季節の変化に合わせた住まい方、整理・整頓や清掃の仕方を<u>考え</u>、快適な住まい方を<u>工夫する</u>こと。
C　消費生活・環境	1	購入に必要な情報を<u>活用し</u>、身近な物の選び方、買い方を<u>考え</u>、<u>工夫する</u>こと。
	2	環境に配慮した生活について物の使い方などを<u>考え</u>、<u>工夫する</u>こと。

る」は、「生活の課題と実践」の指導事項、つまりプロジェクト学習であり、他と指導上の位置付けが異なる指導項目の語尾である。

　これらの語尾に代表される学習内容を想定して前述の表1「改訂版タキソノミーテーブル」のどこに該当するかという検討を行ったが、全体的に広範な解釈につながる文言が多く、例えば、「考える」「工夫する」が「認知過程次元」のどこに位置付くのか、明確な根拠をもって整理することは困難であった。このことについては、フレック（1972：38）が、「明確に述べられている目標は、教師の思考に方向を与え洗練し、教授と学習とを促進し、教師の目的志向を助ける。目標を述べる用語は、知る、理解する、学習する、学ぶというようなものよりは、解決する、認識する、対照して差を見る、構成する、調整す

る、示範するというほうが、一層明確である」と述べているように、目標・内容の抽象的な文章表現を明確化するという視点から捉えると、新学習指導要領には表現の仕方に係る課題があることが分かる。

　日本における家庭科教育の目標の明確化についての論考は、木村温美ら（1976）が伝達有効性という視点から表現法の日米比較に基づき検討した研究が代表的なものといえる。そこでは、日本の表現法は、目標行動を示す語意が貧弱であり、知る、考える、できるの３種類しか使っていないため、逆に解釈においては多様さを許す用法であること、また、目標と手段の対応がアメリカの方がはっきりしていると結論付けている。近年では同種の研究は見られないが、資質・能力ベースで示されたことを除けば、学習指導要領の目標・内容の文章表現そのものは大きく変わっていないことから、新学習指導要領においても同様の特徴が残っているといえる。

　以上のことから、本節では、学習指導要領ではなく、学習指導要領解説を対象として文言の検討を行っている。指導項目については、本ポートフォリオ開発の対象とした「B衣食住の生活」の「(2) 調理の基礎」及び「(5) 生活を豊かにするための布を用いた製作」に焦点を絞り、「改訂版タキソノミー」を基に知識次元と認知過程次元の様相を整理した。

(2)　小学校家庭科調理と製作の学習に係る学習目標の整理

　『小学校学習指導要領（平成29年告示）解説　家庭編』の指導項目B「(2) 調理の基礎」及び「(5) 生活を豊かにするための布を用いた製作」に書かれた全文について、児童の学習や活動に係る語尾（動詞）を抽出・分類し、学習目標を活動に焦点を当てて整理した。

　その結果、指導事項B (2) ア及びB (5) アにおける動詞群は、双方とも認知過程次元の「①想起する」と「②理解する」、「③応用する」に該当していた。また、指導事項B (2) イ及びB (5) イにおける動詞群については、双方とも認知過程次元の「③応用する」、「④分析する」、「⑤評価する」が中心であった。

　以上の分析を踏まえ、指導項目「(2) 調理の基礎」及び「(5) 生活を豊かにするための布を用いた製作」の学習目標や活動を想定して、改訂版タキソノミーの二次元テーブルの具体例を考案した（表3、表4）。考案時の視点は次の

5点である。

1) 事実的知識は、調理や製作の課題を解決したり、調理や製作の内容に精通したりするために知っておくべき基礎的な要素とした。

2) 概念的知識は、B（2）については、健康・安全で、おいしく食べることを可能にするための基礎的な諸要素の相互関係について示した。B（5）については、快適で機能的、役に立つ布製品として機能することを可能にするための基礎的な諸要素の相互関係について示した。

3) 手続き的知識は、どのようにすればいいかという課題解決のための方法や手順、技能等について示した。

4) メタ認知的知識は、一般的な方略の知識や異なる課題における認知課題や自己認識について示した。

5) 「⑥創造する」については、新学習指導要領A（4）の「家族・家庭生活についての課題と実践」を食生活の内容（B（1）〜（3））や衣生活の内容（B（4）、（5））と関連させて実践した場合が対象となると考えた。この学習は、学習者が生活の中から課題や解決方法を設定して実践し、課題解決を目指すプロジェクト学習に該当する。

表3　改訂版タキソノミーテーブルにおける小学校家庭科調理実習に係る学習目標・活動例

知識次元	認知過程次元					
	①	②	③	④	⑤	⑥
	想起する	理解する	応用する	分析する	評価する	創造する
事実的知識	調理に係る個別の基礎的な知識・技能を知る。（例：切り方等の名称や形状を知る）	調理に係る知識と技能をその目的と関連付けて理解する。（例：おいしくゆでるためには、材料に応じたゆで方があることを理解する）	調理実習時に個別の知識・技能を適切に活用できる。（例：みそ汁をおいしく作るために、既習の切り方やゆで方を活用する）			

概念的知識		切る、ゆでる、いためる、炊飯、汁物、安全、衛生等、調理に係る特徴を理解する。（例：ゆでると炒めるの違いが説明できる）	目的に応じた切り方や調理の仕方等を選択し、理由を説明できる。（例：おいしいみそ汁を作るための材料の切り方を選択し、理由を説明できる）	調理に係る個別の知識や技能が目的に照らして適切か説明できる。（例：おいしく食べるためのゆで方はどうかなど、調理品を使って説明できる）	学習全体を振り返り、個別の知識や技能の基準に基づいて判断し説明できる。（例：使った知識や技能を振り返り、基準に基づき説明できる）	課題に対して必要な知識・技能を活用して解決できる。新たなやり方を提案できる。（例：違う場面で知識・技能をどう使うか提案できる）
手続き的知識			目的や状況に応じた手法や手順を使って調理できる。（例：目的に応じた適切な方法や手順で野菜いためを作ることができる）	調理品がなぜそうなったのか、調理手法や手順を判断し、その理由や原因を説明できる。（例：調理の仕方の善し悪しについて、調理品を使って説明できる）	学習全体を振り返り、作品全体がなぜそうなったのか、基準に基づいて判断し、説明できる。（例：学習全体を振り返り基準に基づき、その善し悪しを説明できる）	課題を見つけて、必要な知識・技能や「生活の営みに係る見方・考え方」等を働かせて、新たなものを形作ることができる。（例：更によりよい調理とするための計画を提案できる）
メタ認知的知識	知識・技能の使用状況をモニタリングする。（例：この調理でも使っているんだな）	調理に必要な概念や技能についてモニタリングする。（例：なるほど、こんな場合はこのように使うんだ）	調理時の食材の様子や作業をモニタリングしたりコントロールしたりする。（例：こんな場合はこうするといいんだな）	一連の調理過程についての善し悪しをモニタリングする。（例：実際に調理してみたら、ここが課題。次は気を付けよう）	学習全体を観察し、その善し悪しをモニタリングする。（例：調理に大切なことはここだな。次の調理では気を付けよう）	自分の課題解決手法の善し悪しをモニターし、コントロールする。（例：計画の立て方、おいしく作る手法など、モニタリングした結果を次の課題や計画につなげよう）

（注）下線部は「⑤評価する」の分析で用いた具体例である。本文121頁に記載の内容。

表4　改訂版タキソノミーテーブルにおける小学校家庭科製作実習に係る学習目標・
　　　活動例

新学習指導要領家庭の指導項目 B（5）「生活を豊かにするための布を用いた製作」の場合

知識次元	認知過程次元					
	① 想起する	② 理解する	③ 応用する	④ 分析する	⑤ 評価する	⑥ 創造する
事実的認識	製作に係る個別の基礎的な知識・技能を知る。 （例：縫い方の名称や形状を知る）	製作に係る知識と技能をその目的と関連付けて理解する。 （例：返し縫いを使う目的とともに理解する）	作品製作時に個別の知識・技能を適切に活用できる。 （例：返し縫いの適切な使い方が分かる）			
概念的知識		布製品の性質、縫い代、ゆとり、縫い合わせ等、製作に係る概念を理解する。 （例：布製品と紙製品の違いが説明できる）	目的に応じて縫い方や仕方等を選択し、理由を説明できる。 （例：出し入れ口を丈夫にするために返し縫いを選択し、理由を説明できる）	製作に係る個別の知識や技能が目的に照らして適切か説明できる。 （例：作品の強度はどうかなど、作品を使って説明できる）	学習全体を振り返り、個別の知識や技能の基準に基づいて判断し説明できる。 （例：使った知識や技能を振り返り、基準に基づき説明できる）	課題に対して必要な知識・技能を活用して解決できる。新たなやり方を提案できる。 （例：違う場面で知識・技能をどう使うか提案できる）
手続き的知識			目的や状況に応じた手法や手順を使って製作できる。 （例：目的に応じた適切な方法や手順でトートバッグを作ることができる）	作品全体がなぜそうなったのか、使用手法や手順を判断し、その理由や原因を説明できる。 （例：作品の善し悪しについて、作品を使って説明できる）	学習全体を振り返り、作品全体がなぜそうなったのか、基準に基づいて判断し、説明できる。 （例：学習全体を振り返り基準に基づき、その善し悪しを説明できる）	課題を見つけて、必要な知識・技能や「生活の営みに係る見方・考え方」等を働かせて、新たなものを形づくることができる。 （例：更によりよい作品を作るための計画を提案できる）

メタ認知的知識	知識・技能の使用状況をモニタリングする。（例：この製作でも使っているんだな）	布製品に必要な概念や技能についてモニタリングする。（例：なるほど、こんな場合はこのように使うんだ）	でき上った物や作業をモニタリングする。（例：こんな場合はこうするといいんだな）	製作過程についての善し悪しをモニタリングする。（例：生活で使ってみたらここが課題。次は気を付けよう）	学習全体を観察し、その善し悪しをモニタリングする。（例：製作に大切なことはここだな。次の製作では気を付けよう）	自分の課題解決手法の善し悪しをモニターし、コントロールする。（例：計画の立て方、豊かにする手法など、モニタリングした結果を次の課題や計画につなげよう）

③ メタ認知に着目した「資質・能力開発ポートフォリオ」の原理

(1) 題材構成と開発ポートフォリオ

　表3及び表4の要素を踏まえて、メタ認知に着目した「資質・能力開発ポートフォリオ」を構成した（P111図1、図2）。これらの「資質・能力開発ポートフォリオ」は、学習履歴の可視化によって学習者が深い理解を得ることを目指すとともに、学習者自身が家庭科で目指す資質・能力を把握することができるように考えたものである。

　「資質・能力開発ポートフォリオ」を用いる題材のカリキュラムは、題材全体の問い（課題）の設定をスタートとして3段階構成の問題解決的な学習であり、学習者が主体的に学習を進められるように考案している。第1のステップ（a1、b1）は基礎的・基本的な内容の学習場面であり、必要な知識・技能を習得するねらいをもつ。扱う調理や製作の内容は、全員が同一教材とし、基礎的な知識や技能を班ごとに学習・習得する。第2のステップ（a2、b2）は知識・技能を活用する学習場面であり、ペア学習を中心として、既習の知識・技能を活用してペアでテーマ調理やペアでの製作（パフォーマンス課題）に取り組む学習となる。思考力、判断力、表現力等を高めることがねらいの1つである。ペアでの対話的な学習によって調理や製作の苦手な学習者が他者から学んだり、得意な学習者が他者に分かりやすく説明することによって認識を深めたりするなど相互関係の中で成り立つ学習段階である。第3のステップ（a3、b3）

図1 「資質・能力開発ポートフォリオ」（調理）

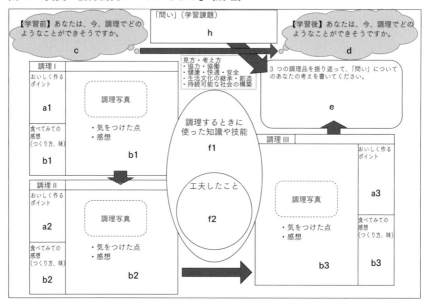

図2 「資質・能力開発ポートフォリオ」（製作）

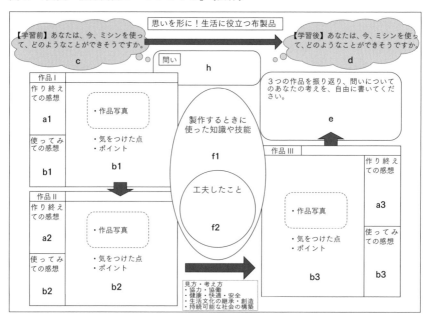

は知識・技能を活用して家庭での実践を想定した学習場面であり、個人での学習を中心として、既習事項を生かしてそれぞれの家族等をイメージしながら各自の目的に沿った調理や製作の学習に取り組むこととなる。「思考力、判断力、表現力等」とともに実践的な態度の育成を視野に入れている。

　この3ステップの「資質・能力開発ポートフォリオ」を使って学習履歴を可視化することによって、学習者の学びの文脈の自覚（メタ認知）化や指導者の指導計画の文脈づくりへの意識が喚起できると考える。

（2）　調理の「資質・能力開発ポートフォリオ」と改訂版タキソノミーテーブルとの関連

　ここでは、調理の「資質・能力開発ポートフォリオ」を例として取り上げ、本開発ポートフォリオの各記述欄について、改訂版タキソノミーテーブルでの位置付けを右に示す（表5）。

表5　【調理】各記述欄の改訂版タキソノミーテーブル上の位置付け

知識の次元	認知過程次元					
	①想起する	②理解する	③応用する	④分析する	⑤評価する	⑥創造する
事実的知識	a1, a2, a3	a1, a2 a3, f1	f1			
概念的知識		a1, a2 a3, f1	f1, f2	b1, b2 b3	d, e	
手続き的知識			f2	b1, b2 b3	d, e	
メタ認知的知識				b1, b2 b3	d, e	

注）テーブル上の記号は「図1、2資質・能力開発ポートフォリオ」の各記述欄を示す。

①　目指す資質・能力との関連

　「おいしく作るポイント（a1、a2、a3）」は、認知過程次元の「①想起する」及び「②理解する」に位置付く。個別の知識・技能を知ることや、目的と関連付けての理解やその特徴を理解することに該当する。繰り返し記述し確認することにより、理解がより強固になることを意図した。

　「調理時に使った知識や技能（f1）」や「工夫したこと（f2）」は、認知過程次元の「③応用する」の事実的知識や概念的知識、手続き的知識に位置付く。家庭科の目指す資質・能力の3つの柱のうち、「知識及び技能」と「思考力、

判断力、表現力等」に該当する。それぞれの調理実習で共通に使う技能や工夫した点、その調理特有の技能や工夫した点など、繰り返し記述し確認することにより、個別の知識・技能がつながり、体系化による概念形成と深い思考が可能となることを意図した。本開発ポートフォリオの特徴的な記述欄であり、独自性である。本題材では少なくとも３回のいため物を調理するので、当然同じ操作が出てくる。その場合は、調理Ⅱは「②」、調理Ⅲは「③」と数字の追記を指導し、概念形成を目指した。

さらに、学習前と学習後に「調理で何ができそうか（c、d）」と尋ね、学習者が学習前後の自己の成長をメタ認知し、新たな課題や意欲に結び付くことを意図した。

② メタ認知との関連

開発ポートフォリオの「食べてみての感想、気を付けた点・感想（b1、b2、b3）」は、改訂版タキソノミーテーブルにおける認知過程次元の「④分析する」のメタ認知的知識に位置付く。個別の調理過程についての善し悪しを振り返って、課題を見付け次の調理への意欲につなぐことをイメージしている。一連の調理過程の善し悪しを判断し、「ここが課題、次は○○しよう」という認知がそれに該当する。さらに、「④分析する」の概念的知識、手続き的知識にも該当すると捉えた。調理の回数を重ねることによって、調理に係る個別の知識や技能が目的に照らして適切か説明したり、なぜそうなったのかという視点から調理手法や手順を判断し、その理由や原因を説明したりすることに該当する。

「学習後、調理で何ができそうか（d）」「問いについての考え（e）」は、認知過程次元の「⑤評価する」の概念的知識、手続き的知識、メタ認知的知識に該当すると捉えた。ここでは、調理Ⅰ、Ⅱ、Ⅲと段階的に位置付けた調理の学習全体を振り返ることによって、個別の知識や手法が活用できる概念等に収斂したり、一連の調理を振り返ってそれらの善し悪しを総合的に判断したり、次の調理への意欲につなげたりすることをイメージしている。

さらに、「生活の営みに係る見方・考え方」の四つの視点を資料として掲載した。学習者が自分の学習活動を振り返ったり、問いについて思考したりするときの指標として「見方・考え方」を活用できるようにすることを意図した。

以上、表３のとおり、本開発ポートフォリオは、認知過程次元の「想起する」から「評価する」に対応するよう構成するとともに、メタ認知的知識にも対応するように振り返りの記述欄を設定している。また問題解決的な学習過程において、①同一教材による調理→②ペアによる目的に応じた調理→③個人による目的に応じた調理と、３回繰り返して調理実習を行い思考すること、またこれらの学習が１枚のシートで一覧できることにより、全時間にわたる折々の思考や知識がつながり、個別の知識・技能を他の文脈や実生活において活用できる概念や技能へと転移させ、課題を解決する能力や意欲を育むことを意図したものである。

引用・参考文献

- 石井英真、2003、「メタ認知を教育目標としてどう設定するか：「改訂版タキソノミー」の検討を中心に」『京都大学大学院教育学研究科紀要』49、pp.207-219.
- H. フレック著、木村温美訳、1972、『フレックの家庭科教育法─新しい家庭科教育を求めて─』家政教育社、p.138
- 岡陽子、三好智恵、2018、「メタ認知に着目した資質・能力開発ポートフォリオの開発と有効性の検証：改訂版タキソノミーを活用した家庭科学習者の記述分析から」『佐賀大学大学院学校教育学研究科紀要』2、pp.1-12.
- 川喜多二郎、2017、『続・発想法 KJ 法の展開と応用』中央公論新社
- 木村温美・田辺幸子、1976、「家庭科教育目標の明確化について（第１報）表現法の日米比較」『家政学雑誌』pp.559-565
- C. ファデル、M. ビアリック、B. トリリング、岸学監訳（2016）.『21 世紀の学習者と教育の４つの次元：知識、スキル、人間性そしてメタ学習』北大路書房、p.134.
- 中央教育審議会、2019、「児童生徒の学習評価の在り方について（報告）」、文部科学省、https://www.mext.go.jp/component/b_menu/shingi/toushin/__icsFiles/afieldfile/2019/04/17/1415602_1_1_1.pdf（参照 2020-03-01）.
- 樋口耕一、2014、『社会調査のための計量テキスト分析：内容分析の継承と発展を目指して』ナカニシヤ出版.
- 文部科学省、2017、『小学校学習指導要領（平成 29 年告示）解説家庭編』東洋館出版社、p.12
- 文部科学省、2017、「小学校学習指導要領（平成 29 年告示）」p.136.
- 山下綾子、重川純子、2019、「小学校家庭科における商品選択の観点を実感し理解する授業」『埼玉大学教育学部附属教育実践総合センター紀要 17』pp.25-31.
- Anderson, L. W. & Krathwohl, D.R., (eds.), 2000, *A Taxonomy for Learning, Teaching, and Assessing, A Revision of Bloom's Taxonomy of Educational Objectives, Abridged Edition.* Longman. p.28.

（第３章 I　　岡　陽子）

Ⅱ 食生活（調理）の授業における「資質・能力開発ポートフォリオ」の活用と分析

1 授業実践と分析方法

2019年5月末から6月にかけて、第6学年の題材「いためて作ろう、朝食のおかず」において、「資質・能力開発ポートフォリオ」を用いた授業を実施した。表6の題材構成と配当時間に基づき、佐賀市内公立小学校クラス30人の児童を対象に実践を行なった。

なお、「資質・能力開発ポートフォリオ」は1時目の課題設定の時間に児童に配布し、「h」と「c」について記入させた（図1参照）。指導者とともに考えた学習課題である当該クラスの問い（h）は「栄養があり、いためておいしいおかずを作るにはどうすればいいだろうか」であった。その後、調理Ⅰの調理前に「a1」を、調理後に「b1」と「f1」及び「f2」を記入させた。調理品のイ

表6　題材構成と配当時間

構成	配時	内容	形態
課題設定	1	問いを立てる（課題の設定）	個人、全体
習得場面（調理Ⅰ）	1	朝食の必要性	班
	1	スクランブルエッグ	
	2	三色野菜炒め	
活用場面〈1〉（調理Ⅱ）	2	パフォーマンス課題 ・計画、調理、振り返りまで2時間で実施	ペア
活用場面〈2〉（調理Ⅲ）	1	家族が喜ぶおいしい朝食を作ろう ・計画	個人、全体
		（家庭実践）	
	1	・発表	全体

題材名 「いためて作ろう、朝食のおかず」の題材計画
（全9時間）

図1　「資質・能力開発ポートフォリオ」（調理）（再掲）

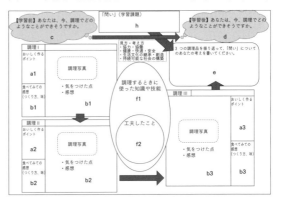

ラストや写真貼付については、1回目のみ時間をとって指導し、調理Ⅱ及びⅢでは、授業中の隙間の時間を見つけて調理Ⅰと同様の仕方で児童が自ら記入するように指導を行った。「e」と「d」については、題材の最後の時間に記入させた。

　本研究では次の2種類の資料を用いて分析を行い、「資質・能力開発ポートフォリオ」を用いた学びの状況を明らかにし、その教育上の有効性を考察した。

① 「資質・能力開発ポートフォリオ」の記述内容

　分析に当たっては、KJ法（川喜多、2017）を用いて、児童の記述を内容の類似性に基づき著者1人がカテゴリーに分類した後、家庭科教育に関わる研究者3人で確認し、全員の最終合意を得たものを結果として考察を加えた。

② 授業後の児童及び指導者への質問紙調査

　授業後に、本ポートフォリオを使用して授業を経験した児童及び指導者に、その使用感を問う質問紙調査を行った。「資質・能力開発ポートフォリオ」の分析結果と授業後の児童及び指導者の使用感に離齬が生じていないかを確認し、開発ポートフォリオの改善を目指すものである。児童については、「資質・能力開発ポートフォリオ」の9か所の記入欄の記述の難易度や「資質・能力開発ポートフォリオ」の有用感とその理由（自由記述）など、6項目について回答を得た。指導者については、児童と同様の質問に加えて、児童の変容や使用上の難しさや改善点等、13項目について回答を得た。自由記述については、KJ法を用いて①と同様に分類し考察を行った。

２ 「資質・能力開発ポートフォリオ」の記述分析

(1) 「おいしく作るポイント」の記述

　「おいしく作るポイント（a1、a2、a3）」は、認知過程次元の「①想起する」の事実的知識と「②理解する」の事実的知識及び概念的知識の触発を意図したものである。児童の記述内容を分析すると、30人全員（100％）が「①想起する」の事実的知識に該当する記述をしていた（表7）。その記述内容から、指導者の教授に基づくおいしく作るポイントを記憶のままに記載したことが考えられる。また、「②理解する」の事実的知識に係る記述、すなわち火加減や切り方などの調理操作をその根拠とともに記載した児童は約3分の1の10人

表7 「おいしく作るポイント（a1、a2、a3）」の児童の記述結果

n = 30

改訂版タキソノミーテーブルの区分	想起×事実的知識 調理に係る個別の基礎的な知識・技能を知る。	理解×事実的知識 調理に係る知識と技能をその目的と関連付けて理解する。	理解×概念的知識 切る、ゆでる、いためる、炊飯、汁物、安全、衛生等、調理に係る特徴を理解する。
人数	30	10	0
割合（％）	100.0	33.3	0
記述例 a1（調理Ⅰ）	・切る大きさをそろえる。 ・味をしっかりみる。	・同じ大きさのものを切る：火通し時間がそろって便利。	―
記述例 a2（調理Ⅱ）	・大きさをそろえる。 ・火加減に注意する。 ・調味料の量を考える。	・こがさないように、色どりよく。 ・切り方を考え見た目よく。	―
記述例 a3（調理Ⅲ）	・大きさを合わせて、炒める時間を考える。 ・火の通りにくいものから炒める。 ・こしょう多、塩多	・短い時間でおいしくするため、小さく切る。 ・なすはしっかり火を通さないと硬いから、火をしっかり通す。 ・ちゃんと火を通すと玉ねぎがもっと甘くなる。	―

（複数回答あり）

（33.3％）であった。また、「②理解する」の概念的知識に該当する記述、すなわち事前に行った調理の特徴を踏まえていためる調理の特徴を一般化して整理した児童はいなかった。これらのことから、調理前の記述は調理操作のみに注意が向きやすい傾向にあると言える。

（2）「調理するときに使った知識や技能」と「工夫したこと」の記述

「調理するときに使った知識や技能（f1）」と「工夫したこと（f2）」について、I児、J児、K児の記述を表8に示す。知識・技能について3人の児童の記述を比較すると、共通する記述が散見しているが、これらは指導者の全体指導を受けて重要な知識・技能と認識した内容であった。また、I児は「ちょうどよい味付け」と「大きさをそろえて切る」ことは3回の調理全てで必要な知識・技能だったと認識していることがわかる。

工夫点について3人の児童の記述を比較すると、それぞれが実際の調理を行

いながら、独自に工夫したことを振り返って記述したことが、過去形の語尾から推測される。Ⅰ児は「大きさがそろえば均等に火が通る」ことを意識して調理Ⅰ、調理Ⅱを行うとともに、調理Ⅱでは「薄く切ると早く火が通る」ことにも気付いている。

しかし、3人ともに知識・技能と工夫点の記入上の区分が曖昧になっており、他の児童についても同様の傾向があった。岡・三好（2018）の製作の授業にお

表8 「資質・能力開発ポートフォリオ」の「知識・技能（f1）」「工夫したこと（f2）」の児童の記述例

（●）3名で共通する記述、（○）2名で共通する記述

児童		記述内容　　　　※①②③は使った実習回を示す
Ⅰ児	知識・技能	①②③ちょうどよい味付けが大事（●） ①加熱すると卵は固まる（●） ①②③大きさをそろえて切る（○） ①②火が通りにくいものから炒める（○）
	工夫点	①②全体がなじむまで混ぜた ①②切る形が違っても大きさがそろえば均等に火が通る ②③ベーコンを混ぜ、肉汁を出した ②薄く切ると早く火が通る　　②③味が合うものをそろえた
J児	知識・技能	①ちょうどよい味付けが大事（●） ①加熱すると卵は固まる（●） ①火加減に気を付けると美味しくできる ②手早く炒めて調味料を入れると上手くできた
	工夫点	①少し早く加熱をやめると柔らかくふわふわになった ①塩を少し多めに入れることで塩の味を引き出せた ①炒める順番を守る。特ににんじん→ピーマン→キャベツ。美味しくできる。 ①火が通りにくいものは長く入れる（先に入れる）と美味しい ②こしょうを少し多めに入れると味がしっかりついた。
K児	知識・技能	・ちょうどよい味付けが大事（●） ・加熱すると卵は固まる（●）　・補足：切ると火の通りがいい ・火が通りにくいものから炒める（○） ・同じ大きさに切る（○）　・炒めるとかさがなくなる ・甘くなる　　　　　・ベーコンは炒めると油が飛び散る
	工夫点	・ふわふわにしたかったから牛乳多めにした ・端から真ん中に混ぜるようにした ・塩、こしょうを少し多く入れた　・手早くいためた ・薄く切ると早く火が通る

※Ⅰ児、J児、K児は標準的な記述の中から無作為抽出とした。
※K児は実習回については未記入であった。

ける「資質・能力開発ポートフォリオ」の研究では両者は比較的明確に区別されており、その結果と比較すると、調理の学習では製作とは異なる指導上の配慮が必要であることが推測される。すなわち、多くの基本操作が瞬時に組み合わさって調理過程が進行する工程を考えると、例えば工夫点については、「おいしく作るための工夫」など、あえて目的を明確にする指導が重要であり、そのことが調理操作の根拠に気付かせ、他の文脈でも使うことのできる認識を形

成すると考えられる。

　f1、f2については認知過程次元の「③応用する」での概念的知識や手続き的知識として位置付けているように、I児の「切る形が違っても大きさがそろえば均等に火が通る」のように調理操作の理由や目的を明確にした記述がなされることが望ましい。理解や思考を深めるための振り返りとなるように、思考の足場となる記載例を予め示しておくなど「資質・能力開発ポートフォリオ」の微調整が必要である。

（3）「食べてみての感想、気を付けた点・感想」の記述

　「食べてみての感想、気を付けた点・感想（b1、b2、b3)」は、認知過程次元の「④分析する」の概念的知識及び手続き的知識、メタ認知的知識の触発を意図したものである。児童の記述内容を分析すると、「④分析する」の3つの知識次元の記述は、概念的知識が14人（46.7 %)、手続き的知識が14人（46.7 %)、メタ認知的知識が17人（56.7 %）であり、調理Ⅰと調理Ⅱ、調理Ⅲのメタ認知的知識では、調理の回数を重ねるにつれて人数に増加の傾向があり、「短冊切りが料理①②の時から楽だし、炒めやすくておいしくなるので短冊きりに」など既習調理の経験を踏まえて調理手法を選んだことが分かる記述も見られた（表9)。

　本記述欄の特徴として、児童はでき上がった調理品（写真やイラスト）と記述を矢印でつなぎ、調理法の説明に加えて、目的に照らして適切だったのか、なぜそうなったのか、その理由や手順を解説したり、調理過程の善し悪しをモニタリングした結果を記述したりしていた。例えば、「強火か中火で少し強かったみたいでこげた。〜（略）〜キャベツの芯と人参は同じ頃に入れると意外とちょうどいい（手続き的知識)」、「色どり：種類や野菜の量のバランス。キャベツを少し多めに、こしょうは少し多めに入れた方がいい。（私の今の指で）塩も少し多め（メタ認知的知識)」など、調理した結果を振り返り、その理由や今後への気付きを記述したものが多く見られた。

　なお、「食べてみての感想」の欄の記述以上に、写真やイラストの周りに多くの気付きが書かれており、写真やイラストが実際の調理操作や手順を想起させ、その行為を振り返らせる足場となっていることが推測できた。

　さらに、「おいしく作るポイント（a1、a2、a3)」と「食べてみての感想、気

表9 「食べてみての感想、気を付けた点・感想（b1、b2、b3）」

改訂版タキソノミーテーブルの区分		分析×概念的知識 調理に係る個別の知識や技能が目的に照らして適切か説明できる。	分析×手続的知識 調理品がなぜそうなったのか、調理手法や手順を判断し、その理由や原因を説明できる。	分析×メタ認知的知識 調理過程についての善し悪しをモニタリングする。
人数		14	14	17
割合（％）		46.7	46.7	56.7
b1（調理Ⅰ）	記述例	・にんじん、ピーマン、キャベツの順で炒める。火が通りにくいものから順にいためていく。	・強火か中火で少し（火が）強かったみたいでこげた。・にんじんは少し長めに火にかけるといい。キャベツの芯とにんじんは同じ頃に入れると意外とちょうどいい。	・色どり：種類や野菜の量のバランス。キャベツを少し多めに、こしょうは少し多めに入れた方がいい。（私の今の指で）塩も少し多め。
	人数	13	6	9
b2（調理Ⅱ）	記述例	・キャベツは切るのも簡単で、短冊きり、そして食べやすい。にんじんはかわいい輪切りをして、薄くしたらすぐ焼けるのも早い。	・今度はもっと多くの材料できれいに、油っこくならないように油少なめ（にした）。・火の加減を調節したら、いい柔らかさだった。	・卵は前にやったスクランブルの方法を生かしてやった。・これ位なら自分でつくれそう。火加減に気をつける（焦げていない）。～めちゃくちゃ美味しい。大きさも揃えている。アップ↑
	人数	10	8	11
b3（調理Ⅲ）	記述例	・火が通りにくい物から入れた。じゃがいも→にんじん→タマネギ→アスパラ→ピーマン→ベーコンの順に入れた。火が早く通るように野菜を小さめに切った。均一に火が通るように、野菜を同じ大きさで切った。	・塩気もあって美味しかったです。シャキシャキでもあったです。入れるタイミングが良かった。火加減がいい。・いろどりよくできた。味がおいしくできた。工夫点：なるべく小さく切る。彩りよく、食感を大切に、いためる順序（に気をつけた）。	・短冊きりが料理①②の時から楽だし、炒めやすくて美味しくなるので、短冊きりに。・この前のスクランブルエッグが塊みたいになったので、よく混ぜた。ふわふわでした。・自分のちょうどいい＋2つまみくらい入れると味加減グッド
	人数	11	8	13

（複数回答あり）

表10　調理Ⅰ、Ⅱ、Ⅲの「おいしく作るポイント（a1、a2、a3）」と「食べてみての感想、気をつけた点・感想（b1、b2、b3）」の児童の記述例

		おいしく作るポイント	食べてみての感想	気をつけた点・感想（写真へのコメント）
L児	調理Ⅰ（三色野菜いため）	大きさは同じように	ピーマンは苦くなく、にんじんも私が嫌いな生の味じゃなくて、キャベツもちょうどいい食感でした。味付けは炒めている時に見た目でこしょうをつけ足したりしたのもぴったりだった。→もとは薄かったかも。	大きさが同じくらいになるように切る。色どり：種類・野菜の量のバランス。キャベツを少し多めに、こしょうは少し多めに入れた方がいい。（私の今の指で）塩も少し多め。
	調理Ⅱ	ベーコン、もやしを入れて（キャベツとにんじんも）色どりOK。ぶあつい順で炒めて、生にんじんなしに！きっとベーコンを入れたらおいしいと思う。	こしょうと塩のバランスが良かった。にんじんは切るのに失敗してぶ厚かったり、薄かったりしたけど生ではなかった。予想通りベーコンがおいしかった。	ベーコンでおいしくなったよ。キャベツは切るのも簡単で、たんざくきり、そして食べやすい。にんじんはかわいい輪切りをして、薄くしたらすぐ焼けるのも早い。少しこげていておいしい焼き具合。所々にこしょうがつぶつぶ！んーおいしそう＝1！！！もやしは洗ってそのままの方が形もいいし、見た目も大きさもOK.そしてしゃきしゃき。見た目も明るい。
	調理Ⅲ	色どりをよくしておいしそうに…。料理②でベーコンを入れるとおいしくなることが分かったので入れてみた。おいしかった。	野菜いため自体もおいしかったけど卵をふりかけたらもっとおいしかった。	なすがすぐ火が通りそうだったから大きめに切った。→今までお母さんがなすを調理するときも、少し大きめのサイズだったから、これでもいけるかな？と考えた。前日にお母さんがなすを買っていたのを見て、使ってみた。（柔らかくなった）。にんじんの輪切りが難しかったから、分厚かったのは半月切りでいちょう切りに。ベーコンのピンクとにんじんの赤っぽさで明るい色に!!なすの暗い色も吹っ飛んじゃう。たんざくきりが料理①②の時から楽だし、炒めやすくておいしくなるので、たんざく切りに。

120

M児	調理Ⅰ（三色野菜炒め）	切る大きさに気をつける	ピーマンが少し<u>水ぽかった</u>。こげないでできてよかった。<u>色が鮮やかになった。</u>	にんじん、ピーマン、キャベツの順で炒める。火が通りにくいものから順にいためていく。<u>こげないようにすぐ炒める。同じ大きさで切る。</u>早く全部入れると生になる。
	調理Ⅱ	<u>火加減</u>、同じ大きさに切ること、<u>色とりどり</u>。	全部に塩とこしょうが均一になってた。大きさが同じだったから<u>生になっていなかった</u>。	こげないように<u>手早く混ぜた</u>。かたい物から入れていった（火が通りにくいもの）、<u>こげようとしていたら、火を中火から弱火に変えた。</u>火が早く通るように少し、小さめに野菜を切った。均一に火が通るように野菜を同じ大きさに切った。
	調理Ⅲ	<u>火加減に気を付ける。同じ大きさで切る。手早く混ぜる。</u>	<u>全部生になって</u>いなかった。塩とこしょうが一部分にしかかかっていなかった。	火が通りにくいものから入れた。じゃがいも→にんじん→タマネギ→アスパラ→ピーマン→ベーコンの順に入れた。火が早く通るように野菜を小さめに切った。均一に火が通るように、野菜を同じ大きさに切った。こげないように野菜を入れたらすぐ混ぜた。

注）1）調理Ⅰでは、スクランブルエッグと三色野菜いためを実施した。ただし、本表の調理Ⅰでは、野菜いための記述を比較するために、三色野菜いための記述のみを取り出して表に示した。
　　2）調理Ⅰ全体の「おいしく作るポイント」の平均文字数は26.3文字であり、これに最も近い文字数のL児（25文字）、M児（27文字）を抽出した。
　　3）下線部は調理Ⅰ、Ⅱ、Ⅲと相互に関連の深い部分。前の調理を踏まえて調理を行ったことが分かる。

をつけた点・感想（b1、b2、b3）」の記述を比較した（表10）。表10に調理Ⅰ（三色野菜いため）、調理Ⅱ、調理ⅢのL児とM児の記述内容を示した。実習後の記述は、両者ともに味や食感、見た目、色どり、いため方、味の付け方などを食材名とともに具体的に記述しており、調理前の記述と比べて実感を伴う豊かな記述となっていた。この傾向は全ての児童にみられた。また、調理Ⅰ、Ⅱ、Ⅲの記述を比較すると、両者ともに事前の調理経験を踏まえて、おいしく作るポイント等が記述され学習が展開したことが分かる。この傾向は全体の約45％の児童にみられた。

（4）「問いについての考え」と「学習後にできそうなこと」の記述

「問いについての考え（e）」と「学習後にできそうなこと（d）」は、認知過程次元「⑤評価する」の概念的知識、手続き的知識、メタ認知的知識の触発を意図したものである。表3における下線の例のとおり、「使った知識や技能を

振り返り、基準に基づき説明できる（概念的知識）」「学習全体を振り返り、基準に基づきその善し悪しを説明できる（手続き的知識）」「調理に大切なことはここだな、次の調理では気を付けよう（メタ認知的知識）」と認知を深めることがねらいである。

　「問いについての考え（e）」の記述分析の結果、使った知識・技能や学習全体を振り返り、いためる調理に必要なことやその善し悪し等について記述した児童の割合が73.3％、おいしく作るコツや次への意欲や気付きなどメタ認知的知識に関連のある記述をした児童の割合が63.3％であり、「資質・能力開発ポートフォリオ」で意図した結果となった（表11）。例えば、「色どりや盛りつけ、味つけによって見た目や味でおいしそうやおいしいなどが付け加えられるので、もうひと工夫するともっともっとおいしくなると思いました」「炒め方も確かに必要だけど、やっぱり僕にとっては炒め方より味付けが大事だと思います。食感があっても味がなければ意味がないから。しかしどっちもできたら完璧！」「今までの学習をしてきて思ったことは炒めるとゆでるの違いが分かったことです。ゆでるは〜（略）」など、メタ認知に係る思考が見られた。

　「学習後にできそうなこと（d）」の記述については、学習前の記述と比べて変化が見られた児童は23人（88.5％）であった。具体的には、できる調理操作の記述が増えた児童の割合が全体の65.4％、できる料理が増えた児童の割合が15.4％、調理方略の習得に係る新たな記述が46.2％であった。調理方略に係る記述には、「（いため物の）ポイントを使って改善を重ねておいしく、自分自身でも作れる」「短時間でおいしい野菜炒めを作ったりできるようになりました」「材料を考え、どのようにいためるのかが大切か分かりました」等学習を振り返って自分ができるようになったことへの認識を深めた記述が見られた。

　以上、「資質・能力開発ポートフォリオ」を使い学習を進めたことによって、児童が学習の最終目標に向かって理解を深めるとともに、自分の学びを振り返ったり調整したりして学習への気付きを得た様子が読み取れた。また、調理後に振り返りを記述することによって、調理前と比べて児童の記述が実感を伴う豊かなものなっていることから、調理品を完成させることが目的化している学校現場の指導の在り方を見直す必要性を強く感じる結果となった。

表11 「問いについての考え（e）」の児童の記述内容一覧

n = 30

	記述した内容	記述例	内容別件数	%	人数（%）
概念的知識・手続き的知識に係る記述	おいしく栄養のあるいためる調理に必要なこと（切り方、いため方、火加減、味付け、色どりなど）	・ちょうどよい味付けで生にならず焦げすぎずに炒めて色どりよく、時間に合わせて野菜を切るなど工夫しながら作ると美味しくできる。	11	36.7	22（73.3）
	栄養の理解が深まったこと	・健康になるためには野菜などの栄養があるものをバランスよく食べることが大切だと分かりました。	10	33.3	
	いため方の理解が深まったこと	・材料を考え、どのように炒めるかを考える大切さが分かりました。	5	16.7	
メタ認知的記述	美味しく作るこつ	・色どりや盛りつけ、味つけによって見た目や味でおいしそうやおいしいなどが付け加えられるので、もうひと工夫するともっともっとおいしくなると思いました。 ・炒め方も確かに必要だけど、やっぱり僕にとっては炒め方より味付けが大事だと思います。食感があっても味がなければ意味がないから。しかしどっちもできたら完璧！	13	43.3	19（63.3）
	次への意欲や気付き	・いためることは、難しいと思いました。僕は料理を作るのが下手なので、（略）〜もうちょっと練習をして、タイミングをまちがえないようにしたいです。	3	10.0	
	学習への気付き	・今までの学習をしてきて思ったことは炒めるとゆでるの違いが分かったことです。ゆでるは何もしないけど炒めるは自分で手を動かしたりできるから楽しいなと思った。 ・あせらずにゆっくりきれいに作るようにする。頭で考える（入れる順序）。	3	10.0	
	その他　家族との関わり	・親の力を借りる。食材。	3	10.0	

（内容別記述には複数回答あり）

3 授業後の児童及び指導者への質問紙調査

児童への質問紙調査において、各欄の記述の楽しさや難易度を問う質問では、13人（44.8％）の児童が、写真（調理品）に気付きを書く欄や食べてみての感想を書く欄の記述が楽しかったと回答した（図3）。これは、この欄の記述が「一番楽しそうだった」との指導者の回答とも一致していた。逆に、最も難しいと児

図3　記述が一番楽しかった記入欄

問　記入するのが一番楽しかったところはどこですか

44.8	20.7　17.2　6.9　3.4

■写真と気付き　　　　　　　　□食べてみての感想
□おいしく作るポイント　　　　■調理に使った知識や技能
■工夫したこと　　　　　　　　■（学習前）どのようなことができそうか

備考：「問い」「問いの答え」「（学習後）どのようなことができそうか」は選択者なし　n=29

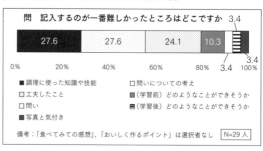

図4　記述が一番難しかった記入欄

問　記入するのが一番難しかったところはどこですか

27.6	27.6　24.1　10.3　3.4　3.4　3.4

■調理に使った知識や技能　　　□問いについての考え
■工夫したこと　　　　　　　　■（学習前）どのようなことができそうか
□問い　　　　　　　　　　　　■（学習後）どのようなことができそうか
■写真と気付き

備考：「食べてみての感想」、「おいしく作るポイント」は選択者なし　N=29人

童が感じたのは、「知識や技能」「問いについての考え」「工夫したこと」を書く欄であった（図4）。指導者においても、児童が「一番難しそうだった」記述欄は「問いについての考え」であり、次が「工夫したこと」と回答した。これらの三つの記述欄については、児童が何を書けばいいのか悩み、考えながら記述をしたことが分かった。

　次に、この「資質・能力開発ポートフォリオ」の有用感について、4件法で尋ねたところ、児童の96.6％がためになったと「思う」「どちらかというとそう思う」と肯定的に回答し（図5）、指導者の「そう思う」とする考えとも一致していた。その理由（自由記述）として多かった回答は「応用できる、次への気付きが得られるから」であり、34.5％を占めた（表12）。具体的には、「写真の所に気付きをいっぱい書くことで、次どうしたらいいかがわかる」「このプリントを書くことで最後の記録をしっかり残すことができて、次に生かす事ができる」などの記述が多く、「資質・能力開発ポートフォリオ」の記録を次の学びに生かしたことが推測できた。次に多かったのは、「知識・技能（f1）」と「工夫したこと（f2）」を書くことのよさであり、この記録を調理時に活用

していたことがうかがえた。具体的には、「調理する時に、使った知識や技能と工夫をすぐに見れるから」「調理する時に使った知識や技能を工夫したことは、これから先、おとなになっても使えることだと思う」など、既習の知識・技能や手順などを応用して調理を行ったことや将来役に立つと考えていることが分かった。指導者の理由にも「児童自身が自分の学びを可視化し、1枚の「資質・能力開発ポートフォリオ」にまとめることで学びをつなぐことができる。自分にどのような力がついたのかが一目で分かる」との記述があり、同様の印象をもっていたことが分かった。

最後に「資質・能力開発ポートフォリオ」についての感想を自由記述で求めた。その結果、児童は「自己の学習のモニタリングやコントロールが可能になること（41.4％）」、「一覧できるよさがあること（27.6％）」、「知識・理解の習得などに役立つこと（27.6％）」に類する記

図5 「資質・能力開発ポートフォリオ」を書くことの有用感

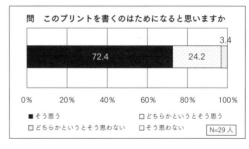

問 このプリントを書くのはためになると思いますか

| 72.4 | 24.2 | 3.4 |

0% 20% 40% 60% 80% 100%

■ そう思う　□ どちらかというとそう思う
□ どちらかというとそう思わない　□ そう思わない　N=29人

表12 児童が「資質・能力開発ポートフォリオ」はためになる（ならない）」と思う理由

n = 29

	理　由　（自由記述）	人数	％
プラス面	応用できる、次への気付きが得られること	10	34.5
	f1、f2 を書くことのよさが大きいこと	9	31.0
	学習したことを振り返ることができること	7	24.1
	書くことのよさがあること	6	20.7
	大人になって使えること	4	13.8
	見れば学習を思い出すことができること	4	13.8
	調理や食べた時の事が分かる、確認できること	3	10.3
	自分のためになること	1	3.4
	自分のがんばりが確認できること	1	3.4
	見やすく書きやすいこと	1	3.4
マイナス面	役立たないと思うから	1	3.4
	紙だから不用になると捨ててしまうこと	1	3.4

（複数回答あり）

述が多く、「資質・能力ポートフォリオ」で意図したメタ認知が活性化し理解を深める学習が展開されていたことがうかがえた（表13）。指導者の感想にも

表13 児童の「資質・能力開発ポートフォリオ」についての感想（自由記述）

n = 29

区分	人数	%	感　想（自由記述）	人数	%
自己の学習のモニタリングやコントロールが可能	12	41.4	作業を修正する必要性が分かる	4	13.8
			自分の取組が分かった	4	13.8
			記録や記憶に残せる	3	10.3
			成長が分かって嬉しい	1	3.4
一覧できるよさ	8	27.6	一覧できて使いやすい	4	13.8
			見やすい	3	10.3
			一枚のプリントに書くよさがある	1	3.4
知識・理解の習得等役立つ	8	27.6	色々な事、大事なことがよく分かった	6	20.7
			色々できて良かった、ためになる	2	6.9
手順の理解	3	10.3	手順が分かった	3	10.3
意欲の向上	2	6.9	今後も使いたい	2	6.9
様式のよさ	2	6.9	卵のマーク、がいい、図が分かりやすい	2	6.9
振り返りのよさ	1	3.4	振り返られてよかった	1	3.4
難しさ	4	13.8	少しむずかしい所もあった（けど、・・）	2	6.9
			書くのが大変だった	1	3.4
			「工夫したところ」は書くのが難しかった	1	3.4

（複数回答あり）

「学習を振り返る習慣が身に付いた」、「書くことを嫌がらなくなった」ことが記されていた。

　なお、指導者からは「資質・能力開発ポートフォリオ」の改善点として、「問い」と「問いについての考え」の書き方は児童にとって難しいとの評価があった。児童の思考を容易にするための文言や問いかけが望ましく、児童が自分の考えをより自由に書くことのできる記述欄となるよう調整が必要である。

４ 実践からみえてきたこと

　「資質・能力開発ポートフォリオ」を公立小学校第６学年の授業で使用し、その記述内容と授業後の児童及び指導者への質問紙調査の分析を行った結果、次の知見が得られた。

① 「資質・能力開発ポートフォリオ」の活用は、問い（課題）の設定後、3段階構成による指導者側の指導計画の文脈づくりへの意識喚起と、振り返りによる学習者のメタ認知の活性化及び理解の深化が図れるものであり、作品等を完成させることが目的化している家庭科の調理及び製作の授業の転換につながる。

② 実習後の記述欄「気をつけた点・感想」では写真やイラストの周りに多くの気付きが書かれており、これらが実際の調理操作や手順を振り返らせる足場であることが推測された。

③ 実習後の記述は、実習前よりも具体的で実感を伴う豊かな記述となっていた。また、事前の調理経験を踏まえて、おいしく作るポイント等が記述され学習が展開される傾向にあり、実習後の振り返りの重要性が認められた。

④ 上記①②③と児童及び指導者への質問紙調査の結果から、児童の学びの状況や認知の深まりの確認とともに、「資質・能力開発ポートフォリオ」が児童にとって有効であったことが確認された。今後、「問い」と「問いについての考え」の記述欄については、児童の思考を容易にして、より自由に記述できるよう文言等について検討する必要がある。

謝辞

本授業実践は佐賀市内公立小学校での三好智恵氏による実践である。記して感謝の意を表したい。

引用・参考文献

・岡陽子／萱島知子／鈴木明子、2021、「メタ認知に着目した『資質・能力開発シート』の調理実習における有効性」『日本家庭科教育学会誌』第64巻第1号、pp.3-14.

・岡陽子／三好智恵、2018、「メタ認知に着目した資質・能力型ポートフォリオの開発と有効性の検証：改訂版タキソノミーを活用した家庭科学習者の記述分析から」『佐賀大学大学院学校教育学研究科紀要』2、pp.1-12.

備考）本節は日本家庭科教育学会誌第64巻第1号（2021：3-14）の論文「『メタ認知』に着目した『資質・能力開発シート』の調理実習における有効性」を一部修正して執筆したものである。

（第3章Ⅱ 岡 陽子）

Ⅲ 衣生活（製作）の授業における「資質・能力開発ポートフォリオ」の活用と分析

1 授業実践と「資質・能力開発ポートフォリオ」の位置付け

　第6学年の題材「ミシンっていいね！作って使って楽しい生活」において、「資質・能力開発ポートフォリオ」を用いた授業を佐賀大学教育学部附属小学校にて実施した。

　題材構成を表14に示した。本題材では、1時目の課題設定の後に、「ブックバッグの製作（基礎的知識・技能の習得）」→「教室を豊かにする布製品製作（目的や状況に応じた知識・技能の活用、ペア活動）」→「家庭を豊かにする布製品製作（目的や状況に応じた知識・技能の活用、個人活動）」と3段階からなる問題解決的な学習過程

表14　題材構成と配当時間

題材名 「ミシンっていいね！作って使って楽しい生活」の題材計画 （全14時間）			
構成	配時	内容	形態
課題設定	1	見つめる ・問いを立てる（課題の設定）	個人、全体
習得場面 （作品Ⅰ）	3	さぐる ・ブックバッグを作ろう	個人・班
活用場面〈1〉 （作品Ⅱ）	5	深める（パフォーマンス課題） ・学級を豊かにする 　役立つ布製品を作ろう	ペア
活用場面〈2〉 （作品Ⅲ）	5	生かす ・家庭を豊かにする布製品を作ろう	個人、全体

で3種類の製作を設定した。学習後には「家庭を豊かにする作品の製作計画を考え一人で作ることができる」を目標に、児童が見通しをもって主体的・意欲的に、また段階的に学びを積み上げていくことができるように授業を設計した。

　本題材で使用する「資質・能力開発ポートフォリオ」は、一枚のワークシートで題材全体の学習や活動が概観できるのが特徴である。また、資質・能力ベースとメタ認知を意識し、既習の知識・技能を繰り返し活用することによって、他の文脈や実生活で活用できる力の育成を目指したものである（図2（再掲）参照）。

　「資質・能力開発ポートフォリオ」のそれぞれの記述部分の作成意図を次に示す（表15）。

【メタ認知との関連】

・a1、a2、a3；
「作り終えての感想」は、認知過程次元の「③応用する」のメタ認知的知識に該当する。

・b1、b2、b3；
「使ってみての感想」は、認知過程次元の「④分析する」の概念的知識、手続き的知識、メタ認知的知識に該当する。

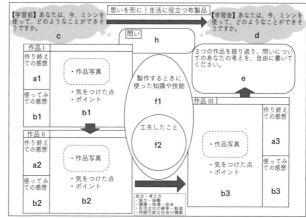

図2 「資質・能力開発ポートフォリオ」（製作）（再掲）

・e；全学習終了後の感想は、「⑤評価する」の概念的知識、手続き的知識、メタ認知的知識に該当する。

【資質・能力ベースとの関連】

・f1、f2：製作するときに使った知識・技能及び工夫点は、資質・能力の2つの柱に該当する。三つの作品製作で共通に使う技能、作品特有の技能など、繰り返し記述し確認することで、知識・技能の体系化による概念形成を意図した。

・cとd；学習前と学習後に「あなたは、今、ミシンを使って、どのようなことができそうですか」と質問。児童自身が資質・能力ベースで

表15 【製作】各記述欄の改訂版タキソノミーテーブル上の位置付け

知識の次元	認知過程次元					
	①記憶する	②理解する	③応用する	④分析する	⑤評価する	⑥創造する
事実的知識		f1	f1			
概念的知識		f1	f1, f2	b1, b2 b3	d, e	
手続き的知識			f2	b1, b2 b3	d, e	
メタ認知的知識			a1, a2 a3	b1, b2 b3	d,e	

注）テーブル上の記号は「図2資質・能力開発ポートフォリオ」の各記述欄を示す。

自分の成長を認識することを意図した。

これらの記述部分と改訂版タキソノミーテーブル上の位置付けを整理したものを表15に示した。

表15にみられるとおり、「資質・能力開発ポートフォリオ」は、認知過程次元の「理解する」から「評価する」に対応しており、メタ認知的知識に係る記述も各次元に用意していること、また、①同一教材製作→②グループによる目的に応じた作品製作→③個人による目的に応じた作品製作と3回繰り返して製作を実施し思考させることにより、全体として児童の知識や認識を刺激し、個別の知識・技能を他の文脈や実生活において活用できる概念や技能へと高めるとともに、課題を解決しようとする意欲や能力を育成することをねらいとしている。

② 「資質・能力開発ポートフォリオ」の記述分析

「資質・能力開発ポートフォリオ」の児童の記述内容を、改訂版タキソノミーの学習目標や活動（P108表4）と照らし合わせて、次の3点から分析し考察した。

　　○「製作したときに使った知識・技能（f1）」と「工夫したこと（f2）」の記述結果と考察

　　○「作ってみての感想（a1、a2、a3）」と「使ってみての感想（b1、b2、b3）」の結果と考察

　　○「最終的な振り返り（e）」と「学習後にできそうなこと（d）」の結果と考察

以下、それぞれの記述結果について示す。

（1）「製作したときに使った知識・技能（f1）」と「工夫したこと（f2）」の記述結果と考察

図2のf1、f2には、児童は、製作するときに使った知識・技能や工夫点を記述している。三つの布製品を製作するわけなので、当然同じ操作がでてくる。その場合は、その言葉を「○」で囲むよう指導を行った。つまり、3度の製作実習で3回とも使った技能等は二つの「○」で囲われることになる。児童A、児童Bの記述例を次に示す。

使った技能や工夫
したことを記述によ
り繰り返し確認をす
ることで、個別の知
識や技能等が作品を
通して製作に必要な
知識や技能としてつ
ながり、基礎的な知
識・技能に対する児
童の認識を深め、活
用できる知識・技能
に高める効果があっ
たと考えられる。工
夫点については、目

```
〈児童A〉
【知識・技能】
　布をたつ、直線縫い、しつけ、ミシンの使い方、返し縫い、中表
にして縫う、まち針をうつ、マチを付ける、持ち手をつける。二
つ折り、三つ折り、ゆとり、アイロン、縫い代
【工夫したこと】
　中に物がたくさんはいる、持ち手を丈夫にする、目立つ線はまっ
すぐ、返し縫いをして丈夫にする、マチをつけてたくさんはい
る。
〈児童B〉
【知識・技能】
直線縫い、ミシンの使い方、返し縫い、まち針、しつけ、印、持
ち手をつける、マチ、三つ折り、二つ折り、中表にして縫う、ゆ
とり、アイロン、縫い代
【工夫したこと】
持ち手を長めにぬう、三つ折りで布の始末、中表にして縫う、ゆ
とりを持ってつくる、持ち手を縫う位置、返し縫いをして丈夫
に、アイロンをかける
　　　　　　　※備考：複数使用を表す○は省略した。
```

的や状況に応じた手法や手順についての認識が深まることを意図したが、ゆと
りや丈夫さ、きれいな仕上がりに関する工夫点を記述した児童が多く、製作時
に自分が工夫したことを素直に書いたことが分かる。認知過程次元「③応用す
る」での手続き的知識を深める指導の在り方や記述のさせ方については、今回
の手立てだけでは十分とは言えず、今後検討が必要である。

(2)　「作ってみての感想（a1、a2、a3）」と「使ってみての感想（b1、b2、b3）」の結果と考察

　「作ってみての感想（a1、a2、a3）」は、認知過程次元「③応用する」のメタ
認知的知識の触発を意図したものである。表4に示したとおり、でき上がった
ものや製作過程を振り返って「こんな場合はこうするといいんだな」と認識さ
せることがねらいである。分析の結果、根拠をもって製作を振り返った割合は
記述全体の78％であり、その他、「家で活用したい」「これまでの学習を生か
した」「さらに改善できる」と考えるなど、メタ認知的知識が深まっていること
が分かる（表16）。

　表17に3人の児童の記述例をあげた。C児は前の製作でできなかったとこ
ろを意識しながら製作に取り組んだことが分かる。D児は、大きさやゆとりを

意識しながら三つの作品を製作したことが分かる。E児は立体的な作品が作れたことに充実感を覚え、でき上がった作品をどう使うかイメージをふくらませていることが分かる。この開発ポートフォリオは1枚のワークシートに学んだことが効果的に収まっていることから、前に作った作品を振り返りつつ、児童が新し

表16 「作ってみての感想（a1、a2、a3）」のカテゴリー別記述内容

(N=35)

カテゴリー		件数	割合%
根拠あり	こうしたのでよくできた	67	45.9
	ここが難しかった	21	14.4
	ここはこうすればよかった	13	8.9
	こうしたのが失敗だった	13	8.9
うまくできた		14	9.6
完成して良かった		6	4.1
難しかった・緊張した		4	2.7
家で活用したい		3	2.1
これまでの学習を生かした		3	2.1
簡単にできた		1	0.7
さらに改善できる		1	0.7

備考）件数は3回の実習後の感想をカテゴリー別に合計したもの。複数記述あり。

表17 作ってみての感想（a1、a2、a3）

	1回目作品	作ってみての感想（a1）	2回目作品	作ってみての感想（a2）	3回目作品	作ってみての感想（a3）
C児	ブックバッグ	線にそって、ぬうことができた。持ち手を付けるときに少し長めにぬって、とれないようにできた。	スズランテープビニールテープを入れる袋	マチを作るのは少し難しかったです。持ち手の部分はしっかりと付けることができて良かったです！	ブックバッグ	これまでの学習で身に付けたことを注意しながら作ることができました。直線縫い、返し縫い、持ち手の付け方、右端の始末など、たくさんの注意点を気にしながら、できたので、良かったです。使えるといいなと思います。
D児	ブックバッグ	大きかったので、まっすぐ縫うのが難しかった。丈夫に縫えて良かった。	落とし物入れ	思ったより小さくなってしまったので、もう少し大きめに布をたちたい。	Wiiリモコン入れ	最終的な大きさは丁度良くなって良かった。かけるところにあわせてひもを通す所を変えたい。前回の学校で使う布製品よりもゆとりを持つことができて良かった。
E児	ブックバッグ（ウィンパス入れ）	時間内は難しかったけど、丈夫に見た目良く作ることができた。はしの部分に気をつけることもできた。	プリント入れ	布が足りなかったので、難しかったが、合わせてきちんと綺麗に作ることができた、使いやすいと思う。	ポケットのポケット	学習前のように平面的なものではなく、マチもついてバックを作ることができました。家で左上の青には鍵、右上の黒に封筒を入れて、便利にしたいです。

い作品づくりに向かっていった様子が見て取れる。

次に、「使ってみての感想（b1、b2、b3）」の記述結果を分析する。この記述は、認知過程次元「④分析する」の概念的知識、手続き的知識、メタ認知的知識の触発を意図したものである。表4（P108-109）に示したとおり、作品を使ってみて「作品の強度はどうか等、作品を使って説明

表18　使ってみての感想（b1、b2、b3）のカテゴリー別記述内容　　N=35

カテゴリー		件数	割合%
根拠あり	こうしたのでよかった	47	28.8
	長さ・大きさサイズが丁度いい	38	23.3
	ここが便利・役立っている	34	20.9
	ここはこうすればよかった	9	5.5
	使いやすい	5	3.1
	こうしたのが失敗だった	4	2.5
うまくできた		15	9.2
家や学校で活用したい		8	4.9
新しい製作をしたい		2	1.2
目的に合っていてよかった		1	0.6

備考）件数は3回の実習後の感想をカテゴリー別に合計したもの。複数記述あり。

表19　使ってみての感想（b1、b2、b3）

	1回目作品	使っての感想（b1）	2回目作品	使っての感想（b2）	3回目作品	使っての感想（b3）
F児	ウィンパスを入れるブックバッグ	ちょっと小さくてウィンパスが入るか不安だったけど、4冊きれいに入ったのでよかった。	座席決めわりばし入れ	わりばしもとりやすく、作ってみた。取りやすいといい。使わないときはかけて置くことができる。	（小物入れ）きんちゃく袋	たくさんの小物が入る大きさに作ったので、便利です・家や出かけるときに使えるので、学校でも使っていきたい。
G児	ブックバッグ	少し小さくなってしまったので、ウィンパスギリギリはいるぐらいになってしまった。次回はもう少しゆとりをもって型紙をつくってやりたいなと思いました。	貸し出し用バッグ	ブックバッグなので、ゆとりを持つことに注意してやった。ゆとりをもてて作れたので良かった、布を2枚にしたので、重い本も入るので良かった。	弁当箱入れ	平ひもの長さがちょうど良かった。柄が違う2枚の布を使ったので、面白い柄になったし、2枚とも色は同じようなものなので、違和感はなかったので、使いやすく良かった。
H児	塾道具入れ！	持ち手の所もがんじょうで、ちょうど塾道具を入れることができて使いやすい。	将棋入れ	持ち手の所もがんじょうで、将棋をいれてもそんな簡単におちない。	ミニミニポケット	実施に物を入れてふりまわしても全然おちないで底が丈夫になっていた。前の作品より少しは上達したと思います。

できる（概念的知識）」「作品の善し悪しについて、作品を使って説明できる（手続き的知識）」「生活で使ってみたらここが課題。次は気を付けよう（メタ認知的知）」と認識させることがねらいである。

　分析の結果、根拠をもって製作を振り返った割合は記述全体の84％であり、実際に物を入れたり使ったりすることから、特にサイズや丈夫さに注意が向けられていることが分かった。その他、「うまくできた」「活用したい」と達成感を感じたり、「新しい製作をしたい」と製作への意欲を示したり、「目的に合っていてよかった」と目的と照らし合わせて全体を振り返かえったりするなど、児童なりの分析ができていた（表18、表19）。

(3)　「最終的な振り返り(e)」と「学習後にできそうなこと(d)」の結果と考察

　「最終的な振り返り（e）」と「学習後にできそうなこと（d）」は、認知過程次元「⑤評価する」の概念的知識、手続き的知識、メタ認知的知識の触発を意図したものである。表4（P108-109）に示したとおり「使った知識や技能を振り返り、基準に基づき説明できる（概念的知識）」、「学習全体を振り返り、基準に基づき、その善し悪しを説明できる（手続き的知識）」、「製作に大切なことはここだな。次の製作では気をつけよう（メタ認知的知識）」と認識を深めることがねらいである。

　「最終的な振り返り（e）」

表20　最終の振り返り（e）の児童の記述内容一覧

N=35　複数記述あり

	記述した内容	数	％	計（％）
学習した内容・製作に必要な事	丈夫さ	12	14.0	62.8
	美しさ	9	10.5	
	ぬい方	9	10.5	
	ゆとり	8	9.3	
	計画を立てる	7	8.1	
	マチ	5	5.8	
	その他	2	2.3	
	布の性質	1	1.2	
	色や柄	1	1.2	
メタ認知的記述	次の製作への意欲	8	9.3	37.2
	（家族に）役に立つ物作りへの認識	7	8.1	
	製作全体の振り返り	6	7.0	
	学習を生活に生かす、よりよい生活への気付き	4	4.7	
	物作りのよさ	2	2.3	
	生活における製作の必要性	2	2.3	
	環境への配慮（リサイクル）	2	2.3	
	他者との関わり	1	1.2	
	計	86	100.0	100.0

の分析の結果、使った知識・技能や学習全体を振り返り、作品づくりに必要なことやその善し悪しについて記述したものが約6割、製作全体を振り返り、次の学習への意欲やものづくりが家族の役に立つという認識をもつなど自分自身の認知や上位の様態に関する知識（メタ認知的知識）が深まった記述がみられたものが約4割であった（表20）。例えば、「布製品はゆとりをもって作らなくてはいけないことが分かりました。ひと針ひと針に思いを込め、たくさんの人が喜ぶ作品をこれからも作っていきたいと思います」や「計画をしっかり立てるのと立てないのでは、できあがりに少し違いが出てくることが分かりました。今後布製品を作ったりするときは、計画を細かなところまでやって、縫っていきたいです！このことを、生活面でも生かしていきたいです！」「入れたい物がどの位の大きさでどんな形なのか、どれくらいの完成形にすれば良いかをしっかりと考え、丈夫で美しくするために返し縫いやまっすぐな直線縫いをしっかりとできるようになることが大切だと思います」など、多くの気付きを得たことが分かった。

　次に、「学習後にできそうなこと（d）」の記述内容を分析した。「【学習後】あなたは、今、ミシンを使ってどんなことができそうですか」という質問に、児童の約7割が「立体的なものがつくれる」「生活で役立つものを考え、つくることができる」「既習の知識・技能を活用して製作ができる」に類する回答をしており、できるようになったことを明確に把握していることが推測された。（表21）。また、自分自身の認知に関わる記述も多く見られた（表21下線部）。

　以上、児童の全ての記述について考察した結果を振り返ると、メタ認知に着目した「資質・能力開発ポートフォリオ」を活用することによって、児童が学習の最終目標に向かって学習内容への認識を深めるとともに、自己への認識や意欲を高めていった様子が読み取れた。

表21 「【学習後】あなたは、今、ミシンを使ってどんなことができそうですか（d）」
　　　　の記述一覧　　　　　　　　　　　　　　　　　（※下線部はメタ認知的知識に関係のある記述）

N=34

区分	人数	記　述　の　実　際				
立体的なものの製作ができる	9	立体的な物を作れます（ブックバッグ、弁当包）	バッグ、立体的なもの	立体のもの（ティッシュケースやまち付きバッグ）をつくれるようになった。	袋やバッグなどの立体的な物を作ること	今度はファスナーもつけて筆箱だったり、もっと立体的な物が作れそう！
		ブックバッグ作りなど、立体的で中にいろんな物を収納できる布製品を作ること	コースターを作る、脇をぬう、マチをつける、立体的なものを作る、糸がでないように三つ折りをする。	日常つかっている大きな物のカバー、大きな3Dの布製品、目的のものの大きさにあった布製品	最初は難しかったけど、今は立体的な物など作れると知ったので、もっと作りたいです。	
生活で役立つものを考え作ることができる	8	いろんなところで役立つ布製品を作れる	必要な物を何でも作ることができ、生活に役立つ。	幅広いレパートリーの物をミシンを利用して作っていけそうです。	布製品で色々なものを作ったり、考えたりすることができる。	家で役立つ服など、着る物を作れそうです。
		家庭に役立つ布製品や自分に役立つ（バッグ、ナフキン、ウォールバック、枕カバー、ティッシュケース、コースタ）	バッグを作ったり、普段の生活で使える物を作る。返し縫い。マチをつける。立体の作品を作る。	他の人の役に立つような布製品をつくって、わたすことができる。		
既習の知識・技能を活用して製作ができる	6	まち付きのブックバッグやブックバッグに一工夫した物。またファスナーも。	ふくろ系のブックバッグなどが作れる。返し縫いやマチを作ることができる。	枕カバーやエプロンなど初歩的なものは作れそう。	返し縫いを使ってブックバッグのようなものは確実に作れるようになり、三つ折りを使って出し入れ口も出し入れやすいようにできる。	
		ウォールポケット、返し縫いで丈夫にする工夫、ブックバッグ	物をいれることができる、ブックバッグなどの取っ手が付けられる。			

種々の作品が作れる	11	ブックバック、本 カ バ ー、ティッシュカバー、イスカバー	ブックカバー、バック、鍋敷き、ランチョンマット、アスク、コースター	エプロン、ブックバック、巾着、ポケットティッシュ入れ	巾着を作る、ポケットがついたバックをつくる	ブックバック、巾着
		ブックバック、マスク、弁当箱入れ、クッションカバー、枕カバー、マスク入れ袋	マスク、ランドセルカバー	布製品（バック、巾着）などをつくることができる	ブックバック、カバー、まち、立体の布製品	ウォールポケット、ブックバック
		ブックバックやポケットティッシュ入れ、カバー（クッション）、弁当入れ				

３ まとめ

　メタ認知に着目した「資質・能力開発ポートフォリオ」を小学校第６学年の授業で活用した結果、児童がメタ認知を働かせながら学びを深めていく様子を確認することができた。最終の振り返りの記述では「よりよい生活を工夫する」という家庭科教育の本質に迫る姿も見られ、「資質・能力開発ポートフォリオ」の一定の効果が確認できたと考える。

謝辞
　本授業実践は佐賀大学教育学部附属小学校での三好智恵氏による実践である。記して感謝の意を表したい。

引用・参考文献
・岡陽子／三好智恵、2018「メタ認知に着目した資質・能力型ポートフォリオの開発と有効性の検証：改訂版タキソノミーを活用した家庭科学習者の記述分析から」『佐賀大学大学院学校教育学研究科紀要』2、1-12.

備考）本節は佐賀大学大学院学校教育学研究科研究紀要第２巻（2018：1-12）の論文「タ認知に着目した資質・能力型ポートフォリオの開発と有効性の検証：改訂版タキソノミーを活用した家庭科学習者の記述分析から」を一部修正して掲載したものである。

（第３章Ⅲ　　岡　陽子）

実　践　編

第1章 家庭科の問題解決的な学習 ―「主体的・対話的で深い学び」の実現

Ⅰ 家庭科の問題解決的な学習とは何か

1 家庭科で育む資質・能力

　今回の改訂では全教科において資質・能力ベースの授業への転換が求められており、家庭科においても、「何をどのように教えるか」という教師主導から「何ができるようになるか」という学習者主体への転換を行うこと、また、資質・能力育成を意識した授業改善を実践していくことが必要である。その際、習得・活用・探究の学習過程に沿った「資質・能力開発ポートフォリオ」（理論編第3章参照）を活用していくことは、必要な資質・能力を身に付けさせるために有効な手立てであると考える。

　この資質・能力を確実に高めていくためには、題材計画において、資質・能力の三つの柱の育成を目指した活動を段階的に入れていくことと、題材における「問い」（課題）を見いだすところからまとめまでに一連の流れがあることが大切である。また、学習の流れを一枚のワークシートで見通すことができることは、児童の学びのナビゲーター的存在ともなり得る。

　ここでは、資質・能力の三つの柱に的を絞り、「資質・能力開発ポートフォリオ」をどのように活用すると効果的なのかについて考察する。

　「知識及び技能」については、個別の知識が既存の知識や経験と結び付いて深い理解となり、生活の場面で活用できる知識及び技能として学習者が獲得すること、また、生きて働く知識及び技能の習得や概念の形成までを目指している。調理や製作の技能についても同様で、習得した技能を異なる課題においても活用できることまでが求められており、個別の技能習得にとどまるものでは

ないと捉えている。

　例えば、小学校学習指導要領のB（5）ア「生活を豊かにするための布を用いた製作」では、目的に応じた縫い方について理解し、身に付けたことを使ってその先にある作りたいものについて製作計画を考え、製作を工夫することが求められている。ここでは見いだした生活の課題を解決していくための知識及び技能を確実に習得できたかどうかについて児童が自分で評価し、改善しながら学習活動を繰り返し行うことが重要となる。

　授業の中で教師が、手縫いによる布製品の製作過程において、「なぜここは返し縫いをしているのか」「なぜ針目を細かくして丈夫にしているのか」など、手順の根拠を考えさせていく働きかけを意図的に行っていくことにより、児童はその理由を工夫として捉え、「資質・能力開発ポートフォリオ」の記述欄「工夫したこと」に記録を残していくことになろう。それは児童自らが考え出し獲得したこととして次の作品作りに生かされていく。工夫してもうまくいかなかった場合には、次の製作において克服したい課題として児童には意識されていく。このような学びの繰り返しによって、個別の知識・技能が生きて働く知識・技能へと転化していくのではないだろうか。

　「思考力、判断力、表現力等」については、家庭科の教科目標に示されているとおり、「課題を解決する力」の育成を目指している。この力は、習得した知識及び技能を自ら設定した課題の解決に活用して考え工夫し実践するとともに、その結果を振り返り（評価・改善）新たな課題へとつないでいくこと、またこの一連の活動や思考を表現することにより育まれていく。課題設定の際には、この題材に取り組むことでどのような力を付けていくのか、どのような学習を行っていくのかの見通しを教師と児童で共有することが重要となる。また、インタビューや事前アンケート、既習学習の振り返り、教師からの資料提示などから児童の考えを出し合うことにより、「一人一人の主体が対話により新たな考えを創り出させる」という教師の眼差しや姿勢が重要である。

　「資質・能力開発ポートフォリオ」活用の例として、調理後の振り返りの際に、実際に作った料理の写真を本ポートフォリオに貼り、そこに気付きを書き込ませる。それを基にグループや学級で話し合うことによって、よりリアルで

具体的な意見が生まれ、考えが深まっていく。児童にとっては、実践の中で考え、工夫したことが言語化されていくことで、成果に自信をもったり、課題についてどのように改善したらよいかを考えたりすることができる。

　このように習得から活用へと「資質・能力開発ポートフォリオ」の流れに沿って実践を複数回行うことで、評価・改善しながら実践を繰り返していくことになり、自ずと課題を解決する力が育成されていくと捉えている。

　「学びに向かう力、人間性等」については、家族や地域の一員として、自分で課題を設定し解決していく学びの過程で、達成感を感じたり主体的に生活をつくりだす喜びを実感したりすることなどを通して、衣食住の生活や家族との生活を大切にする心情を育むことを目指している。

　そのためには、例えば学期や学年の終わりなど学習の区切りの時期に、実践記録から学習を振り返る時間が必要である。その際、自己の成長への気付きが段階的に深まるようにしたり、各題材の終末に学習前と比べて身に付けたことやできるようになったことを記述させたりすることで、題材を通しての学びの軌跡に気付かせることが重要であろう。

　「資質・能力開発ポートフォリオ」による学習の中で、自分がどのように学んでいるのかメタ認知する力や、学びを振り返り課題解決に向けコントロールしていく力が、この一連の過程を繰り返すことで育成されていく。また、学びの足跡が一枚のポートフォリオとして可視化されることは、児童が見通しをもって学びを進めることにもなり、それはまさしく主体的な学びを生み出すことにつながっていく。

　このように、「資質・能力開発ポートフォリオ」の流れをたどって学習することは、資質・能力の三つの柱の育成を念頭に置いた問題解決的な学習を繰り返していくことになり、課題解決によって得られた新たな価値の創造に、自己の成長や喜びを感じるようになると考える。それは、直面する困難を乗り越え、新たな価値を創造できる資質・能力の育成とも言えるのではないだろうか。

② 家庭科における問題解決的な学習の特徴

（1） なぜ問題解決的な学習なのか？

　問題解決的な学習そのものは従前から取り組まれてきたものであり、多くの実践が積み上げられ現在に至っていると言える。しかしながら、今回の学習指導要領では学習者の主体的・対話的で深い学びが求められており、その実現のためには、一人一人の教師が各教科等の特性を理解するとともに、各教科等の問題解決的な学習の在り方を理解してその本質に迫る授業をつくり出す必要がある。

　そこで、ここでは他教科等との比較等を通して、家庭科における問題解決的な学習の特徴について考えてみたい。

　いわゆる「課題を解決する力」とは、具体的には、問題発見力、学習計画の作成力、自立解決力、自己調整力などである。これらの力は、各教科等の学習場面で必要となるばかりでなく、日常の生活や社会において問題場面に遭遇したとき、その課題を主体的に解決するために必要となる能力でもある。また遭遇した問題への対処だけでなく、自らの課題をもって生涯にわたりよりよい解決策を求めていく生涯学習にもつながるものである。すなわち、「課題を解決する力」は「生きる力」としての性格や役割をもっていると言える。

　『小学校学習指導要領（平成29年告示）解説　家庭編』には、問題解決的な学習の進め方について、「課題設定、計画、実践、評価・改善」の一連の学習過程で行うことが示されている。各段階の中でも特に実践に至るまでの「課題設定」から「計画」の段階は、学習を主体的に取り組ませる上で最も重視しなければならない段階と言える。そのため、教師側の一方的な課題提示ではなく、児童自身が問題に気付き、意欲をもって解決しようとする主体的な学びを引き出す工夫が求められる。さらに、生活を改善しようとする主体を育てるためには、対象の意義に気付いたり、物事を多角的に捉えたりすることでよりよい方法を選択し、修正していく学習が必要である。

　このような学習を繰り返すことで、児童は、既習の知識・技能を働かせて、問題解決に取り組み、新たな知識・技能を手に入れる。その環境のもと、生きて働く知識・技能の必要性を実感する児童も、学習意欲が高まっていく。結果として資質・能力の三つの柱である「知識及び技能」「思考力、判断力、表現力等、」「学びに向かう力、人間性等」を身に付けることができると考える。

（2） 他教科の問題解決的な学習との違い

　問題解決的な学習は、既成概念を問い直すことで問題状況を自覚させ、問題の存在に気付かせることがポイントであり、葛藤しながら多様な視点を身に付けていく過程が重要である。問題解決的な学習が児童の思考にうまく沿っていくのかは、課題設定の際にいかに自分の課題として受け止められるかが、その後の主体的な学習に大きく影響していくと考える。また、課題解決の過程で全員が同一の学びをしていくのではなく、複数の学びが同時進行していく。つまりやり方の異なるアプローチが同一集団の中で発生していることが、児童に多様な視点をもたせることになる。

　また、問題解決的な学習は、特定の教科や総合的な学習の時間だけで行うのでなく、全ての教科・領域等で行われていくものであり、学校を超えて日常の生活場面で活用されていくことが大切である。「魚でなく釣り竿を与えよ」とあるように、学び方を身に付けさせることによって、学ぶ楽しさや達成感を味わわせることができ、どの教科の学習指導にも効果的に働くことになる。

　そこで、問題解決的な学習をベースに授業展開がなされることの多い社会科と理科を例に挙げながら、家庭科との共通点や相違点を探りたい。そのことで家庭科における問題解決的な学習の特徴がみえてくるのではないだろうか。

表1　各教科の問題解決的な学習の特徴

	家庭科	社会科	理科
見方・考え方	家族や家庭、衣食住、消費や環境などに係る生活事象を、協力・協働、健康・快適・安全、生活文化の継承・創造、持続可能な社会の構築等の視点で捉え、よりよい生活を営むために工夫すること。	社会的事象を、位置や空間的な広がり、時期や時間の経過、事象や人々の相互関係などに着目して捉え、比較・分類したり総合したり、地域の人々や国民の生活と関連付けたりすること。	自然の事物・現象を、「エネルギー」を柱とする領域では、主として量的・関係的な視点、「粒子」領域では、質的・実体的、「生命」領域では、共通性・多様性、「地球」領域では、時間的・空間的な視点で捉えること。
主な学習過程	①生活の問題を見いだし、課題を設定する。 ②調べる・体験する ③解決方法の検討と計画 ④解決に向けた実践 ⑤評価・改善 ⑥家庭実践	①学習課題を設定 ②調べる・学習する（資料や調査活動等） ③社会事象の特色や相互の関連、意味を考えたり社会への関わり方を選択・判断したりして表現	①自然の事物・現象に興味・関心をもち、問題を見いだす。 ②根拠のある予想や仮説、それを確かめるための観察・実験の方法を発想する。 ③観察、実験をする。 ④結果を整理する。

		④社会生活について理解し、社会への関心を高める。	⑤結論を導き出す。
課題設定の方法	家庭生活を見つめ、その中から問題を見いだし、解決すべき課題を設定する。	国家及び社会の形成者として、持続可能な社会づくりの観点から動機付けや方向付けを重視した課題を設定する。	児童が自然に親しみ、事象から矛盾や規則性に気付く。
課題解決の特徴	・生活に関わる知識・技能を習得し、解決方法を検討する。 ・解決の見通しをもち、計画を立てる。 ・生活に関わる知識・技能を活用して実践的・体験的な実習や調査、交流活動を行う。	・学習の課題を、追求・解決する活動 ・情報収集、考察・構想や説明・議論などを通し、特色や意味、理論などの概念等に関する知識を身に付ける。 ・専門家や関係諸機関との連携・協働を図る。 ・グローバル化への対応。	・素朴概念を科学的概念に変えていく。 ・予測→仮説→実験→結果途中にゆさぶり　矛盾を示す。 ・「科学的に解決する」ことが大事 実証性・再現性・客観性
学習後の展開	自立し共に生きるよりよい生活に向けて、家庭や地域で生かす。	よりよい社会の主体者として活動する。	自然に親しみ、科学的な見方・考え方ができる。

　ここでは、家庭科における問題解決的な学習の特徴について整理しながら他教科との違いを記述する。

　1点目は、家庭科は「生活に根差し生活に還る」教科であり、解決すべき問題を日常生活の中から見いだし課題を設定していくという特性がある。それに対し、社会科は社会の形成者としてあるべき方向を探っていく教科であり、学習の対象は自分の生活を超えて、他者を含む社会全体となる。理科は自然現象や事物を対象とし、生活の中に存在する事象の規則性や矛盾などに気付き、そこから科学的な概念を形成していく教科である。

　家庭科は、これまで児童が気付かずにいたことや家庭では実践していなかったことに目を向け、問題から課題を設定し、工夫し解決していく過程を繰り返していく。身の回りに解決できる学習対象があるために、そこを改善していくことは、自分が働きかけたことの結果を具体的に生活の改善という形で身近に感じることができる。そのことは、学習の成果が分かりやすいとも言え、課題を解決する力の育成につながりやすい教科であると考える。

　2点目として、「学んだことを自分の力で実際に生かせる」ことが挙げられ

る。生活をよりよくしようと工夫していく力を様々な題材を通して身に付けていくことは、豊富な実体験を積むことになり、それは達成感や充実感、幸福感を得ることにつながっていく。それに対し社会科は、一人でできることは限られており、多くの人間と協力・協働しながら社会全体の変容を促していく教科であり、家庭科に比べ範囲が広がり、実感を伴いにくいという点があるものの、社会への参画意識を醸成することができる。

　家庭科における課題は多様であり、常時、生活の中に問題を見付けることができる。そのことは、自らの力で解決できることが遍在しているとも言える。児童は、家族の一員として自分の役割を承認されることになり、それが主体的な学びへとつながり、学びに向かう態度を育成していくという特性もある。

　3点目として「自己の成長を認識しやすい」ということがある。これまで経験として学んできたことを系統的に積み上げ、その結果としてできることが増えたり、新たな見方を獲得したりすることができる。また、家庭科は他教科に比べ、児童が自己の変容を自覚しやすいという特徴もあり、このことは、自己有用感や自己肯定感が向上し、他者への思いやりにもつながっていく。それに対し、理科は天気や電気など生活に直結することがあり、生活事象そのものの理解が深まっていく教科で、自然の摂理の深遠さに心動かされる教科と言える。

　家庭科は、学習対象を家庭や学校、地域社会へと広げていくことで、様々な他者と触れ合い、自分の生活が多くの方の営みの上に成り立っていることに気付いていく特性がある。このような思いは、他者と共に生活をつくっていきたいという共生の考え方となり、最終的には持続可能な社会の担い手の一人として貢献したいという自覚にもつながっていく。これは社会科の目標とも重なるものである。

3 深い学びをもたらす授業づくり

(1)　問題解決的な学習を充実させる

　家庭科で育成することを目指す資質・能力は、「生活の営みに係る見方・考え方」を働かせつつ、生活の中の様々な問題の中から課題を設定し、その解決を目指して解決方法を検討し、計画を立てて実践するとともに、その結果を評

価・改善するという一連の学習活動の中で育成できると考えられる。すなわち、家庭科教育が目指す資質・能力は、問題解決的な学習の過程においてこそ育まれると言える。

(2) 主体的な学びが生まれる授業をつくる

「主体的な学び」とは、題材を通して見通しをもち、日常生活の問題の中から課題を発見し解決に取り組んだり、知識及び技能の習得に粘り強く取り組んだり、実践を振り返って新たな課題を見つけ、次の学習に主体的に取り組んだりする態度の育成につながる学びである。

学習活動としては、自分の目で生活を見つめ直すことから新たな気付きを自らでつかむこと、学習の見通しや予測を立てること、学習を振り返り次の課題をもつこと等様々にある。さらに自分の生活が家庭や地域と深く関わっていることや自分が家庭の仕事や地域との関わりに参画し貢献できる存在であることに気付いたり、その認識を深めたりする活動を充実させたい。

(3) 対話的な学びが生まれる授業をつくる

「対話的な学び」とは、家族や近隣の人々、学級の仲間など他者との会話を通して考えを明確にしたり、他者と意見を共有して互いの考えを深めたり、他者と協働することにより新たな考えが創発されるなど、自らの考えを広げ深める学びである。

学習活動としては、ペア学習やグループ学習、討議、ディベート、ロールプレイング等を効果的に設定することが求められる。

(4) 「見方・考え方」を働かせて、深い学びが生まれる授業をつくる

「生活の営みに係る見方・考え方」の四つの視点（協力・協働、健康・快適・安全、生活文化の継承・創造、持続可能な社会の構築）は、家庭科の全ての内容に関連する視点であり、相互に関わり合っている。取り上げる内容や題材構成等によって、どの視点を重視するのかを適切に定めることが大切である。

「見方・考え方」は教科の本質的な意義の中核をなし、生活や社会で活用できる視点でもある。授業においては、「見方・考え方」の視点から発言を促したり、気付いていない視点を提示したりするなど、「見方・考え方」と関連させて深く考える活動を積極的に設定して、生活事象を多面的、複合的に捉えら

れるようにしたい。

（5） 問題解決的な学習の各過程において深い学びをつくる

　問題解決的な学習の各過程においてどのような活動が深い学びにつながるのか考えてみたい。

【生活の課題発見の段階】

　この過程は、学習者主体の授業となるかどうかを左右する重要な場面であり、主体的な学びをつくる工夫が教師に求められる。授業設計を行う際には次のような方法が考えられる（表2）。

表2　生活の課題を発見する学習活動

学習活動	方法	例
① 振り返り型	自分の生活をある視点から振り返り、問題点に気付いて課題を設定していく方法	・1日の生活時間を見直そう ・机の中の様子から問題点を探す
② サンプル型	事例としてある場面や問題点を提示し、児童に気付きを見付けさせそこから課題に設定する方法	・ある家庭の朝食の実態から問題点を探る ・模擬家族の様子から問題点を探る
③ インタビュー型	事前に児童や保護者にアンケートをとったり、インタビューをしたりしてどのような問題点があるか把握した上で課題を設定する方法	・学級で朝食アンケートを実施する ・我が家のお味噌汁についてインタビューをする
④ 体験型	実際にしてみることで問題を見付け、課題設定をしていく方法	・学級や校内の汚れ調べをする ・身の回りの布製品を調べることでよさを知る
⑤ 情報提示型	統計資料やアンケート結果、動画や写真などから問題を見いだし、課題設定をしていく方法	・朝食摂取率アンケートから問題点を探る ・1週間の朝食の写真記録から問題点を探る。

　表2のような方法で、児童自らが問題点に気付き課題を設定していく視点が、問題解決的な学習においては重要となる。家庭生活において既に何らかの役割をもって生活している児童はいるかもしれない。しかし、他者と比較したり、正しい知識を得たりするなどして、自分自身を振り返った経験をもつ児童はほとんどいない。家庭生活の問題を自分の事として捉え課題を設定する「課題設定」の時間こそが、その後の学習を充実させる要と言える。

【解決方法を検討し、計画を立てる】

　設定した自分の生活の課題を解決するためには、それをより具体化し、解決のためには何を学習しどのようなことができるようになればよいのかを児童自身が確認する必要がある。家庭科の基礎・基本は教師がしっかりと押さえておき、獲得した知識及び技能を使うことができるよう児童に計画を立てさせる。一人で、ペアまたはグループでなど学習形態も工夫し、友達から学んだことを自分の活動に生かせるようにすることも重要である。併せて、学習計画を児童と共に確認し、主体的に学んでいけるように「生活の営みに係る見方・考え方」などにも目を向けさせ、より深い気付きや思考をもたらす工夫が求められる。

【課題解決に向けた実践活動】

　家庭科の学習で得た知識・技能を活用した課題解決の方法としては、次のような方法が挙げられる。

表 3　課題解決に向けた実践活動の内容

実践活動	内容
考えを表現する	課題に対する自分の考えを様々な方法で表現し可視化する。その際、KJ法やウェビングなど思考ツールを活用すると効果的である。
体験する	観察、実験などを通して体験した上で課題解決の糸口を見いださせる。調理や製作においては、習得した知識や技能を活用していく過程となる。
調べる	設定した課題から調べることを具体化し、一人あるいはグループで調べ活動を行う。メディアや各種資料も有効活用させる。その際、教師は何をどのような方法で調べるのかを把握しておくとともに、調べる資料の準備をしておく。

【評価・改善】

　ここでは実践したことを省察し、上手く行ったことはその理由を、上手くいかなかったことは、理由とその改善策を考えていくことが重要である。そこに根拠を基に結果を判断する学びが生まれ、根拠とのやり取りの中に概念的な理解へと移行する学びが生まれる。

　また、見方・考え方の視点からの考察を行うことで、家庭科の本質に迫る気付きを得る深い学びにもつながっていく。課題解決に係る一連の活動を振り返

ることで、自分がなした成果やこれからの課題に気付き、学びが連続していくことにもなる。

４ 問題解決的な学習による快適な住まい方の指導計画例

　これまで述べた問題解決的な学習過程を一つの題材として具体的に考えてみよう。小学校家庭科の内容Ｂ「衣食住の生活」の中から、指導項目（6）「快適な住まい方」を取り上げ、題材名「クリーン大作戦」として表4に示した。

　学習過程は、生活の課題発見→解決方法の検討と計画→クリーン作戦1（習得場面）→クリーン作戦2（活用場面）→クリーン作戦3（探究場面）の5場面で構成している。

表4　実践事例【クリーン大作戦】（全6時間）　小学校家庭科Ｂ（6）

学習過程（時数）	学習活動	主体的・対話的で深い学び
生活の課題発見 （1時間）	①体験の中から、問題を発見する。 ・「校内の汚れ見つけをしよう」を導入とし、校内の汚れ調べの体験の中から多くの情報を得て、自ら問題点を見つけるようにする。 ②問題点を共有し、課題へとつなぐ。 ・問題点を出し合い、なぜ掃除をするのかを考えさせ、見方・考え方の視点（快適・安全）から課題を設定する。	・自ら問題を見つける。自分で情報を集め自分しか知らない情報をもつことで、主体が生まれる。 ・対話の中から課題をつかむ。 ・見方・考え方を働かせて、他者との交流の中から、課題が設定できるようにする。
	校内クリーン大作戦！　学校中をピカピカにするにはどうすればいいだろう？	
解決方法の検討と計画 （1時間）	①解決の見通しをもつ。 ・校内の汚れの実態から、「学校中をピカピカにする」には、何を学習して、どうすればいいかを考え、見通しをもつ。 ②解決方法を考える。 ・汚れの種類やそれぞれに応じた清掃の仕方があることに気付き、その方法を考える。 ・個人やペアで清掃の仕方について調べ、発表する（インターネット、家族へのインタビューなど）。 ③清掃の計画を立てる。 ・発表した内容を受けて、誰がどこを掃除するかをグループで分担する。 ・見方・考え方の視点「環境」にも着目する。	・児童自ら汚れを落とす方法を調べ画像などで清掃前後の違いに気付くようにし、自分で実践に向かおうとする主体的意欲を高める。 ・掃除の仕方についてアイデアを出し合い、掃除への意欲につなげる。 ・掃除をしたい場所が同じ児童のグループを作り、主体的に活動できるようにする。

クリーン作戦1（習得）	課題解決（知識・技能の習得）に向けた計画	〈クリーン作戦1〉 ①水でとれる汚れの清掃方法の検討 ・掃除方法の種類（はたく、ふくなど）や掃除用具、洗剤などについて知る。 ・学んだことから最もよいと思う方法を根拠とともに見つける。	・何種かの掃除方法を試し比べてみることで他者と学び合い最良の方法を見つけ出す。
	実践活動	②清掃の実践 ・担当した場所でグループごとに清掃する。	・見方・考え方の視点（環境）にも配慮した掃除の方法を知り、自分の家庭生活にも生かせるようにする。
	評価・改善 （1.5時間）	③実践活動の振り返り ・実践結果を振り返り、うまくできたことやうまくいかなかったこと、もっとよい方法などを出し合い、アドバイスをし合う。	・互いの方法のよさを見つけたり、改善点を出し合ったりすることにより、深い気付きを得るようにする。
クリーン作戦2（活用1）	課題解決に向けた計画	〈クリーン作戦2〉 ①油汚れの清掃方法の検討 ・水だけでは取れない油汚れに適した洗剤、掃除方法の種類（ふく、こする）や掃除用具などについて知る。 ・既習事項から最良の方法を見つける。	・水ではとれにくい油汚れに挑戦し新たな課題をもたせる。 ・何種かの掃除方法を試し比べてみることで他者と学び合い最良の方法を見つけ出す。
	実践活動	②清掃の実践 ・「家庭科室のコンロや水回り」などの汚れを中心に掃除をする。 ・担当した場所でグループごとに掃除する。	・なぜその掃除方法がよいのか根拠とともに理解し、家庭での実践につなげる。
	評価・改善 （1.5時間）	③実践活動の振り返り ・実践結果を振り返り、うまくできたことやうまくいかなかったこと、もっとよい方法などを出し合い、アドバイスをし合う。 ・掃除後の状態を保ち、快適に気持ちよく生活するための工夫についても考える。	・見方・考え方の視点（環境）にも配慮した掃除の方法を知る。 ・互いの方法のよさや改善点から学び合う。 ・快適な状態を維持していく工夫や家庭実践につなげる。
クリーン作戦3（活用2）	課題解決に向けた計画 （0.5時間）	〈クリーン作戦3〉 ①家庭における様々な汚れの清掃方法の検討 ・家庭内の汚れている場所や汚れの種類を見つけ、学習したことを生かして掃除の計画を立てる。 ・家族の願いも参考に、計画を立てる。 ・学んだことから最もよいと思う方法を見つける。	・自分で生活空間を快適にする喜びや、家族の一員としての役割を果たせた自己有用感が生まれるように、主体的な学びを連続させる。 ・見方・考え方の四つの視点を働かせるようにする。

	実践活動 （家庭） 評価・改善 （家庭）	②清掃の実践 ・掃除計画に基づき実践する。 ・様々な汚れに応じ、掃除する。 ③実践活動の振り返り ・実践後、家庭実践報告書を書き、家族の一員として役に立ったことの喜びや自分で生活環境を快適にしていく視点から振り返る。	・見方・考え方の視点（協働）から、地域で実施される清掃活動等にも関心をもつようにする。
まとめ （0.5時間）		家庭で実践してきたことをグループで発表し合う。 ・互いに実践してきたことのよさや新たな課題を見付け学び合い、今後の実践につなげる。	・様々な汚れに対応した掃除ができるようになり、快適な空間に変えていける自分の成長に気付き、生活をよりよくしようとする主体的意欲をもつ。

II 小学校新項目「生活の課題と実践」の授業と課題を解決する力

1 2年間の指導計画と「生活の課題と実践」の関連

　中学校の「生活の課題と実践」及び高等学校の「ホームプロジェクト」につながる学習として、小学校でも「家族・家庭生活についての課題と実践」が新設された。家庭科で学習したことを生かして、児童が身近な日常生活の中から問題を見つけて課題を設定し、その課題解決のために問題解決的な学習を行う指導事項である。

　指導計画の作成に当たっては、2学年間の学習のどの時期に「生活の課題と実践」を設定するか、学校及び地域行事等の実態や児童の学びの状況、長期休業などじっくりと実践に取り組める時期を踏まえて検討する。その際、課題設定、計画、実践、評価・改善という一連の学習活動を重視しながら、効果的に学習を進めることができる環境設定が求められる。

　この学習では、「A 家族・家庭生活」の（2）「家庭生活と仕事」又は（3）「家族や地域の人々との関わり」での学習を基盤にしつつ、習得した知識及び技能などを活用して生活に生じる様々な課題を解決できる力と生活をよりよくしようと工夫する実践的な態度を育てることがねらいである。児童が設定する課題については、A（2）又は（3）の指導事項ア及びイで身に付けた知識や思考力、生活経験などを基に生活を見つめることが前提となる。その中から問題を見いだし、一人一人の興味・関心等に応じて「B 衣食住の生活」や「C 消費生活・環境」で学習した内容と関連させて課題を設定することとなる。その際、これまでの学習の中で疑問に思ったことや更に探究したいこと、自分ができるようになったことなどを記録しておいたことを基に考え、自分の生活の課題として設定できるようにすることが大切である。

　この学習は、既習の知識・技能を活用したり、既習の実践を統合したりして、課題解決を目指すプロジェクト学習である。一人一人が異なる問題意識のもと、これまでに獲得した力を活用して解決したい課題を自分なりに決め、その達成のための準備、手順等を計画し実行する。ここで大切なことは「自分だけではなく家庭や地域の人々にとってよりよい生活とはどのようなものか考え

ること」であり、自分を含むまわりの世界との対話により、自分の行動が新しい関わりやよさを生みだし、他者の役に立つことの実感にもつながっていく、ということである。その過程を経験することは、学びが生活に生きるものであることを実感することにも直結している。学習を通して、児童は達成感を感じ、実現できた自分に自信を深めていくことが期待できる。

❷ 「生活の課題と実践」における実践例

〈実践例Ⅰ（生活の課題と実践）〉

「チャレンジ！１日我が家の仕事」（第５学年　夏休み）

家庭科で学習したことを生かして、家庭生活をよりよくする活動を行う。

① 「見方・考え方」を働かせ、家庭生活の問題を見つける。

　　家族や地域の人々と協力しているかな？　　　健康・快適・安全かな？

　　生活文化は意識しているかな？　　　環境に配慮しているかな？

② 解決したい家庭の課題：既習事項を使って解決できる課題を設定する。

③ 計画：解決に向けての具体的な計画を立てる。

④ 実践：実際にしたことを自分なりに工夫してまとめる。写真などを添付する。

⑤ 振り返り：成果や気付きをまとめる。

⑥ 発表し友達や家庭からコメントをもらう。新たな課題を見付ける。

　　課題解決をどのようなプロセスで行うかを意識させ、その方略を計画・実践させることが重要である。

〈実践例Ⅱ（生活の課題と実践）〉

「感謝の会を開こう」（第６学年　２月）

A（3）「家族や地域の人々との関わり」における地域の人々との関わりに関する学習と（4）「家族・家庭生活についての課題と実践」を、他教科と関連付けて実践する。

図1　生活の課題と実践「感謝の会を開こう」の全体イメージ

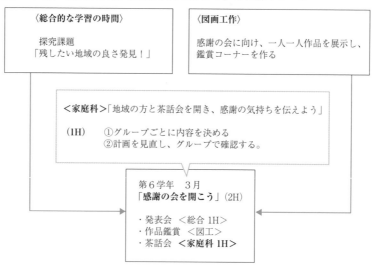

（第1章 Ⅰ、Ⅱ　　田中裕子、熊谷智佳子、岩永諒子）

第**2**章　「問い」をつかむ1時間目の授業

I 「問い」をつかむ授業とは何か

1 課題解決能力の育成に向けての授業づくりと題材の1時目とは

　家庭科では身近な生活事象を学習対象としており、題材の1時目は、児童が
その生活事象と初めて出合う場となる。課題解決能力を育成するためには、児
童が1時目の授業において身近な生活事象とどう出合うか、分かったつもりに
なっている日常の生活を学ぶために、教師がどのように題材と出合わせるのか
が重要となる。この出合いがうまくいけば、児童は題材に引き込まれ、学びた
いという意欲をもって、分からないことを知ろうとする。教師が課題を提示す
るのではなく、児童自身が課題を設定し、学びたいと思う時間にすることが必
要である。問題意識と見通しをもつことで、児童の既有の知識や知的好奇心が
刺激され、「このようになりたい」と思う有能さへの欲求や新たな学びへの意
欲などが喚起されるのではないか。積極的に学びたいという気持ちを引き出せ
れば、主体的な学びがスタートすると考える。

　課題解決能力について、学習指導要領には「日常生活の中から問題を見いだ
して課題を設定し、様々な解決方法を考え、実践を評価・改善し、考えたこと

図1　家庭科、技術・家庭科（家庭分野）の学習過程の参考例

生活の 課題発見	解決方法の 検討と計画		課題解決に向けた 実践活動	実践活動の 評価・改善		家庭・ 地域での 実践
既習の知識及び技能や生活経験を基に生活を見つめ、生活の中から問題を見いだし、解決すべき課題を設定する	生活に関わる知識及び技能を習得し、解決方法を検討する	解決の見通しをもち、計画を立てる	生活に関わる知識及び技能を活用して、調理・製作等の実習や、調査、交流活動などを行う	実践した結果を評価する	結果を発表し、改善策を検討する	改善策を家庭・地域で実践する

出展）『小学校学習指導要領（平成29年告示）解説　家庭編』（2017）p.15より作成

を表現するなど、課題を解決する力を養う。」と書かれており、問題解決的な学習過程として、図1が示されている。この流れに沿った学びを作り上げることで、課題解決能力が育成されると捉えることができる。この図のとおり、題材の1時目は、図1の「生活を見つめ、生活の中から問題を見いだし、解決すべき課題を設定する」こと、すなわち「生活の課題発見」に該当することが多い。この時間に、自分が何気なく過ごしてきた日常生活の中に様々な問題があることに気付き、それらと向き合うことが重要となる。当たり前の日々の生活を、あえてこれでよいのかと問われることで、「あれっ！　なんだか違うぞ」と気付き、そのことが生活をもっとよく見てみようという気にさせ、生活の問題に真正面から向き合うことにつながっていく。そして、この一連の学習で感じた違和感や知りたいことが「問い」、すなわち学習課題となっていく。

　本書で提案している「資質・能力開発ポートフォリオ」は、問題解決的な学習過程に沿って構成されている。この学習のスタートになるのが、「問い」をつかむ1時目の授業である。

2　生活を見つめ、問題に気付き、課題を設定する学習をつくるとは

　「生活を見つめ、問題を見いだし、解決すべき課題を設定する」とは、どのような学習なのだろうか。児童は生活経験が浅く、自分の生活を家族に依存していることが多いため、生活そのものについての情報や気付きが少なく、生活の問題を特定することが難しい。そこで、家庭科の学習内容に照らして、児童が自分の生活がどうなっているかを把握することがまずは重要となる。生活を見つめることによって、当たり前と思っていたことが、例えば「生活の営みに係る見方・考え方」の視点からみると問題があることに気付いたり、自分の生活そのものが多くの人に支えられていることに気付いたりする。それまで見ていなかったものが見えるようになると、そこから自分の生活の問題が浮き彫りになってくる。生活を見つめ、次に問題に気付き、それを分析し、解決すべき問題は何かということを特定し、問い（課題）を設定する学習が必要である。

　そのための手立てとはどのようなものであろう。児童が自分の生活の現状と向き合うことができるよう、教師から働きかけを行っていくことも重要であ

る。児童が、生活を振り返ったり、実際に体験をしたり、生活についてのサンプル（写真等）や統計の資料や科学的な根拠を示す資料等を見たりすることで、自分の現状と向き合い、生活の問題に気付いていくようにする。児童は、科学的な根拠を示した資料と自分の生活とを比較することで生活を見つめたり、自分の生活の現状と目指す姿（目標）を比較することで生活をより深く知ろうとしたりするのである。他者との交流によって、自分と他者の生活の在り方や考え方を比較し、その違いから生活を見つめ直すこともある。

　では、児童はどのように学んでいくのだろうか。自分の生活を見つめることで、今まで気付いていなかった自分の生活の問題を認識し始める。比較によって見つめた生活から違いを認識し、問題に気付く。目指す姿（目標）との違いが大きい場合はそのギャップを埋めようとし、違いが小さい場合は更によりよい自分を目指すようになる。生活を具体的に把握できるようになると、児童はそれまで気付かなかったことに気付き、「もっとよくなるように、やってみたい」と意欲を高めていくのである。このように意欲をもち続け、児童が問題を前向きに解決していくためには、児童がわくわくするような手立てを講じることが重要である。食生活の学習での一例を考えてみよう。実際にある日の昼食の料理を好きに選ぶ体験を児童にさせると、ある児童は目を輝かせて好きなものばかりを集めて満足げである。しかし、「栄養を考えて選んだ！」という友達の発表を聞いて、はじめてハッとするのである。偏食の問題、すなわち「自分の食生活の問題」に気付く瞬間である。この問題を土台に問い（課題）が設定できたとき、それはまさしく自分の問い（課題）をもって学びのスタートを切ったと言えよう。

　このように、主体的な学びを促進するためには、児童が生活を見つめ、問題に気付く学習をつくる必要がある。解決したい問い（課題）を立てることで、学習への意欲が高まり、学ぶ価値や見通しなどの様々な思いが児童の中に生まれるからである。また、「自分は元気に生きていきたい」「そのためにはどんなことができなければいけないか」等のように、問い（課題）と見通しを対で捉える指導も重要であろう。

　以上、普段何気なく過ごしている自分の生活の「何が問題か」をつかむことが、課題解決能力の育成を目指す問題解決的な学習には欠かせないと考える。

3 児童が問題に気付くための手立てとは

　では、児童が問題に気付く1時目の授業とはどのようなものだろうか。「へえ、そうなんだ！」「知らなかった！」と気付き、「こうすると課題は解決できる！」「やってみるぞー！」と主体的に取り組むようになるためには、児童が問題を自ら発見することができるよう、教師の手立てが重要となる。では、果たしてどのような指導が効果的なのか。本項では次の五つの手立てについて解説する。これらの手立ては、児童や学習の状況に応じて単独で行ったり、いくつかの手立てを組み合わせて行ったりすると効果的である。

（1）　生活の振り返りから問題に気付く

　自分の1日の生活時間や食事内容などを調査することによって、自分の実際の生活を振り返ることができる。自分がどのような生活を送っているのか調査し、結果を手にして初めて問題に気付くことも多い。また、他者との対話によって異なる生活の仕方や考え方に触れ、生活を振り返るきっかけを得ることも多い。そこから問題が見えてくる。

　例えば、どんなみそ汁が作れるようになりたいかと尋ねると、児童は「おいしいみそ汁」「食べて元気になれるみそ汁」と目を輝かせて言う。しかし、「おいしいみそ汁」、「元気になれるみそ汁」とはどのようなものか、ほとんどの児童がまだ知らない。しかし、自分が知らないことに気付いた時から真の学習がスタートする。「じゃあ、おうちの人に聞いてみよう」「どんなものを食べているか調査してみよう」という動機をもって聞き取りや食事調査を始めることが重要である。そして、そこから欲しい情報を得たとき、高い関心をもって児童自らが生活を振り返ることとなろう。動機をもって生活を振り返ることができれば、問題は自ずと浮かび上がってくるのではないだろうか。

（2）　比較できるサンプル（生活事例）を提示し、問題に気付く

　問題のある一つの生活事象を示しても、児童にその特徴や問題点に気付かせるのは難しい。ところが、ある生活場面について異なる複数のサンプルを提示すると、比較することによって問題点に気付くことが容易になる。

　例えば、整理・整頓されている写真とそうでない写真（写真1、2参照）を児童に提示し、気付いたことを発表させる。その後どうしたらよいかと尋ねると、「使わないものは持って帰る」「種類別に並べる」などと思い付く改善策を

述べることができる。続けて、自分の机の中をチェックさせると、引き出しが散らかっている児童は、自分の机の中の現状と比較し、どこが問題かを説明することができるようになる。比較することにより、整理・整頓の本質が見えてきたといえよう。よりよい姿（目標）と自分の現状を比較して問題を明らかにすることが、それを解決するための方法の発見にもつながっていく。

写真1　整理されていない机の中

写真2　整理・整頓された机の中

（3）インタビューやアンケートにより、生活の実態や問題に気付く

　児童一人では問題点に気付けない生活事象も多い。その場合には、授業を始める前に、家族や身近な人にインタビューやアンケートを行ったりして、児童のもつ情報量を増やしておくことが重要である。新たに得た情報が集まると、授業での対話は活性化する。そしてその対話の中から、生活の実態や問題点が浮かび上がることも多い。児童の実態に応じてインタビューやアンケートを効果的に用い、生活の実態や問題点に気付かせるようにしたい。

　授業で使うアンケートとしては、次のようなものが考えられる。

・朝食アンケート

・我が家のみそ汁についての調査

・買わなければよかった…買物失敗談

・生活時間調べ

等、様々である。

　例えば、「買わなければよかった…買物失敗談」では、家族にインタビューすることで、一人では気付けなかった問題に気付かせることができる。児童の経験では買物の対象は限定的だが、家族の買物は生鮮食品から衣料品など幅広

いものである。「値段が安かったから買ったけど、すぐに壊れてしまった。長く使うものだったから高くてももっとしっかりしたものを買えばよかった」「お徳用を買ったけれど、使うのは少しだったから残ってしまった。結局腐ってしまった」等の聞き取った内容から、児童は品物を選ぶ視点にも気付いていく。今まで気にもとめていなかった買物の具体事例は児童にとっては新たな発見であり、無関心だった自分自身の問題にも気付くようになる。

（4） 体験を通して、問題に気付く

自分で実際に見たり、経験したり、触れたりして体験することによって、実感を伴う気付きを得、自分の生活の実態を知り、問題が浮き彫りになっていく。

例えば、バイキング形式で食べたいものを選ぶという疑似体験をすると、児童は、各々自分が欲しいと思う調理品を持ち寄る。その後、友人の選んだものとの比較から、「好きな肉ばかり食べていたな」等の現状に気付いていく。友人とのやりとり（他者との交流）や健康などの目指す姿（目標）との違いに気付かせることにより、児童の現状の認識を揺さぶる。自分がよいと思っていた献立に疑問がわき、たくさんの問題がみえ始めるのだ。その問題を、キーワードとして可視化し、自分の選んだ食事と健康などの目標をつき合わせたとき、「この食事で、健康に過ごせるのか」と栄養のバランスがとれた食事について問いを立てていくことができる。

（5） 生活事象に係る情報から、問題に気付く

学習の内容に関連した科学的な根拠を示す情報や統計資料や新聞記事などを提示して、自分の生活と比較したり、一般的な傾向を知ったりすることにより、児童は自分の現状を見つめ、生活の問題に気付いていく。

例えば、あたたかい住まい方の学習では、「電気代は1年のうちでどの季節が1番多くかかるだろうか」というクイズを出すと、多くの児童が夏だと答える。そこで、月別電気使用量のグラフを提示するわけだが、児童はそのグラフから冬の電気使用量の多さに驚く。何気なく使っている暖房やヒーターといったものが、エネルギーを消費し、また、お金がかかっていることに気付くのだ。そこから、生活の仕方の問題へと児童の関心が広がっていく。

また、「朝食を食べているか」「どのようなものを食べているか」「何時ごろ

食べているか」といったアンケートやインタビューをした後、朝食摂取の効果を示した科学的な根拠資料（朝食を食べた児童の体温の変化等）を提示する。朝食を食べた方がよいとは言われるが、その理由を科学的な資料によって裏付けることができたとき、自分はどうなのかと振り返ることができる。

　他にも活用したい資料として、5年生の平均睡眠時間や、年間の気温の変化、家事に携わる時間の男女比、一般家庭の収支等が考えられる。

引用・参考文献
・荒井紀子／鈴木真由子／綿引伴子編著、2009、『新しい問題解決学習　Plan　Do　See から批判的リテラシーの学びへ』教育図書 p.38.
・荒井紀子編著、2013、『新版　生活主体を育む　探究する力をつける家庭科』ドメス出版 p.97.
・櫻井茂男、2019、『自ら学ぶ子ども』図書文化社 p.54.
・G.ウィギンズ／マクタイ、2012、『理解をもたらすカリキュラム設計―「逆向き設計」の理論と方法』（訳・西岡加名恵）日本標準.
・西岡加名恵、2017、『「資質・能力」を育てるパフォーマンス評価　アクティブラーニングをどう充実させるか』明治図書.
・村田晋太郎、2015『中学校家庭分野「問題発見」における生徒の認知傾向に関する探索的研究―消費生活領域を題材にして―』. https://core.ac.uk/display/70305134（2021/7/7 閲覧）
・文部科学省、2018、『小学校学習指導要領（平成 29 年告示）解説　家庭編』東洋館出版社 pp.12-15.

（第 2 章 I　　江口佐智子）

II 授業の実際─「問い」をつかむ１時間目の授業─

体験を通して「問い」をつかむ授業の具体事例

（題材名）まかせてね！笑顔で元気になる食事

第６学年【学習指導要領Ｂ（1）（2）（3）】

１ 授業のねらい（真の気付きが主体性を生む）

　本題材では、健康の視点から、栄養のバランスを考え、一食分の献立を工夫することができるようになることをねらいとしている。食品の三つの働きを基に、主食、主菜、副食の組合せを考え、栄養バランスを整えることができるようにする。

　一食分の食事全体を取り上げるに当たり、自分の食生活に意識を向けることが大切になる。自分の食生活の実態の中から問題を見いだし、解決していくことで学習の必要性や意義を感じ、深い学びとなっていくと言えよう。そのため、導入時においては、自分の食生活にどのように向き合わせるかが、重要となってくる。教師が「自分の食生活について振り返ってみましょう」とだけ言っても、児童は自分の生活の問題に気付くことは難しい。そこで、１時間目の導入では、「体験」を取り入れることで、児童が実感を伴いながら、具体的に自分の食生活の問題について見つめることができるようにしたい。

２ 生活の問題に気付かせるための「体験」の効果

　児童の日常の食事の実態を見ると、「家族が準備しているものを何も考えずに食べている」「自分が好きな物だけ食べている」「おなかいっぱいになるまで食べている」のように、自分が何を食べているのかを意識していない児童も多い。

　そこで、本題材では、自分の生活の現状と向き合わせるために、バイキングで料理を選ぶ「体験」を取り入れ、まずは自分と向き合い、その問題に気付くところからスタートする。「ここはレストランのバイキングです。どうぞ、自由に召し上がれ」という会食の場面を設定することにより、児童は楽しい雰囲

気の中で、日常の生活と同じ思考で料理を選ぶこととなり、そこに真の気付きが生まれると考える。このように、実生活に近い場面をつくり、料理を選ぶ「体験」を通して、自分の生活の現状に目を向けさせ、自分自身の問題に気付かせたい。

3 「問い（課題）」をつかむまでの授業の流れ

バイキングでの活動の後、自分が選んだ食事と友達が選んだ食事とを比較することで、自分の食生活の特徴や問題に気付いていく。児童は、自分が好きな物ばかりを選んでいたり、自分が食べられる量を考えず大量に選んでいたりしていても、初めは問題に気付かない。他者との比較や交流によって、「肉ばかり選んだなぁ」「こんなに選んでも食べられないだろう」「揚げ物が多いけど、野菜はない」等、しだいに他者との違いや問題点に気付き始めるのである。そして、「自分の食事はこのままでよいのだろうか」「もっと健康のために食生活をよくしていきたい」等と、学習の必要性を感じ、問い（課題）が特定されていく。

教師は、児童から出てきた問題を整理し、その問題からどんな課題が見えてくるかを問いかける。児童は、自分の実態の延長線上に、「健康を考えた食事をしたい」「家族が元気になる食事はどのようにして作るといいのかな」などの思いや疑問をふくらませていく。そこではじめて、児童は教師のサポートを得ながら、健康・安全の視点から、様々な思いや疑問を関連付けて整理し、例えば「健康を考えた一食分の献立を立てるにはどうすればよいか」などの学級の「問い（課題）」を設定することができる。

その後「問い（課題）」を解決していくためには、どのようなことを学習していけばよいかを問いかけ、学習の計画を立てていき、今後の学習の見通しをもつことができるようにする。見通しをもって学ぶこと、すなわち課題解決のために学ぶ必要性を認識することが、2時間目以降の学びを主体的にする。

4 「問い（課題）」をつかむ1時間目の授業の実際

〈本時のねらい〉

健康・安全という視点から、自分の食生活を振り返り、問題を見いだし、学習の「問い（課題）」を考え、見通しをもつことができる。

学習内容・学習活動	問いをつかむための働きかけと児童の反応
1 生活の問題に気付く 【体験】 （1）料理を選ぶ	○様々な料理カードを準備し、自由に選んで組み合わせることができるようにする。 児童に選ばせた料理 ・ステーキ・とんかつ・ハンバーグ・カレーライス・からあげ ・コロッケ・ラーメン・うどん・目玉焼き・焼き魚 ・ほうれんそうのおひたし・ポテトサラダ・みかん ・野菜サラダ・うめぼし・みそ汁・ご飯・コーンスープ ・パン・ジュース・アイス・ケーキ ○おぼんやトレー等をもたせ、楽しい雰囲気の中で料理カードを選ばせることで、児童の生活の現状が現れやすいようにする。 児童が選んだバイキングの例  
（2）選んだ料理を 紹介し合う	○選んだ理由を考え記述させることで、自分の意識を可視化させる。 　T…「どのような事を考えながら選びましたか。」 　C…「大好きな肉料理を中心に選びました。」 　　　「全部を食べたいと思ったからです。」 ○選んだ料理を電子黒板等で映しながら、なぜ、その料理を選んだのか理由を交流させ、他者との違いに気付かせる。 ○他者と比較することで、自分の生活の問題に気付かせ、問題を明確にしていく。 　C…「大好きな肉料理をたくさん選びました。」 　T…「同じように好きな料理をたくさん選んだ人はいますか。」 　C…「甘いのが大好きだからデザートをたくさん選びました。」 　　　「ラーメンを3杯食べようと思います。」 ○児童が選んだ理由を教師が板書することで、問い（課題）につながる生活の問題を学級全体で把握できるようにする。 板書例・好きな物　・たくさんの量　・肉ばかり 　・野菜は食べない　・ラーメン3杯 　・デザートをたくさん　・食べたい料理だけ

（3）生活の問題を明らかにする	○板書を基に、選んだ理由について問い掛け、問題を明らかにする。 T…「これからも肉をたくさん食べていけたらいいですね。」 C…「これからもずっと肉料理だけでいい。」 　「野菜も食べないとだめだよ。」 　「体重が増えすぎるよ。」 　「肉ばかり食べると病気になるかもしれないよ。」 T…「他にも問題がありますか？」
2 学習の問い（課題）をつかむ	○他者との交流の中で自分の食生活を見つめ直させ、問題について問い掛けることで、解決したい学習の「問い（課題）」を考えさせる。 ○健康・安全という視点から、児童から出た意見をキーワード化して分類したり、関連付けたりしながら、児童とともに「問い（課題）」をつくる。 T…「いろいろな問題があるのですね。これが問題ということであれば、よい食事とはどんなもの？みんなの将来と関係あるかな？」 C…「楽しくおいしい食事！」 　「好きなものを食べ、好きなことをしていきたい。」 　「おいしいものをいっぱい食べたい。」 　「そのためには元気でいることだよ。」 　「長生きできる食事だよ。」「病気になりたくない。」 T…「みなさんは元気で長生きして、いろいろなことをしたいのですね。」 C…「そのためには、健康が一番だよ。」 T…「健康的な食事をするということは、とても大切なのですね。しかし、健康を考えるとはどういうことなのでしょう。」 C…「栄養満点の食事をすること？」 　「野菜を食べること？」 T…「これからみんなで学んでいくべきことは？」 C…「健康については外せない。」

学習の問い：健康を考えた1食分の献立を立てるにはどうしたらよいか。

3 学習の見通しをもつ	○「どんな料理を作るか（1食分の献立）」 T…「健康や料理等の言葉が出ましたね。では、みんなで文章にして、「問い」を立てましょう。」 ○見通しをもって主体的に学習に取り組むために、「問い（課題）」を解決していくためにはどのような学習をしたらよいかについて問いかける。 T…「問い（課題）を解決するためには、どのようなことを学べばいいと思いますか。」 C…「栄養バランスはどのように整えたらいいのだろう。」 　「どうしたら上手に献立を立てられるのかな。」 T…「栄養のバランスを整えるとは、どのようにするのでしょうね。献立の立て方についても学習しなければなりませんね。」

生きた情報を通して「問い」をつかむ授業の具体事例

（題材名）目指せ！わが家のおそうじ名人

第6学年【学習指導要領B（6）】

１ 授業のねらい（真の気付きが主体性を生む）

　本題材では、環境に配慮しながら、汚れの種類や汚れ方に応じた清掃を行い、快適な生活を工夫することができるようになることを目指している。

　清掃は、日常的に取り組んでいる事柄であり、学校においても校内清掃に取り組んでいる。そこで、児童が日常よく使う場所である校内を学習対象として取り上げる。校内であれば全員が共通認識をもって学習に臨むことができることから、児童が見通しをもって取り組んだり、学習意欲を高めたりすることに効果的である。

２ 生活の問題に気付かせるための「サンプル」と「体験」を取り入れる効果

　児童にとって、掃除をすることは生活の一部であり、当たり前となっている。学校では、割り当てられた場所を、何気なく掃除をしていることも多いのではないだろうか。主体的に取り組むためには、掃除をしたつもりになっているという現実を基に、生活の問題に気付き、改善の必要性を実感することが大切である。

　本題材においては、生活の問題に気付かせるために、まずは校内の汚れ調べをするという「体験」を設定する。実際に校内を回り、汚れをテープに取って集めたり、デジタルカメラやタブレット等で写真を撮ったりして、汚れの状態を把握する（P.149表2「サンプル型」参照）。校内の汚れ調べで得られた生きた情報を資料とし、生活の問題に気付くきっかけとすることで、自分の生活に目を向け、主体的に取り組むことにつながると考える。

３ 「問い（課題）」をつかませるまでの授業の流れ

　校内の汚れの状態（サンプル）を学級全体で共有することで、毎日掃除をし

ているにもかかわらず、予想以上に汚れがあることや様々な種類の汚れがあることに気付かせる。「このままの掃除の方法ではいけない」「どうすれば汚れが落とせるのだろう」という思いや疑問などの問題意識をもつようになり、その過程において学習の「問い（課題）」が特定されていく。また、汚れ調べをした場所の中から清掃の箇所を決定させることで、「この場所の掃除をしっかりとやってみたい」と学習への意欲を高めさせたり、必然性をもたせたりする（写真3）。

教師は、児童から出てきた問題意識をキーワード化して、健康・快適・安全の視点から整理したり、関連付けたりして児童に問いかけ、思いや疑問から「問い（課題）」が生まれてくるよう指導する。例えば「健康で気持ちのよい生活をするためには、どのようにすればよいか」という学習の「問い（課題）」を児童と共に明確にしていく。

その後、今後の学習の見通しを持たせるために、「問い（課題）」を解決していくためには、どのような学習が必要かを児童に問い、学習の計画を立てるようにする（写真4）。

分	場所(よごれ)	方法(道具)	気を付けること
8	テープ (ペタリとはりついてる)	こする (すり)←とれないからぞうきん	やわらかくして手でとる
6	ドア (さびてる)	こする (亀だワシ)	塗割をいっぱいつけすぎない
8	まど (すごくよごれてる)	ふく (お新聞 ぞうきん)	ぞうきんは、しめりふき
4	レール (大きいほこりがたくさん)	ふく (ぞうきん)	ぞうきんをとがらせてやる
4	ゆか (かみのけ・けほこりがある)	はく・ふく (ぞうきん ほうき)	はしっこまでやる 「おさえばき」でやる

写真3　自分で決めた場所の汚れの様子調べ　　写真4　清掃の計画（ワークシートより）

4　「問い（課題）」をつかむ1時間目の授業の実際

〈本時のねらい〉【思考・判断・表現】

健康・快適・安全の視点から、清掃の必要性に気づき、生活の仕方や清掃の仕方について問題を見いだし、学習の「問い（課題）」を考え、見通しをもつことができる。

学習内容・学習活動	問いをつかむための働きかけと児童の反応
1 生活の問題に気付く 【体験】 (1) 校内の汚れを調べる	○「住まい」について学習することを伝え、「快適」や「健康」を意識させることで、校内の汚れ調べの視点や活動への意欲につなげる。 Ｔ…「私たちが生活している場所『住まい』について学習していきます。皆さんは、どのように生活していきたいですか。」 Ｃ…「きれいがいい。」 「気持ちいい方がいい。」 「汚れていない。」 Ｔ…「気持ちいいとか汚れていないということを短い言葉で表すと何だろう。」 Ｃ…「快適。」 「健康もあるかもしれない。」 ○生活の問題に気付かせるために、グループごとに校内を回り、身の回りの汚れ調べを行う。 ○カメラやタブレット等を準備し、見つけた汚れを全体で共有することで、生活の問題を可視化できるようにする。 ○校内の汚れの実態を把握しやすくするために、校舎配置図に汚れの様子を書き込ませる。 【汚れの様子】 ・階段の隅に、ほこりがたまっている。 ・ガラス窓に手あかがべったりと付いている。 ・水道には、白くてべたべたしたものが付いている。 ・掃除用具入れや黒板の上には、ほこりがある。 ・家庭科室のコンロの周りは、べたべたしている。 ・教室の床は、砂やごみでざらざらしている。 ・棚の上にいろいろな物が置いたままになっている。
(2) 調べた結果を報告し合う	○調べた結果をグループごとに紹介し、身の回りには多くの汚れが潜んでいることに気付かせる。 ○汚れの原因の一つでもあるダニやカビの写真や映像を紹介することで、体への影響を確認し、掃除の必要性を感じさせる。 Ｔ…「校内の汚れ調べをしてどうでしたか。」 Ｃ…「毎日掃除をしているはずなのに、ほこりがたまっているところが多い。」 「物がたくさんあって、見た目がよくない。」 「べたべたした床や棚の汚れや、ヌルヌルした水道の汚れが目立つ。」 「ペットボトルなど使わないものが放置されている。」
(3) 生活の問題を明らかにする	○学校の汚れ調べを通して感じたことについて問い掛け、生活の問題を明らかにしていく。 Ｔ…「校内の汚れ調べを通して感じたことは？」 Ｃ…「毎日掃除をしているのに、汚れている場所が多かった。」 「掃除がしっかりできていない。」 「よく分からない汚れもあった。」

	「物が多かった。」
	○出てきた生活の問題を整理し、学級全体で把握できるようにする。
	板書例 ・掃除の方法・いろいろな汚れ・体への影響　など
2 学習の問い （課題）をつかむ	○学校の汚れ調べを通してみえてきた解決したい課題について問いかけ、学習の「問い（課題）」を考えさせる。 ○児童から出てきた考えをキーワード化し、健康・快適・安全の視点から、関連付けたり、分類したりして、学習の「問い（課題）」を立てる。 T…「いろいろな問題が出てきましたが、みんなはどのような生活をしていきたいと考えますか。」 C…「汚れをすっきり落として気持ちよく生活したい。」 「体に悪いものは取り除いて、健康に過ごしたい。」 「きちんと整理して、生活の妨げにならないようにしたい。」 T…「気持ちのよい生活、体によい生活をしていきたいのですね。みんながこれから学んでいきたいことは何ですか。」 C…「どうしたら隅々まで掃除できるのか。」 「汚れに合った掃除の仕方が知りたい。」 T…「健康、気持ちのよい生活、掃除の方法等のキーワードが出てきましたね。みんなで問いを立てていきましょう。」
学習の問い：健康で気持ちのよい生活をするためには、どのようにすればよいか。	
3 学習の見通しをもつ	○校内のどの場所の問題解決に取り組みたいかを決定させることで、学習の意義を感じさせたり意欲を高めさせたりする。 ○「問い（課題）」を解決していくためには、どのような学習をしたらよいかを問いかけ、学習の見通しをもてる。 T…「問い（課題）を解決していくためには、どのようなことを学んでいくべきでしょうか。」 C…「汚れの種類を知りたい。」 「掃除の方法って、はく、ふく…他に何があるのかな？」 T…「いろいろな汚れがありましたね。汚れの正体をつかまなければならないようですね。」 C…「掃除の仕方は違ってくるのかな。」 T…「汚れに合った掃除の方法があるのかもしれませんね。」 C…「掃除の正しい順番ってあるのかな？」 T…「どこから掃除をしていくとよいのか考えるといいのかもしれませんね。」

（第2章Ⅱ　小宮　友香）

第3章 パフォーマンス評価と「資質・能力開発ポートフォリオ」を用いた授業の提案

　本章では、これまでに解説してきた「資質・能力開発ポートフォリオ」を用いて行った実際の授業を紹介する。本開発ポートフォリオの有効性やパフォーマンス課題及び評価の在り方について、児童の学びの姿から感じ取っていただければ幸いである。

I 第5学年の授業

食生活

パフォーマンス課題を取り入れた題材構成の工夫

　第5学年　「食べて元気！ご飯とみそ汁」

○題材及び授業のポイント（趣旨）

　家庭科の調理の学習では、調理を行うことが目的となっている授業が多く見られる。しかし、目的は調理を行うことではなく、調理を行うことによって食生活の諸課題を解決できる力を育むことにある。そのためには、児童が何を学ぶのかを理解し、学びを生活にどう生かすことができるのかを自らに問うことが求められる。特に、米飯とみそ汁は伝統的な日常食であり、大豆の加工品であるみそは、調味料として古くから親しまれるとともに、各地には特徴的なみそが存在する。そこで、身近な食材で生活に根付いている米飯とみそ汁の調理を学ぶことによって、日本の伝統的な食文化を理解し、よりよい食生活に向けて考え実践できるよう、題材構成の工夫に取り組んだ。

○授業をどう改善するか

　先にも述べたように、調理の学習では、「みそ汁を作って終わり」とい

う授業をよく目にする。みそ汁は日本の伝統的な食文化であり、具材を変えることにより、栄養や地域の食文化を考えることができる教材である。しかし、実際の授業では、みそ汁の作り方を学ぶだけになりがちで、生活に生かしていこうとする学習者が育っているとは言いがたい。

そこで、本題材においては、学習したことを家庭での生活に生かすことができる資質・能力の育成のため、「習得場面」と「活用場面」を位置付けた題材構成とした。

「習得場面」では、栄養素やみそ汁などについて基本的な知識・技能の習得を目指す。その後、習得した知識・技能を用いて「学校」や「家庭」で課題解決を図る「活用場面」を設定した。学校の授業では、ペア学習やグループ学習によって対話を促し、協働的に学ぶことができるようにした。まず「活用場面①」では、同じ課題に取り組むことによって対話を活性化し、深い学びにつなぐことを意図した。次に、「活用場面②」では、家庭や家族を意識した課題に取り組み、学習したことを生活に生かすことができるかを意図した。また、すべての場面で児童自身が把握し評価できるよう「資質・能力開発ポートフォリオ」を活用した。

1 本題材のねらい

本題材では、我が国の伝統的な日常食である米飯とみそ汁の調理を通して、必要な材料の分量や手順を考えて調理計画を立て、材料の洗い方、切り方、味の付け方、盛り付け、配ぜん及び後片付けが適切にできるようにする。一人一人の児童の生活に根ざした様々なみそ汁を作ることを通して、生活をよりよくしようとする力を育むことをねらいとしている。

また、日本の伝統的な食事である米飯とみそ汁について、その価値とともに栄養のバランスを考えながら食品を組み合わせてとることの大切さを理解し、調理の手順や作る状況を考えた米飯とみそ汁の調理を通して、日常の食生活に生かすことをねらいとしている。

【知識・技能】

食事の役割と栄養について理解しているとともに、伝統的な日常食である米飯及びみそ汁の調理計画や調理の仕方について理解するとともに、それらに係る技能を身に付ける。

【思考・判断・表現】

　食事の役割と栄養、米飯及びみそ汁の調理計画や調理の仕方について問題を見いだして課題を設定し、様々な解決方法について考え、実践評価・改善し、考えたことを表現するなどして課題を解決する力を身に付ける。

【主体的に学習に取り組む態度】

　家族の一員として、生活をよりよくしようと、食事の役割や調理の基礎について、課題の解決に向けて主体的に取り組んだり、改善したりして生活を工夫し、実践しようとする。

2 題材における指導と評価の計画

（1）題材指導計画

　本題材では、知識・技能を習得する場面と、知識・技能を活用する場面の二つに分け、さらに活用する場面については、児童が共通の課題を解決する場面と家庭の課題を解決する場面の二つに分けて設定した。すなわち、習得→活用①→活用②の３ステップで題材を組み立てている。

　習得場面では、調理の基礎となることを学ぶ。これは後に行う活用する場面に向けて確実に知識及び技能を習得し、計画を立てる力、実践する力に発展させるためである。

　活用場面①では、児童に共通する場面を設定したパフォーマンス課題を提示し、ペアで課題に取り組ませる。パフォーマンス課題の解決を図るためには、それまでに身に付けた知識及び技能や課題解決能力を総動員して考え、状況に応じて使いこなす必要がある。解決のための試行錯誤が、既習事項を生活で活用できるものへと高めていくきっかけにもなる。児童は、課題の解決策として考えたものを、実際にペアでやってみて、対話を深めながら、その結果を自分たちで評価、改善していく。共通の場面の課題を解決することで、活用場面②への自信や見通しがたつと捉えている。今回のみそ汁の調理では、基本的な作り方を土台にして、食材を変えたり、課題に合わせて調理したりする活動を通して、課題を解決する力と意欲を高めていくように考えた。

　活用場面②では活用場面①で獲得した力を使って一人で課題に取り組むことになる。家庭や家族を意識した課題であり、健康や好みを考えた家族にぴった

りのみそ汁づくりが、既習事項を生かした深い理解と思考力を育み、生活をよりよくしようとする意欲へとつながると考えている。

第1次「わが家の食生活を見直し、学習の問いをつくろう」（1時間）
第2次「米飯やみそ汁をつくろう」（5時間）【習得場面】
第3次「実をかえておいしいみそ汁をつくろう」（2時間）【活用場面①】
第4次「家族にぴったりのみそ汁をつくろう」（1時間）【活用場面②】
第5次「実践報告会をしよう」（1時間）

(2) 題材構成　見方・考え方　主 主体的な学び　対話 対話的な学び　深 深い学び

時間	流れ	学習内容・学習活動	指導上の留意点	評価【観点】評価規準（評価方法）
1	見通す	1 我が家の食生活を見直し、学習の問いをつくる。 ★課題の設定	主 生活を見直すことにより、「問い」を立てることで、学習の見通しをもち、意欲的に学習に取り組むことができるようにする。	【思考・判断・表現】 おいしく食べるために自分の食事から米飯及びみそ汁の調理の仕方について問題を見いだして、学ぶ「問い」を設定している。 （ワークシート・観察）
		【問い（例）】日本の伝統的な日常食である米飯とみそ汁をおいしく、健康的に食べるためにはどうしたらいいだろうか。		
2		2 吸水の必要性について学ぶ。	見方・考え方 「健康・安全」や「生活文化の継承」「持続可能な社会の構築」の視点で生活を見直すことで、伝統的な日常食である米飯とみそ汁のよさについて気付くことができる。 対話 吸水したものと、そうでないものを比べて、吸水の必要性に気付かせる。	【知識・技能】 吸水の必要性を理解している。 （ワークシート・観察）
3	さぐる（習得）	3 ご飯を炊く	見方・考え方 「生活文化の継承」「持続可能な社会の構築」の視点により、和食としての米飯のよさや環境に優しい調理の仕方について考えるようにする。	【知識・技能】 吸水時間、調理手順を理解しているとともに、適切に調理することができる。 （ワークシート・観察）

4	さぐる（習得）	4 だしの秘密を探る。	知 複数のだしを飲み比べて話し合い、だしの必要性を導き出すようにする。	【知識・技能】だしのうま味やその必要性、和食の基本となっていることを理解するとともに、適切にだしやみそを扱うことができる。（ワークシート・観察）
5		5 だいこんと油あげとねぎを使ったみそ汁を作る。	見方・考え方「生活文化の継承」「持続可能な社会の構築」の視点から、和食としてのみそ汁のよさに気付き、環境に優しい調理の仕方について考えるようにする。	【知識・技能】目的に応じた実の切り方、加熱の順序、加熱時間について理解するとともに、適切にみそ汁を調理することができる。（ワークシート・観察）
6		6 栄養について知る。	栄養素の種類、主な働き、栄養的特徴を知るとともに、日本の伝統的な食文化と結び付けるようにする。	【知識・技能】栄養素の種類、主な働き、栄養的特徴を知り、それをみそ汁に当てはめて捉え、日本の伝統的な食文化のよさを理解している。（ワークシート）
7 8	生かす（活用①）	1 実を変えておいしいみそ汁を作る計画を立てる。 2 実を変えておいしいみそ汁を作る。 ★パフォーマンス課題	主 共通の場面を取り上げることで、お互いに意見を出しやすく、意欲的に取り組むことができるようにする。 見方・考え方「健康」の視点で調理計画を立てることにより、解決策を考えることができるようにする。	【主体的に学習に取り組む態度】家庭実践を見据えて、健康を意識しながら、実を変えたみそ汁の調理に主体的に取り組もうとしている。（ワークシート・観察） 【思考・判断・表現】おいしいみそ汁にするために、条件に合った実を選び、切り方、加熱の順序を考え、工夫している。（ワークシート） 【思考・判断・表現】みそ汁づくりを振り返り、調理計画や調理の仕方などを評価し、改善している。（ワークシート・観察） 【主体的に学習に取り組む態度】解決策や実践を振り返り、評価・改善しようとしている。（ワークシート・観察）

★パフォーマンス課題
日曜日の朝。中学生のお姉ちゃんのためにみそ汁を作ってあげようと昨日からだしをとっていたのに……まさかのねぼう。
お姉ちゃんは部活のため7時の電車に乗るので、あと30分しかありません。10分で食べるとするとあと15分……。
お姉ちゃんは勉強と部活で毎日つかれています。
冷蔵庫に入っている材料は下のとおりです。あなたは、お姉ちゃんに元気が出るみそ汁を作ってあげることができるかな？

大根、にんじん、玉ねぎ、さつまいも、とうふ、厚あげ、油あげ、ねぎ

9	使う（活用②）	1 家族にぴったりのみそ汁を作ろう	主 これまでに学習したことを生かして、自分の家庭生活を豊かにするという目的をもつことで、意欲的に取り組むことができるようにする。	【思考・判断・表現】自分の家庭に合ったみそ汁を考え、家庭の調理器具を考えながら、調理計画を考え、工夫している。（ワークシート・観察）
			見方・考え方 「健康」「生活文化の継承」の視点をもって、家庭生活を見直すことで、生活が便利になったり、楽しくなったり、自分にできることを考えたりすることができるようにする。	
10		1 実践報告会をする。	▽ 主 「問い」の答えを考えることで、調理すること全般について振り返ることができるようにする。	【思考・判断・表現】おいしいみそ汁の調理計画や調理の仕方についての課題解決に向けた一連の活動について、考えたことを分かりやすく表現している。【主体的に学習に取り組む態度】今回の一連の活動や実践を振り返り、我が家のみそ汁づくりなど新たな食生活の課題に向けて工夫し、実践しようとしている。（ワークシート・観察）

③ 本題材のポイント（児童の姿から）

(1) 児童はどのように課題をつかむか

　指導に当たっては、学習の見通しをもち、主体的に活動できるようにするため、題材の初めに、児童とともに題材を貫く問い（課題）を設定する時間を設けた。本題材では、自分の毎日の食事を見つめ、普段何を食べているかに着目することによって、日常食としての米飯とみそ汁の存在に気付くようにした。そして、我が国の伝統的な配膳の仕方や、健康に生活するためには毎日の食事でいろいろな食品をバランスよくとることが大切であること、また、その中心にあるのが米飯とみそ汁であることに気付くようにした。ここまで学習が進むと、児童は「ご飯とおみそ汁を作るんだ」と目を輝かせる。「おいしく作れるかな？」「作れる！」「分からない」「作り方が分からない……」「早く作ってみたい！」といった声の中から本題材の問い（課題）が絞り込まれていく。

　あるクラスでは、「健康で、おいしいご飯とみそ汁を作るためにはどうした

らいいだろうか」という問いが児童から提案された。

授業では、その問い（課題）から枝分かれした毎時間の課題を解決していくことを通して、最終的に題材全体の問いを解決することにつながっていくように組み立てた。そのためには、1枚で題材全体を見通すことのできる「資質・能力開発ポートフォリオ」を活用し、学習の見通しをもたせるとともに、題材の始めと終わりに記述欄「今、調理で何ができそうか」に自身を振り返り記述することにより、自分の変容に気付かせ、成長を知る機会とした。

（2） 資質・能力の育成とパフォーマンス課題

「健康・快適・安全」「生活文化の継承」「持続可能な社会の構築」などの「生活の営みに係る見方・考え方」の視点を基に、以下の五つを身につけるべき知識及び技能と考えた。

・基本的なみそ汁の作り方を理解するとともに、適切に作ることができる。

・目的に合った実の切り方、選び方を考えることができる。

・栄養素の種類と主な働き、栄養的特徴を理解することができる。

・みそ汁作りの手順を理解し、調理計画を立てることができる。

・時間内に手際よく調理することができる。

題材構成を考えるに当たり、「習得場面」での基本的な調理を通して、上記の五つの身に付けるべき知識や技能を習得できるように計画した。この「習得場面」で身に付けた力を使って、「活用場面①」でのパフォーマンス課題に取り組んだ。

パフォーマンス課題

日曜日の朝。中学生のお姉ちゃんのためにみそ汁を作ってあげようと昨日からだしをとっていたのに……まさかのねぼう。

お姉ちゃんは部活のため7時の電車に乗るので、あと30分しかありません。10分で食べるとするとあと15分……。

お姉ちゃんは勉強と部活で毎日つかれています。

冷蔵庫に入っている材料は下のとおりです。あなたは、お姉ちゃんに元気がでるみそ汁を作ってあげることができるかな？

大根　にんじん　玉ねぎ　さつまいも　とうふ　厚あげ　油あげ　ねぎ

パフォーマンス課題に取り組ませることで、技能の上達だけではなく、家庭と同様の体験ができる場を学校につくりだせるとともに、グループで取り組ませることによって、次のような効果が考えられる。

・具体的でリアルな場面を想定することで、児童が課題に対して真剣に取組み、意見を交流しながら具体的に考えることができる。

・児童自身が学んだことを生かす場となり、身に付いたことやまだ身に付いていないことなどを自己認識することができる。

児童用のルーブリックとして以下の内容を示し、児童が調理計画を立てたり、実践を評価・改善したりできるようにした。

【児童用ルーブリック】　　　　◎とても良い　　○良い　　△もう少し

①実の食感	（　　）全ての実に、火が等しく通っている。
	（　　）みそ汁の実を同じ大きさに切っている。
②色どり	（　　）2種類以上の色があり、きれいである。
	（　　）ねぎなどの野菜は、鮮やかな色をしている。
③味	（　　）だしやみそに合った食材を選んでいる。
	（　　）だしやみその風味がよい。
④15分以内にできた　・　15分間でできなかった（　20分位　・　20分以上　）	

【教師用ルーブリック】

	実の選び方	実の切り方・調理の仕方	だしの効果	時間
3 よい	課題にあった実を栄養、色どりなど複数の視点で選ぶことができる。	実に合った適切な切り方や調理の仕方を工夫することができる。	だしの効果を考えて、みその量や実の量を考えることができる。	適切な調理手順を考えて15分に以内にみそ汁を作ることができる。
2 合格	課題にあった実を一つの視点で選ぶことができる。	実に合った適切な切り方を行うことができる。	だしの効果を考えて、だしを用いることができる。	15分でみそ汁を作ることができる。
1 要努力	課題にあった実を選ぶことができない。	実に合った適切な切り方や調理方法を行うことができない。	だしの効果を考えていない。	15分でみそ汁を作ることができない。

（3） 資質・能力の育成と「資質・能力開発ポートフォリオ」

　毎回の学習を振り返り、次の学習へと生かすことは児童が主体的に学んだり、自己の成長を感じたりする上で必要なことである。

　本題材では、習得場面→活用場面①→活用場面②における各調理の様子を1枚のワークシートで見渡すことができるよう「資質・能力開発ポートフォリオ」を作成した。このことにより、各調理で気付いたことや食べてみての感想などを次の調理に生かすことができるようになると考えた。また、児童が各調理で使った知識・技能や工夫点を記入する欄を設け、何を学んだのか可視化できるようにした。それぞれの記述欄には、児童の関心・意欲・態度の高まりや学習した知識・技能の内容、生活をよりよくするための創意工夫点などが記載され、学習全体を振り返り、学びを可視化している様子が見て取れた。

　ここで、学習の流れに沿って、児童の活動と記述欄の関係を見てみよう。児童は、まず、学習前に記述欄「あなたは今、調理において、どのようなことができそうですか」に記入する。今の自分について確認し自己を認識してから学習に入るということである。その後、題材を通しての問い（課題）を記述し学習の見通しをもった上で、各調理の活動に向かう。

　それぞれの調理では、調理前に記述欄「おいしく作るポイント」に記入し、試食後に「食べてみての感想」を書くことになる。おいしく作るポイントを記入することで、児童は教師の多くの指導の中から何が重要かを選択し、それを短い言葉で整理する手続きを経る。そのことが児童の認識を深めることにもつながる。教師の立場から見ると、指導内容の中から児童が何を受け取り、何を意識して取り組んだかを把握することができる。「食べてみての感想」を書くことは、味わうことの重視と、「おいしく作るポイント」に書いたことを実際の調理で具体化できたのか、活動を振り返り自己評価する学びにつながっていく。

　次に、児童は記述欄「使った知識・技能」と「工夫したこと」に記入をする。この欄では調理の回数を重ねるにつれて何度も出てくる技能や工夫点にはその回数を記入するように指導した。そうすることで、例えば、ゆでる調理で複数回出てくる作業は重要なポイントであることや、野菜の種類によっても操作が異なることに自ずと気付くことができるようになる。最終的には、記入事項を俯瞰し、「水からゆでるもの、沸騰してからゆでるものがある」「同じ根菜

類の野菜は固い
ので先に入れ
る」「野菜の種
類ごとに入れる
順番を考える」
などと、調理作
業を一般化して
捉えることがで
きるようにな
る。

図1　資質・能力開発ポートフォリオ

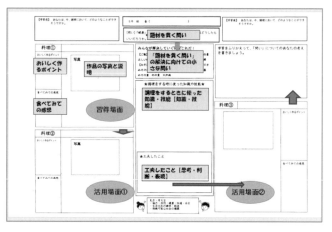

図1　資質・能力開発ポートフォリオ

　最後は、題材
全体の学習を振り返って、「問い」についての考えをまとめ、最初に答えた
「今、調理で何ができそうか」にも再度回答することになる。本「資質・能力
開発ポートフォリオ」の特徴でもあるが、題材での学習履歴が一枚のワーク
シートで確認できることから、児童の問いについての考えは、体験に基づく具
体的・個性的なものであり、根拠をもった記述となる。伸びやかに自分の考え
を述べ、「今、調理で何ができそうか」との回答が学習前と明らかに異なるこ
とに気付く児童も多く、自己の成長を実感し、次の課題への意欲につながる学
びが生まれると言える。

４　「資質・能力開発ポートフォリオ」の実際

(1)　課題を次の調理に生かした事例

　本題材においては、「生活の営みに係る見方・考え方」の「健康・快適・安
全」「生活文化の継承」「持続可能な社会の構築」の視点を意識しつつ、調理に
取り組んできた。A児は特に「健康・快適」にこだわりながら、実の切り方、
実の調理の順や時間について一つ一つ丁寧に調理に取り組んでいる。A児
の学びをポートフォリオの記述を基に詳しく見ていく（写真1）。

(2)　A児の学び

　習得場面の「大根ととうふと油揚げのみそ汁」の調理では、写真の周りに基
礎的な知識及び技能に関することが多く記述されており、理解を深めたことが

[学習前] あなたは、今、調理において、どのようなことができそうですか。

ゆでる　やく　いためる　ゆがく
むす　切る

[問い]「健康」で「おいしい」ご飯とみそ汁を作るにはどうしたらいいだろうか。

5年　組　番（　　　）

[学習後] あなたは、今、調理において、どのようなことができそうですか。

ゆでる　やく　いためる　ゆがく　やく　ゆく
時間を短縮するための工夫と　クイズ

学習をふりかえって、「問い」についてのあなたの考えを書きましょう。

野菜といっても栄養にはかたよりがあると思って、いるから、バランスに気を付けて相手のことを考えずにかたよってつくる。

「おいしい」＝時間をかけると「おいしい」と思うので、時間を短縮できることでは短縮できで出来た野菜の入れる順番は問題ではないからだろう。

料理③　色どりのある野菜たっぷりみそ汁

おいしく作るポイント
- 野菜を同じ大きさに切る
- 火が通りやすい直前に入れて

食べてみての感想
- りんじゃがいもからとてもシャキシャキしてたから
- 野菜の量りの回り方トッピングがんばった

料理①　おみそしる

みんなが解決していくのはこれだ！

【ご飯】　炊く時間　米の洗い方　米の量に対する水の量
正しい炊き方　炊く手順　火加減　吸水の必要数　時間
【みそ汁】　だしの材料　みそ汁作りの手順　実の切り方
みそ汁に合う実（具材）　実のゆで方　実を入れる順番
みそ汁の実　水の量　火加減

★調理をする時に使った知識や技能★
- とうふは一番最後に入れる
- 固いものからやわらかいものの順で入れる
- だしは20分間おいておく
- 具材を切る時はねいので切る
- みそは別の容器に入れといて から入れる
- ねぎは一番最後に入れる

料理②　給食シチューのスーパーみそ汁

おいしく作るポイント
- だしをとる
- 固いものから入れる

食べてみての感想

見方・考え方
協力・共同　健康・快適・安全
生活文化の継承・創造
持続可能な社会の構築

183

分かる。題材の１時目では「題材を貫く問い」を設定し、その解決に向けて何を学んで解決すればいいのかについて考え、学習の見通しをもたせた。そのため「適切な実の切り方・調理手順」など、みそ汁の基本的な作り方を学ぶ際に、気を付けるべき視点を頭に入れて調理をしたことがうかがえる。

　活用場面①では、「習得場面で学んだことを生かすことができるか」というパフォーマンス課題（p.179）に取り組み、栄養のバランス、色どりなども考えながら実を選び、調理計画を立て、実践を行った。作ったものは基本のみそ汁ににんじんを加えたものではあるが、にんじんを加えたことにより、実を入れる順番に気を付けたことが記述から読み取れる。また、食べてみての感想には、「だしがよく効いていて、みその量もバッチリだった」との記述があり、料理①での課題を改善しようと意識したことが分かる。また、「あまり洗剤を使わない」など、見方・考え方の視点（環境）から調理を行ったことが推測された。

　活用場面②では、「家族にぴったりのみそ汁を作ろう」というテーマで取り組んだ。「家族」を意識させたことから、家族の好みを考慮し、色どりや健康などに気をつけて、「心をこめて作る」ことを記述しており、他者に向けた料理を作るという視点の広がりが見られる。

　最後の「問い」についての振り返りでは、「野菜の入れる順番はかたいものから」、「時間を短縮できることは短縮し、できたてのあついうちに食べてもらう」などの記述が見られ、野菜をゆでることの理解が深まったこと、加えて新たな気付きを得たことが分かる。また、「野菜といっても栄養には偏りがあるから、バランスに気を付けて、相手のことを考えながらつくる」という記述もあり、野菜の栄養的特質への気付きや他者への思いが深まったことがうかがえる。

（3）　資質・能力の育成と「資質・能力開発ポートフォリオ」を使用しての効果

　Ａ児の実践からも分かるように、「資質・能力開発ポートフォリオ」において、学びを整理することにより、学校での学びが最終的に家庭生活へと結び付き、学びを深めることができた。

（第３章Ⅰ食生活　　前田　寧々）

衣生活

児童が主体的に学習に取り組むための題材構成の工夫

第5学年 「わくわくミシン」

○題材及び授業のポイント（趣旨）

　衣生活の学習では、製作を行うことが目的になり、例えばエプロンの製作キットを用いて完成させれば、それで終わりという授業も多い。ややもすると児童に「技能を身に付けさせる」ことさえもあいまいな授業になってしまってはいないか。しかし、エプロン製作一つをとっても、目的に応じた大きさや形を考える、型紙を作る、印を付ける、端の始末をする、製作手順を考え実行するなど、児童が学ぶべき内容は多い。

　目指すのは、衣生活上の様々な課題をよりよく解決できる基礎的な力である。しかし、多くの授業ではエプロンを作ることに終始しており、例えば、学んだことを生かして他の平面状の布製品を作ることができるかどうかは疑問である。児童は「○○を作って生活を便利にしたい」と学んだことを使ってみたいと考えている。その気持ちに寄り添いながら、学習により得た知識・技能等を生活でも活用できるものにすること、また、家庭での実践へとつないでいくことが重要であろう。

　そこで本題材では、児童が課題を設定して自ら解決を目指す授業を構想し、児童が主体的に学ぶ姿を追求した。

○授業をどう改善するか

　布製品は児童にとって身近なものであり、「作ってみたいな」と自然に感じることができるものである。しかし、現状は、エプロンを完成させることが目的となり、「何のために端の始末をするのか」「なぜ返し縫いが必要なのか」などを考えることもなく授業が進む。児童が考えない授業では学んだことを生かして生活をよりよくしようとする主体性は育たない。

　そこで、本題材においては、学習したことを家庭での生活に生かすことができる力を育めるよう「習得場面」「活用場面」を設定した題材構成とした。「習得場面」では、基本的な布製品を製作し、直線縫いや返し縫いなど基

本的な知識及び技能の習得を行う。次に、「習得場面」での既習事項を「学校」や「家庭」で生かす「活用場面」を設定する。「活用場面①」では、パフォーマンス課題を設定し、ペアやグループで取り組ませる。「活用場面②」では、「家庭・家族」を意識した課題に取り組み、これまで学習したことを生活に生かすことができるかを把握できる場とする。習得場面と活用場面を効果的に組み合わせることにより、主体的な学びの活性化を目指す。

1 本題材のねらい

生活を豊かにする布製品の製作を通して、製作に係る基礎的な理解とともに適切にできるようになること、また、手順を考えて製作計画を立てること、「生活の営みに係る見方・考え方」を働かせながら、豊かな衣生活に向けて、衣生活の様々な課題をよりよく解決できる資質・能力、すなわち、生活をよりよくしようと工夫する資質・能力を育むことをねらいとする。

【知識・技能】

製作に必要な材料や手順が分かり、製作計画について理解している。また、ミシン縫いによる目的に応じた縫い方及び用具の安全な取扱いについて理解するとともに、それらに係る技能を身に付ける。

【思考・判断・表現】

生活を豊かにするための布を用いた物の製作計画や製作について問題を見いだして課題を設定し、様々な解決方法を考え、実践を評価・改善し、考えたことを表現するなどして課題を解決する力を身に付ける。

【主体的に学習に取り組む態度】

家族の一員として、生活をよりよくしようと、生活を豊かにするための布を用いた製作について、課題の解決に向けて主体的に取り組んだり、振り返って改善したりして、生活を工夫し、実践しようとする。

2 題材における指導と評価の計画

（1） 題材指導計画

本題材では、ミシン縫いによる布を用いた製作について、課題をもって、製作に必要な基礎的な知識及び技能を身に付け、製作計画を考え、製作を工夫す

ることができるよう、学んだことを生かす場を設定する。ここでは児童が主体的に学習を進めることができるよう本題材を貫く問い（課題）を児童と共に設定し、学習の見通しがもてるようにする。その見通しのもと、習得場面では課題解決に必要な知識及び技能を身に付ける。活用場面①では、児童に共通する場面を設定した課題を提示し、ペアで課題に取り組ませる。共通の場面の課題を設定し対話の中で学びを深めることにより、活用場面②への自信や見通しがたつと考える。活用場面②では「自分の生活を豊かにする布製品」の製作に取り組み、自分の課題に対して主体的に解決策を考え、取り組んで行くことができるようにする。

第1次「布製品のよさにふれよう」（1時間）

第2次「ランチョンマットを作ろう」（3時間）【習得場面】

第3次「学校生活を豊かにする布製品を作ろう」（3時間）【活用場面①】

第4次「家庭生活を豊かにする布製品を作ろう」（3時間）【活用場面②】

第5次「実践報告会をしよう」（1時間）

（2）題材構成 見方・考え方　主 主体的な学び　対 対話的な学び　深 深い学び

時間	流れ	学習内容・学習活動	指導上の留意点	評価【観点】評価規準（評価方法）
1	見通す	1 布製品のよさを知り、学習の「問い（課題）」をつくる。★課題の設定	主 生活を見つめ、課題を設定することにより、学習の見通しをもたせ、課題の解決に意欲的に取り組むことができるようにする。	【思考・判断・表現】生活を豊かにするための布を用いた物の製作計画や製作について問題を見いだして「問い（課題）」を設定している。（ワークシート・観察）
			【問い（例）】生活を豊かにするために、布製品をミシンで製作するにはどうしたらいいだろう。	
			深 見方・考え方「快適」や「生活文化の継承」「持続可能な社会の構築」の視点で生活を見直すことで、布製品のよさや特徴に気付くことができるようにする。	
2	さぐる（習得）	1 布について知ろう。	対 様々な布を比較させ、それぞれの布の性質を考え、製作する物の目的や使い方に応じて適切な布を選ぶ必要があることに気付く。	【知識・技能】製作する物の目的や使い方に応じて布を選ぶことについて理解している。（ワークシート・観察）

		2 ミシンの安全な使い方をしる（なべしき） ・ミシンの基本的な使い方 ・直線縫い	ミシンの安全な使い方を知り、直線の縫い方や方向転換のときの仕方などを知る。	【知識・技能】 ミシンの基本的な操作の仕方や安全な取扱いを理解するとともに、ミシンを用いて直線縫いが適切にできる。 （ワークシート・製作物）
3 4		3 布の端の始末を学び、ランチョンマットを作ろう。	▽ 端の始末をしているものとしていないものを比較させ、重要性について考えさせるようにする。 見方・考え方 「快適」「持続可能な社会の構築」の視点から、製品を長持ちさせるための工夫について考えるようにする。	【知識・技能】 ほつれない布端の始末として二つ折りや三つ折りについて理解するとともに、適切にできる。 （製作計画、作品）
5	生かす（活用①）	1 学校生活で役に立つ布製品を作ろう。（計画） ★パフォーマンス課題 （例）今まで学んだことを生かして、学校やクラスの中が「楽しくなったり」「便利になったり」するものを3時間で作ろう。	主 学級での生活に目を向けさせることで、生活の問題点や改善点を見いだし、その解決方法を考えさせるようにする。 ▽ 学級での生活に目を向けさせることで、生活の問題点や改善点を見いだし、その解決方法を考えさせる。 知 製作計画の見直しの場面では、布端の始末や製作手順等の問題点について取り上げ、ペアや学級全体で解決方法を考えさせ、よりよい製作計画となるようにする。	【主体的に学習に取り組む態度】 生活を豊かにする布製品の製作について、課題の解決に向けて主体的に取り組もうとしている。 （ワークシート・観察） 【思考・判断・表現】 学校で使って役に立つ布製品を作るために、ランチョンマットの製作を基にしながら、丈夫さ、美しさ、役に立つのかを意識して、製作計画を考え、工夫している。 （製作計画、観察）
6 7		2 学校生活で役に立つ布製品を作ろう（製作） 例：パソコンカバー 　　カーテンタッセル 　　本棚用カーテン 　　ウォールポケット	▽ ペアで製作に取り組むことで、意見を出し合いながら、よりよい布製品が完成できるようにする。	【知識・技能】 目的に応じた縫い方や手順を理解しているとともに、適切に製作ができる。 （ワークシート・製作物）

8	3 作った布製品をもっとよくしよう。		【思考・判断・表現】完成した布製品について評価し、更によりよくしようと評価・改善している。（ワークシート）
9	使う（活用②）1 わが家で使って役立つ布製品を作ろう（計画）	**主** 家庭の課題を取り上げることで、既習事項を生かして、生活が便利に楽しくなる布製品を作りたいという、活動への意欲を高めさせる。	【思考・判断・表現】既習事項を生かして、作りたい布製品に応じた製作の仕方を考え製作計画を工夫している。（ワークシート）
10	2 わが家で使って役立つ布製品を作ろう（製作）	**▽** 「資質・能力開発ポートフォリオ」で振り返り、身に付けた知識・技能や課題点等を明らかにし、製作に生かすことができるようにする。	
11	1 実践報告会をしよう	**▽** 使用後の感想や家族の反応、今後の取組について振り返らせ、製作に対する意欲を高める。	【思考・判断・表現】一連の活動について、考えたことを分かりやすく説明したり、発表したりしている。（ワークシート・観察）【主体的に取り組む態度】生活を豊かにする布製品の製作について工夫し、実践しようとしている。（ワークシート・観察）

3 本題材のポイント （児童の姿から）

（1）児童はどのように課題をつかむか

　課題をつかませるため、まず児童には衣生活を振り返らせ、今、自分にできること、できないことを整理させ、どんなことができるようになりたいのかを考えさせた。そして、どんな自分を目指していくのかを問い、その課題の実現のために何を学んでいけばいいのかなどを、題材の流れをつかみながら、学習の見通しがもてるようにした。

　1時目は、「生活の営みに係る見方・考え方」の「快適」「環境」等の視点をもって身の回りの布製品の観察を通して、布製品のよさや特徴について考え、「問い」（課題）を立てる授業である。布製品の観察の結果、

・布は洗うことができるので、衛生的である。

・使いたいものに合わせて、形や大きさを変えることができる。

・布は柔らかくて、肌触りがいい。

・布はリメイクができる。

などの布製品のよさや特徴が出された。そして「自分たちでも作ってみたい」という意見が出ることで、「どんなことを学べば、自分たちが作りたいものを作ることができるのだろう」という本題材の「問い（課題）」にせまる流れになった。児童が出した学びたいことを基に、本題材での「問い（課題）」を「生活を豊かにするために、布製品をミシンで製作するにはどうしたらいいだろう」とし、学習を進めることにした。

（2）資質・能力の育成とパフォーマンス課題

　「丈夫さ」「美しさ」「生活を豊かにする」の視点を基に、以下の五つを身に付けるべき知識及び技能と考えた。

・基本的なミシンの使い方を知り、使うことができる。

・作るものや布の性質に合わせた端の始末について考えることができる。

・目的に合った形や大きさを考えることができる。

・平面上の布製品の製作手順について考えることができる。

・時間内に手順よく製作することができる。

　題材構成を考えるに当たり、「習得場面」でのランチョンマットの製作を通して、上記の五つの身に付けるべき知識及び技能を習得できるようにした計画とした。そして、「習得場面」で学んだ知識及び技能を使うことができるのかを試す場として「活用場面①」のパフォーマンス課題に取り組んだ。

> **パフォーマンス課題**
>
> 　学級や学校全体で、みんなの生活が楽しくなったり、便利になったり、役に立ったりする布製品にはどんなものがあるだろう。
>
> 　ペアをつくり、二人で協力して、教室や学校を見渡して、学校生活が豊かになる布製品を作ろう。製作時間は３時間です。

　パフォーマンス課題では、教室や学校という共通課題を示し、ペアで取り組

ませることにより、学習者同士の対話を促し、深い学びへとつなげていった。また児童用のルーブリックとして以下の内容を示し、児童が見通しをもって製作計画を立てたり、実践を評価・改善したりできるようにした。

【児童用ルーブリック】　　　評価〈　◎　○　△　〉

評価ポイント	◎○△	
①丈夫さ		布端の始末を丈夫にすることができたか。
②美しさ		きれいに見えるよう布の端をまっすぐぬうことができたか。 見た目よく仕上げることができたか。
③手際よく		製作計画に沿って手際よく作ることができたか。
④豊かに		学校生活を豊かに（役に立つ・楽しく）するものになったか。
⑤活かして		これまでに学習したことを、生かすことができたか。

　観点「思考・判断・表現」の評価規準については、教師用のルーブリックを次のように設定した。「習得場面」で学習したことを生かして、「丈夫さ」「美しさ」「生活を豊かにする」「学びを生かす」の視点から課題が解決できたかどうかについて、それぞれを3段階のできばえで評価した。

【教師用ルーブリック】

	丈夫さ	美しさ	生活を豊かにする	学びを生かす
3 よい	布端の始末に加え、返し縫いなどをして丈夫にしようと工夫されている。	縫うべき場所を意識し、美しい直線縫い、適切な製作手順のために仕上がりが美しい。	形や大きさの工夫に加え、布の素材や色、飾りなどの更なる工夫がされている。	今まで学んだ知識・技能を生かし、更に別の形で生かしている。
2 合格	布端の始末が適切に考えられている。	きれいな直線縫いで仕上げられている。	学校生活に目を向け、使って役立つよう、形や大きさが工夫されている。	今まで学んだ知識・技能を生かしている。
1 要努力	布端の始末が十分に考えられていない。	ミシンの縫い目がそろっておらず、縫う場所が十分に考えられていない。	学校生活に生かしにくい製品となっている。	今まで学んだ知識・技能を生かしていない。

（3）　資質・能力の育成と「資質・能力開発ポートフォリオ」

　児童が毎回の学習を振り返り、学びを整理した上で、課題を次の学習へと生

かすことは、児童が主体的に学んだり自己の成長を感じたりする上で必要なことである。本題材では、児童が製作を行うことで気付いたことを、次へと生かすことができるよう三つの作品を1枚で見渡すことができる「資質・能力開発ポートフォリオ」（以下「ポートフォリオ」とする）を作成した。

図2　資質・能力開発ポートフォリオ

本ポートフォリオは、児童が学びを整理することにより、題材を通して身に付けた資質・能力を明確にし、実践に向かう主体的な学びが実現できると考える。また、題材を通して自分の成長を確認することができることから、自信にもつながっていく。さらに、教師が形成的評価として使用し指導に生かしたり、児童の思考過程を読み取ったりすることができるよさもある。

　実際の授業では、学習前に「あなたは今、裁縫において、どのようなことができそうですか」と、児童が今の自分の状況を確認してから学習に入った。学習の最後に同じ質問について答える紙面構成となっており、授業前後の自分の成長を感じ取ることができる。

　作品を作るたびに、気を付けたこと、工夫したこと、困ったこと、今後に生かしたいこと、やってみたいことなどを自由に記述していく。特に、衣生活のポートフォリオでは、「作り終えた感想」と「使ってみての感想」を記述する紙面を設けている。これは実際に使ってみることで、見つけた課題を洗い出し、次への課題とすることができるようにするためである。例えば、使っていくうちに布端がほつれてくることがあり、「返し縫いは少し長めに行うといい」などの新たな気付きが生まれるが、それは次の作品に生かすきっかけともなる。また、製作時に活用した知識及び技能や工夫点を中央部に記入する欄を設けている。記入の際には、どの作品のときに使ったかが分かるように印を付けておき、何度も印が付く知識及び技能や工夫点は重要であることに気付かせ、

製作時に必要な知識及び技能や思考のポイントとして概念化できるようにすることを意図している。

　最後に、1時間目に考えた「問い（課題）」についての考えを書くことになる。一連の学習で分かったことや感じたことを自分の言葉で自由に書くことにより、題材全体の学習を俯瞰して身に付けたことを確認することができ、次の課題へと生かすことができるようにした。

４ 「資質・能力開発ポートフォリオ」の実際

（1） 視点の広がりが見られた事例

　本題材においては、「丈夫さ」「美しさ」「生活が豊かになるもの」の視点を中心に据え製作に取り組んできた。B児は、その中でも「丈夫さ」「美しさ」にこだわりながら、返し縫いを丁寧に行ったり、三つ折りの際に重なるところは角をはみ出さないようにしたりするなど、一つ一つ丁寧に作品づくりに取り組んでいた。B児の学びをポートフォリオの記述を基に詳しく見ていく（写真2）。

（2） 解説（B児の学び）

　B児は、習得場面のランチョンマットの製作では、ランチョンマットの基本的な作り方を学ぶ際に、「丈夫さ」「美しさ」の視点を頭に入れて製作をしていることが分かる。「返し縫いをする」「美しくするためにアイロンをかけながら（三つ折りを）折った」など写真のまわりに多くの記述があり、基本的な知識や技能を身に付けようとする姿勢を読み取ることができる。

　活用場面①（パフォーマンス課題）では、ランチョンマットの作り方を応用して、ペアで「ネットと石けんを入れるバッグ」を考案して作成した。写真のまわりの記述には、「美しさ」についての記述（糸の始末・縫うときにずれない工夫・大きさの調整）が増え、美しさの視点が広がっていることが分かる。作品はランチョンマットより大きく、ものを入れる袋状になっていることから、三つ折りをより慎重に行い、布の重なりなどを意識したことが分かる。また、三つ折りをするところと縫って裏返すので三つ折りが必要のないところなど、新たな学びに関する記述も見られた。

　活用場面②は、家庭生活を豊かにする作品づくりを行ったが、布と色の組合せやかざり、入れる物に適した大きさ、贈る相手（父）の使い勝手に関する記

写真2　B児のポートフォリオ

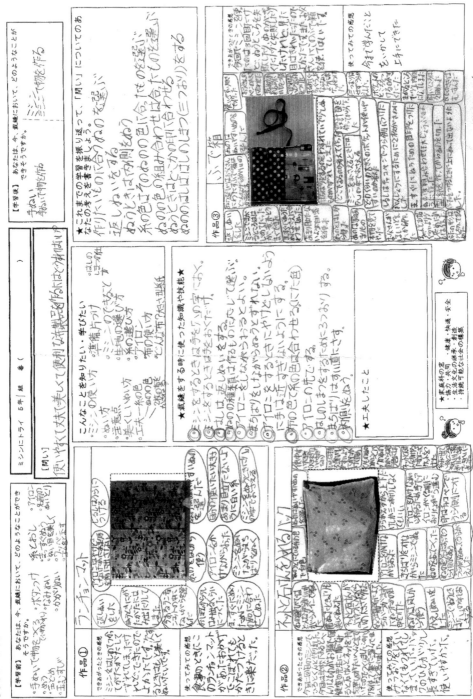

述など、写真の周りに多くの気付きが書かれている。「美しさ」の視点においては、「まっすぐ縫うためにおさえに合わせて縫った」などの具体的な記述も多い。ランチョンマット、ネットと石けんを入れるバッグ、ふで箱、と形が異なる製作を行ったB児であったが、一人で作るふで箱の製作では難しさも感じながらも多くの気付きを得て、最後はやりとげた充実感を見せていた。

　製作後の「問い（課題）」への答えともなる記述欄「これまでの作品を振り返り、自分の生活を楽しく、快適にするためにはどうすればいいでしょうか。」について、B児は、

　・作りたいものに合う布を選ぶ。（糸の色は布に合わせる。）

　・（丈夫にするために）返し縫いをする。

　・布のはしは、はしの始末を（三つ折り）をする。

などを挙げていた。どの記述もB児が体験から得たことであり、作品づくりで大切にしてきたことでもある。また、作品①→作品②→作品③と製作を繰り返すことで、目的に応じた布選び、縫い方、大きさなどについて考えが深まっていったことが分かった。

　最後に、「今、裁縫において、どのようなことができそうか」という記述欄について、「ミシンで物を作る」と一言加えており、作ることができるようになったB児の成長を感じとることができる。

(3)　「資質・能力開発ポートフォリオ」を使用しての効果

　1枚のワークシートで題材全体の学びが一目で捉えられることは、児童がそれぞれの場面での学びを意識し、自分の学びとしてつなげていくことができると感じた。本ポートフォリオの児童の記述から、一つの作品を作り終えたところで課題として残ったところを次に生かしたり、新たな取組を追加したりして学習を深めていく様子が把握できた。

　また、「問い（課題）」を設定し、習得場面→活用場面①→活用場面②と3ステップの題材構成の中で、それぞれの学びをポートフォリオにまとめて整理することにより、児童の学びは深まり、次の意欲へとつながっていくと感じた。

（第3章Ⅰ衣生活　　前田　寧々）

II 第6学年の授業

学びをつなぐための「資質・能力開発ポートフォリオ」の工夫

第6学年　「いためて作ろう　わが家の朝ごはん」

○題材及び授業のポイント（趣旨）

　調理の学習において、調理すること自体が学習の目的となってしまっていることも多い。「一人で調理ができるようになった」「自宅にある食材を組み合わせて、おいしい料理ができるようになった」といった感想は少なく、家庭実践につながりにくい実態もある。その理由の一つとして、自分はどのような知識や技能を身に付けたのか、どのような事を考えながら取り組んだのかといったことについて、児童自身が捉えられないことも考えられる。また、自分の実践を評価・改善していく中で、学びが深まるものであるが、試食をしたあとは記録として残るものが少なく、振り返る手立てが少ない現状にある。そこで、「資質・能力開発ポートフォリオ」（以下「ポートフォリオ」とする）の記述を通して、学びをつなぎ、深く学ぶことができるよう工夫していく。

○授業をどう改善するか

　調理の学習においては、調理計画はしっかりと立てるが、調理後の振り返りが十分にできないことも多い。その理由として、試食の際の視点が明確でないことや、試食することで調理したものがなくなってしまうことなどが考えられる。そこで、「調理前に自分がポイントとすること」や「調理後の出来栄え」について、1枚のポートフォリオに記述できるようにした。調理ごとにポートフォリオに記述することで、自分の課題が明確になり、課題解決に向けた学びの連続性が生まれる。

　本題材では、朝食の必要性を理解し、いためる調理を行う学習に取り組む。いためる調理の基礎的・基本的な知識や技能を習得するために習得場面として「いり卵」「三色野菜いため」を学習し、その後、活用場面①と

して20分で調理するパフォーマンス課題、活用場面②として家族のための朝食作りに取り組むといった題材構成とする。この4回の調理をつなぐものがポートフォリオとなる。調理の学習の際に、単に計画通りに調理に取り組むのではなく、目的をもって取り組み、振り返りを繰り返していくことで、深い学びとなるよう取り組んでいく。

1 本題材のねらい

規則正しい食事は、生活リズムを整えることにつながる。特に、朝食を食べることは、学習や活動のための体の準備となり、充実した毎日を送るためにも大切である。しかし、「朝は時間がない」「食欲がわかない」「準備をされていない」といった理由から、朝食を食べなかったり、偏った栄養の食事をとっていたりという児童もいる。

そこで、本題材においては、朝食を食べることの大切さを理解し、自分で栄養のバランスの整った朝食を作ることができるようになることをねらいとする。朝は時間がないため短時間で調理ができ、片付けも簡単に行う必要があることから、いためる調理に取り組んでいく。

【知識・技能】

・朝食の役割が分かり日常の食事の大切さと食事の仕方について理解する。

・いためる調理の仕方を理解するとともに、それらに係る技能を身に付ける。

・食品の栄養的な特徴が分かり、料理や食品を組み合わせてとる必要があることを理解する。

【思考・判断・表現】

朝食の問題から課題を見いだし、おいしく食べるためのいためる調理の計画や調理の仕方について様々な解決方法を考え、実践を評価・改善し、考えたことを表現するなどして、課題を解決する力を身に付ける。

【主体的に学習に取り組む態度】

家族の一員として、生活をよりよくしようと、朝食やいためる調理の課題の解決に向けて主体的に取り組んだり、振り返って改善したりして、生活を工夫し、実践しようとする。

2 題材における指導と評価の計画

（1） 題材指導計画

　調理の学習では、調理計画に調理の手順等を書き記すことで、考えを可視化できるようにしている。しかし、食べてしまうと調理をしたものがなくなってしまい、振り返りにくい。そこで、ポートフォリオに、調理した料理の写真を貼ったり、調理前や調理後の食べてみての感想を記録したりすることで、学習したことを振り返り、次の調理に生かすことができるようにする。

　習得場面においては、朝食を食べたときの体温の変化や朝食と体温の関係について取り上げ、朝食の必要性を感じさせる。いろいろな食材をいためる学習を通して、いためる調理の基礎・基本を身に付けることができるようにする。まず、日常的に入手しやすい卵を取り上げ、加熱時間の違いで卵の固まり方が異なることに気付かせる。同時に、フライパンの適切な扱い方についても取り上げる。その後、「にんじん、ピーマン、キャベツ」を使った「三色野菜いため」の調理を通して、おいしい野菜いためを作るための調理の仕方を考える。等しく火が通るための、野菜の切り方やいため方、火加減、味の整え方等について学習する。

　活用場面①では、習得場面で学習したフライパンを使った目的に応じたいため方の知識や技能を生かして、パフォーマンス課題に取り組ませる。ここでは、時間や食材に制限を与えることで、工夫をしなければ解決できない課題とする。また、ペアで取り組むことで、計画をよりよくしようと話し合わせたり、協力しながら調理に取り組ませたりし、より深く学ぶことができるようにする。

　活用場面②では、自分の家族に目を向け、家族のための朝食づくりに取り組ませる。「野菜を食べていないから、たっぷり野菜を使おう」など、家庭の課題に合った内容を考えさせていく。

第1次「朝食に目を向けよう」（1時間）

第2次「いろいろな食材をいためよう」（4時間）【習得場面】

第3次「20分で朝食を作ろう」（2時間）【活用場面①】

第4次「家族がよろこぶ朝食を作ろう」（2時間）【活用場面②】

第5次「学習をまとめよう」（1時間）

（2）題材構成　見方・考え方　主 主体的な学び　対 対話的な学び　深 深い学び

時間	流れ	学習内容・学習活動	指導上の留意点	評価【観点】評価規準（評価方法）
1	見通す	1 自分の朝食に目を向け、「問い」（課題）を立て、学習の見通しをもつ。 ★課題の設定	主 自分の生活を振り返り、生活の問題から「問い」を立てることで、学習の見通しをもつとともに、意欲的に学習に取り組むことができるようにする。	【思考・判断・表現】 自分の朝食について問題を見いだして、おいしく食べるために学ぶ「問い」を設定できる。 （ワークシート・観察） 次項 3 -（1）にて解説
		【問い】おいしく健康的な、いためて作る朝食を作るにはどうすればよいか。		
			見方・考え方 「健康」の視点で生活を見直すことで、「おいしさ」だけの視点ではなく、「栄養のバランス」を整えることや、しっかりと朝食を食べることの必要性にも気付くことができるようにする。	
2 3 4 5	さぐる（習得）	1 朝食の必要性と整え方を知る。 ・朝食の働き ・栄養のバランス ・いためる調理の利点 2 「いり卵」を作り、卵をいためることができるようになる。（個人） ・加熱時間による卵の固まり方 ・フライパンの使い方	対 朝食を食べずに過ごした経験を出し合い、「おなかが減った」「集中できなかった」「力が出なかった」などの感想にとどまらず、体温の上がり方についての資料をもとに、朝食の必要性について考えさせる。 対 個人調理で取り組むが、同じ調理台を使用するペアで、手順を確認したり、出来栄えを評価し合ったりすることで、おいしい「いり卵」を作ることができるようにする。 見方・考え方 「安全」の視点から、熱くなったフライパンの扱い方や、「環境」の視点から、フライパンの汚れを不要な紙でふき取ることなどに気付かせる。	【主体的に学習に取り組む態度】 朝食やいためる調理について主体的に取り組み、よりおいしくしようとしている。 （ワークシート・観察） 【知識・技能】 卵は加熱時間によって固まり方が異なることを理解し、適切にいためることができる。 （ワークシート、観察）

		3「3色野菜炒め」を作り、おいしく野菜を炒めることができるようになる。（個人） ・調理計画 ・野菜の切り方やいため方、いためる順序 ・味の付け方	【見方・考え方】 「健康」の視点から、1食で摂取したい野菜の量やたんぱく質などにも意識を向けさせる。 対 一人一調理で行うが、同じ調理台を使用するペアで、調理計画どおりに行えているか、出来栄えはどうか等話し合いながら取り組むことができるようにする。	【知識・技能】 食材に応じた切り方、いため方を理解しているとともに、適切にできる。 （ワークシート、観察）
6 7	生かす （活用①）	1 20分でおいし朝食を作ろう。（ペア） ★パフォーマンス課題 （P202参照） 今日は日曜日。朝8時、6年生の春日野ハル子さんはちょっと朝ねぼう。お母さんが、「午前中は地域の集まりに行くから、昼まで帰れません。ご飯と、みそ汁は準備しているから、おかずは自分で作って、朝ご飯を食べてね。」と言って、出かけて行きました。 ハル子さんは、9時に友だちと遊ぶ約束をしていたことを思い出し、大あわて。今から1時間しかありません。朝食を作って、食べて、身支度して…いろいろ考えた結果、朝食作りにかける時間は、せいぜい20分!!さあ、朝食づくりを始めます。冷蔵庫の中にある物は… キャベツ　にんじん ピーマン　小松菜 もやし　たまねぎ 卵　　　ベーコン 牛乳 （調味料等） 塩　こしょう　油 	主 時間や食材に制限を加えることで、リアルな状況設定とすることができ、意欲的に取り組むことができるようにする。 【見方・考え方】 「健康」の視点から、食材の食べ合わせや量について考えさせるようにする。 ▽ ポートフォリオを振り返ることで、いためる調理のポイントを確認したり、前回の課題を生かしたりできるようにする。 ▽ 自分で選んだ食材で調理の計画を立てることを通して、自分の生活にも生かせるようにする。	【主体的に学習に取り組む態度】 おいしいいためる調理について、課題解決に向けた計画や実践を振り返って改善しようとしている。 （ワークシート・観察） 【思考・判断・表現】 おいしいいためる調理を作るための計画や調理の仕方について、条件に合った食材を選び、切り方、いため方を考え、工夫するとともに、実践の結果を評価・改善している。 （ワークシート・観察） 次項3 -（2）にて解説
8	使う （活用②）	1家族が喜ぶおいしい朝食を作るための調理計画を立てる。（個人）	主 既習の学習内容を生かして、自分の家族が喜ぶ朝食を作り食べてもらうという目的をもたせることで、意欲的に取り組むことができるようにする。 【見方・考え方】 「健康」「協力・協働」の視点から、栄養のバランスや食材の分量、好みなどについて工夫しながら取り組むことができるようにする。 ▽ ポートフォリオを振り返ることで、いためる調理のポイントを確認したり、前回の課題を生かしたりできるようにする。	【主体的に学習に取り組む態度】 おいしいいためる調理について、課題解決に向けた計画や実践を振り返って改善しようとしている。 （ワークシート・観察） 【思考・判断・表現】 自分の家族に目を向け、家族の課題に合った朝食を考え、調理計画を工夫している。 （ワークシート、観察）

14	1 家庭実践の発表 調理を振り返り、 学習をまとめる	▼ 「問い」の答えを考えることで、朝食作りやいためる調理に必要な事柄をまとめることができるようにする。 ㊦ 調理の感想や家族の様子を振り返ることで、これからも調理に取り組んでいきたいとの意欲を高めるようにする。	【思考・判断・表現】 課題解決に向けた家庭実践の取組を、分かりやすく表現し、実践を評価・改善している。(ワークシート・観察) 【主体的に学習に取り組む態度】 家族の一員として、生活をよりよくしようと、家族のための朝食作りについて工夫し、実践しようとしている。(ワークシート・観察)

3 本題材のポイント　(児童の姿から)

(1)　児童はどのように課題をつかむか

　1時目においては、生活の中の問題点より「問い」(課題)を立てるために、自分自身の朝食を振り返らせる。その際は、家庭の実態も様々であることから、調べる期間に幅をもたせたり、記録の書き方や紹介の仕方などに配慮したりする必要がある。栄養素が偏っていたり、食べる量が少なかったり、食べる時間がなかったりと様々な課題がみえてくる。また、学校で空腹になった経験や立ち眩みなどの症状があること、朝食を摂ることで体温が上昇する資料を提示することで、朝食を摂ることの必要性についても感じさせる。朝はすることが多く、限られた時間で朝食の準備をしなければならないことについても確認する。

　これらのことを基に、おいしく健康的な朝食を整えられるようになるために学習するという見通しをもたせ、「おいしく健康的な朝食を整えるにはどうすればよいか」との「問い」を立て、学習に取り組むことにした。

(2)　資質・能力の育成とパフォーマンス課題

　「食感」「色どり」「味」の視点を基に、以下の五つを身に付けるべき知識及び技能と考えた。

　　○食材に等しく火が通るように、切り方やいため方を考えることができる

　　○おいしく見えるように食材を選び「色どり」を工夫することができる

　　○ちょうどよい味付けに整えることができる

○健康や栄養のバランスを考えた食材の量や組合せを考えることができる

○時間内に手順よく調理することができる

　題材構成を考えるに当たり、習得場面において「いり卵」と「3色野菜いため」の調理を通して、上記の五つの身に付けるべき知識及び技能を習得できるように計画した。

　習得場面で身に付けた力を使って、活用場面①でのパフォーマンス課題に取り組んだ。パフォーマンス課題を設定するに当たり、日常的に家庭で使われる食材を提示したり、状況を具体的に示したりすることで、より現実的な場面となるよう工夫した。

パフォーマンス課題

　今日は日曜日。朝8時、6年生の春日野ハル子さんはちょっと朝ねぼう。お母さんが、

「午前中は地域の集まりに行くから、昼まで帰れません。ご飯と、みそ汁は準備しているから、おかずは自分で作って、朝ご飯を食べてね。」

と言って、出かけて行きました。

　ハル子さんは、9時に友だちと遊ぶ約束をしていたことを思い出し、大あわて。今から1時間しかありません。朝食を作って、食べて、身支度して…、いろいろ考えた結果、朝食作りにかける時間は、せいぜい20分!!

　さあ、朝食づくりを始めます。冷蔵庫の中にある物は…

キャベツ　にんじん
ピーマン　小松菜
もやし　　たまねぎ
卵　　　　ベーコン
牛乳
　（調味料等）
塩　こしょう　油

　パフォーマンス課題では、5年生で学習した「米飯とみそ汁」はすでに準備
しているという設定にし、いためて作るおかずのみの調理を考えさせた。調理
計画を作成する際には、ご飯の量やみそ汁に使われている食材や量が分かるよ
うに、実物を準備し、手に取りいつでも確認できるようにした。また、使う食
材についても、実物を準備することで、どのくらいの分量を使って調理をする
べきか考えられるようにし、はかりを使って分量を確認できるようにする。味
付けについても、習得場面において使用した、塩、こしょうで整えるように限
定した。
　児童には、児童用のルーブリックとして以下の内容を示し、児童が調理計画
を立てたり、実践を評価・改善したりできるようにした。評価に当たっては、
自分の出来栄えを、「◎よくできた」「○できた」「△あと一息」の3段階で振
り返ることができるようにした。

【児童用ルーブリック】　　◎よくできた　○できた　△あと一息

①食感	（　）全ての食材に、火が等しく通っている。 （　）食材を考えている。
②色どり	（　）2種類以上の色があり、きれいである。 （　）適切な火力で加熱し鮮やかな色である。
③味	（　）ちょうどよい味付けである。
④時間	20分以内にできた　（　　） 20分間でできなかった　（　25分位　・　25分以上　）

　「思考・判断・表現」の評価規準に合わせ、教師用のルーブリックを次のよ
うに設定した。教師は、習得場面で身に付けた知識及び技能の「食感」「色ど
り」「味」「時間」の視点をよりよく活用できたかどうかについて、それぞれの
視点を3段階の出来栄えで評価した。

【教師用ルーブリック】

		食感	色どり	味	時間
3	十分満足	・切り方（形・大きさ・そろえる等）の工夫がなされている。 ・食材に応じて適切な順序で加熱している。 ・火加減の工夫がなされている。 ・短時間でできる工夫が考えられている。	・2種類以上の食材が使われており見た目がきれいである。 ・色どりに配慮した火加減の工夫がなされている。	・ちょど良い味付けになるための工夫がなされている。	効率的な時間の使い方を工夫
2	満足	・食材に応じて適切な順序で加熱している。	・2種類以上の食材が使われており見た目がきれいである。	・どのように味付けをするのか示されている。	20分以内に完成
1	要努力	・切り方、いため方が自分本位である。	・偏った色の食材を選んでいる。	・味付けについて不適切である。	20分以上

（3）資質・能力の育成と「資質・能力開発ポートフォリオ」

　本題材で使用した「資質・能力開発ポートフォリオ」では、調理ごとの記述を、「おいしく作るポイント」「食べてみての感想」の2項目とした。調理計画を立て、自分がどのような点に気を付けて調理するのかを明確にするために「おいしく作るポイント」に記述する。調理を終えて食べてみて、単に「おいしかった」「ちゃんとできてよかった」などの振り返りにとどまらず、調理前の工夫点を記述しておくことで、学びを深める振り返りとなると考える。

４　「資質・能力開発ポートフォリオ」の実際
（1）　ポートフォリオへの記述を振り返り次の学習につなげた事例解説（C児の学び）

　C児は、題材を通してポートフォリオに記入し、振り返ることで、学びを深めることができた事例である。C児が記入した「おいしく作るポイント」と写真への記述、「食べてみての感想」を基に、題材全体での学びを見ていく（写真3）。

　「調理①」の「スクランブルエッグ」では、おいしく作るために「味付け」を丁度よくしたいと考えていた。しかし、実際に食べてみたところ、味付けが足りなかった。そこで、同じく「調理①」での「三色野菜いため」では、野菜

の切り方に加え、「味付け」についても気を付けようと考える。実際食べてみると、今度の味付けは丁度よいが、野菜の切り方がバラバラで、焦げてしまうという課題が残った。

「調理②」においては、友達と一緒に20分間での調理に取り組む。この際、C児が「おいしく作るためのポイント」として考えたことは、「（野菜の）大きさをそろえること」「火かげんに注意すること」「調味料の量を考えること」の3点であった。これは、前回までの学習で課題となった点と「味付け」は大切であると実感した点から導き出されたものと考える。調理を終え「食べてみての感想」には、「味がしっかりあった」「こげないで味もおちなかった」と書かれている。しかし、写真への記述を見ると、「少し大きさがバラバラであった！！」との記述がある。このことから、B児の課題が残っていることが分かる。

「調理③」は、家庭での実践である。「おいしく作るためのポイント」には、「大きさを合わせて、いためる時間を考える」と書かれている。ポートフォリオを見ると、「味付け」「大きさ」ともによくできたようだ。しかし、人参は少しかたく、電子レンジを利用したようである。学習のまとめにおいても、「やきぐあい（いため具合）によって、または、味のこさによって、おいしく笑顔になる朝食ができることが分かりました」と書かれており、題材を通して学んだことがまとめられていた。また、「使った知識・技能」「工夫したこと」の欄を見ても、「ちょうどよい味付けが大事」「火かげんにきをつけるとおいしくできる」「火が通りにくいものからいためる」など、B児が学習の中で学んだことがしっかりと記述されていた。

(2) 「資質・能力開発ポートフォリオ」を使用しての効果

調理の学習では、完成させることだけが目的になってしまったり、食べてしまうことで作ったものがなくなってしまったりすることで、学習を振り返ることが難しい。しかし、ポートフォリオに調理前に考えたことや、調理後に気付いたことなどを記入することで、自分がポイントとしていることが分かり、うまくできたかどうかしっかりと振り返ることができた。また、自分が調理したものを写真に撮り、写真に気付きを記入することで、学習を振り返る際の手がかりとなった。繰り返し取り組む調理の学びを、関連付けながら学ぶことができたことが分かる。

（第3章Ⅱ食生活　　三好　智恵）

写真3　C児の資質・能力開発ポートフォリオ

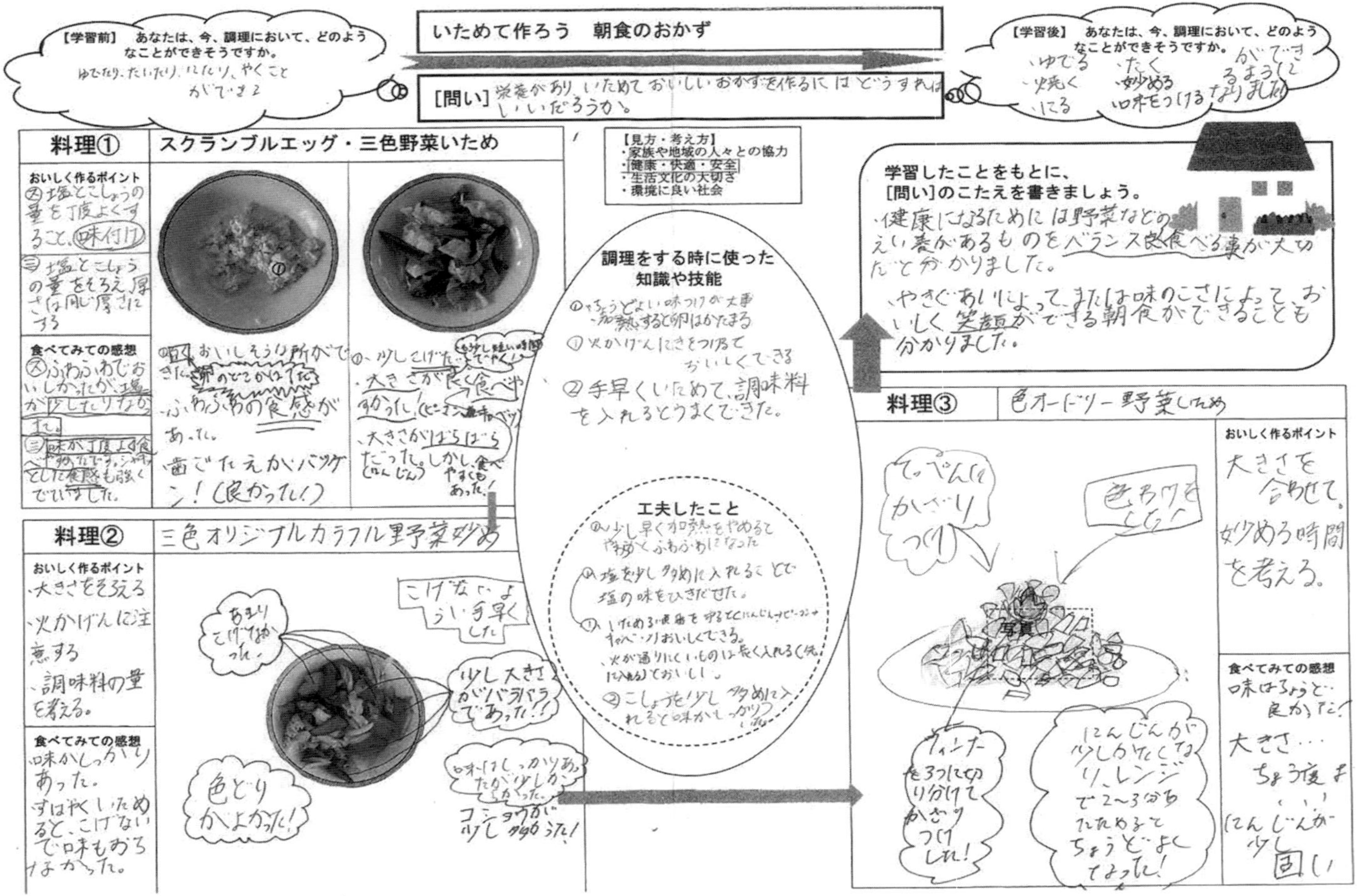

いためて作ろう　朝食のおかず

[問い] 栄養が片よらないでおいしい朝食のおかずを作るにはどうすればいいだろう。

料理①　スクランブルエッグ・三色野菜いため

おいしく作るポイント
・強火でいためる

食べてみての感想

料理②　三色オリンプルカラフル野菜いため

おいしく作るポイント
・火かげんに注意する
・調味料の量を考える

食べてみての感想

調理をする時に使った知識や技能

[見方・考え方]
・家族や地域の人々との協力
・健康・快適・安全
・生活文化の継承
・環境に良い社会

工夫したこと

料理③　色オードリー野菜いため

おいしく作るポイント
・大きさを切りそろえて味わう時間を考える。

食べてみての感想

学習したことをもとに、[問い]のこたえを書きましょう。

[学習前] あなたは、今、調理において、どのようなことができそうですか。

[学習後] あなたは、今、調理において、どのようなことができそうですか。

206

衣生活

パフォーマンス課題を中核に据えた題材構成の工夫
第6学年 「作って使って 楽しいソーイング」

○題材及び授業のポイント（趣旨）

　「ナップザックを作りますので、注文袋から好きなデザインを選びましょう」という教師の言葉で授業が始まり、完成したら授業が終わるという、ミシンを使った製作の授業を目にすることもある。児童は、ミシンを使って小物を入れるための袋やリビングのクッションカバーなど、多様な布製品を製作したいと思うことだろう。生活に応じた布製品を製作し使用していくことで、自分の生活が豊かになっていくものだ。そのためには、単に「ナップザックを作る」といった製作重視の授業から、「生活を豊かにする布製品の課題を解決できる」といった資質・能力を育成する授業へと転換していく必要がある。そこで、本題材においては、自らの家庭に目を向け、課題解決のために、ミシンを使った布製品が作れるようになる題材構成の工夫に取り組んだ。

○授業をどう改善するか

　先にも述べたように、「ナップザック」を完成させることが学習のゴールとなる授業を目にする。これでは、児童が自分が作りたい物をミシンを使って作ることができるようになることは難しい。当然ながら、生活に目を向け、「こんな布製品があるといいな」「こんな物を作ってみたいな」といった、生活をよりよくしようとする視点をもつようになることも難しい。

　そこで、本題材においては、学習したことを家庭での実践につなげるために、パフォーマンス課題を中核に据えた題材構成を工夫した。パフォーマンス課題を設定することで、設定された現実的な状況の中で、身に付けた知識や技能を使って取り組むことができる。まず、習得場面において、「ブックバッグ」を製作し、「ゆとり」や「袋の作り方」といった基礎的・基本的な知識や技能を身に付ける。その後、活用場面①として、「学校生

活を豊かにする布製品」を製作するというパフォーマンス課題を設定する。グループで製作することで、対話を重ねながら学びを深めていく。最後に、活用場面②として、個人で「家庭を豊かにする布製品」の製作に取り組ませ、家庭に目を向けることができるようにする。このような題材構成で学習に取り組んでいく。

⬛ **本題材のねらい**

　児童の身の回りには、既製の布製品があふれ、自分が欲しいと思っている布製品を容易に手に入れることができる。手作りされた布製品を使用することも減り、自分の生活に合った手作りされた布製品のよさを感じる機会も少なくなってきている。

　そこで、本題材においては、身の回りの生活を快適にしたり、便利にしたり、楽しい雰囲気にしたりといった、布の特徴を生かして生活を豊かにする布製品を製作することができるようになることをねらいとしている。特に、日常生活で使用する物を入れる袋の製作に取り組ませることで、布製品の製作において大切な「ゆとり」の必要性について理解し、製作に生かすことができるようにしたい。

【知識・技能】

・製作に必要な材料や手順が分かり、製作計画について理解する。

・ミシン縫いによる目的に応じた形や大きさにするために、ゆとりの必要性を理解しているとともに、それらに係る技能を身に付ける。

【思考・判断・表現】

　生活を豊かにするための課題を設定し、様々な方法を考え、実践を評価・改善し、考えたことを表現するなどして、課題を解決する力を身に付ける。

【主体的に学習に取り組む態度】

　家族の一員として、生活をよりよくしようと、生活を豊かにするための布を用いた物の製作に係る課題の解決に向けて、主体的に取り組んだり、振り返って改善したりして、生活を工夫し、実践しようとする。

2 題材における指導と評価の計画

（1） 題材指導計画

　第5学年での製作の学習では、布の仕組みを知り布端の始末が必要であることや、ミシンでの直線縫いの仕方、平面状の布製品を作るための製作手順などについて学習した。第6学年では、第5学年の学習を基に、袋物の布製品の製作について学習する。袋物の布製品を製作するに当たり、「ゆとり」の必要性や1枚の布から袋状の製品を作るという概念をしっかりと身に付けさせたい。また、学習したことを自らの生活に生かし、生活を豊かにしていけるようになるために、習得した知識及び技能を生活に生かす場面（以下、活用場面とする）を設定する題材構成とする。この活用場面においては、学習したことを校内で生かす活用場面①（パフォーマンス課題）と、自分の家庭で生かす活用場面②の2段階を設定する。

　まず、習得場面において、「ゆとり」の必要性を考え、製作につなげることができるようにするために、「ブックバッグ」の製作に取り組ませる。その際、各自がブックバッグに入れたい物を決め製作することで、製作への意欲を高めるようにする。

　活用場面①においては、パフォーマンス課題として自分の学級を豊かにする布製品を友達と協力して製作する。どのような視点で生活に目を向けるとよいか、どのように製作計画を立てるとよいか、丈夫に美しく製作するにはどうすればよいかなど、活用場面②での製作において、一人で製作するに当たって必要となる知識及び技能や課題を解決する力を身に付けることができるようにする。

　活用場面②では、自分の家庭に目を向け、「クッションカバーがあると洗濯ができていいな」「お母さんにエコバッグを作って買物で使ってもらおう」など、家庭生活を豊かにする布製品の製作へとつなげる。

第1次「生活に目を向けよう」（1時間）
第2次「トートバッグを作ろう」（3時間）【習得場面】
第3次「学校生活を豊かにする布製品を作ろう」（5時間）【活用場面①】
第4次「家庭生活を豊かにする布製品を作ろう」（4時間）【活用場面②】
第5次「学習をまとめよう」（1時間）

（2）題材構成 見方・考え方　🅹 主体的な学び　🅷 対話的な学び　🔽 深い学び

時間	流れ	学習内容・学習活動	指導上の留意点	評価【観点】評価規準（評価方法）
1	見通す	1 身の回りの布製品に目を向け、「問い（課題）」を立て、学習の見通しをもつ。★課題の設定	🅹 生活を見直し「問い」を立てることで、学習の見通しをもち、意欲的に学習に取り組むことができるようにする。	
		【問い】丈夫で美しく、生活が豊かになるための布製品を作るには、どうすればよいか。		
			見方・考え方 「快適」や「生活文化の継承」「持続可能な社会の構築」の視点で生活を見直すことで、布製品のよさや特徴に気付くことができるようにする。	【思考・判断・表現】 生活を豊かにする布製品について、問題を見いだし、製作するための課題を設定している。（ワークシート・観察）
2	さぐる（習得）	1 ブックバッグを作るための計画を立てる。（個人）・ゆとり・袋物の作り方	🅷 ブックバッグに入れて使いたい本やノート等を基に型紙を作り、出し入れのしやすさ等について話し合わせ、ゆとりの必要性を導き出すようにする。	【知識・技能】 目的に合った形や大きさにするために、ゆとりの必要性を理解するとともに、適切にできる。（製作計画、作品）
3 4		2 ブックバッグを製作する。（個人）	見方・考え方 「持続可能な社会の構築」の視点より、布が無駄にならない型紙の置き方や不要な物を有効利用する材料の準備の仕方等について考えるようにする。	【主体的に学習に取り組む態度】 布を用いたミシンによる製作計画や製作について課題の解決に向けて主体的に取り組もうとしている。（ワークシート・観察）
5 6	生かす（活用①）	1 学校生活が豊かになる布製品を作るための製作計画を立て、見直す。（ペアやグループ活動）★パフォーマンス課題	🅹 学校生活という児童にとって共通の場面を取り上げることで、お互いに意見を出しやすく、意欲的に取り組むことができるようにする。	【思考・判断・表現】 学校生活を豊かにするための布製品の製作計画について考え、工夫している。（ワークシート）・何を作るか・目的に合っているか・材料・製作手順・型紙の置き方
		グループごとに、学級みんなの生活が便利になったり楽しくなったりといった、学校生活が豊かになる布製品を作ります。製作時間は3時間です。	見方・考え方 「快適」の視点で生活を見直すことで、学校生活が便利になったり、楽しくなったりする布製品を考えることができるようにする。	

210

7 8 9		2 製作計画に沿って、学校生活が豊かになる布製品を作る。 例：扇風機カバー 　　カーテンをとめる帯 　　水性マジック入れ 　　ボール袋 　　ティッシュケース 　　貸出用ブックバック	㊟ 布製品をペアやグループで製作することで、よりよい作品となるよう意見を出し合うことができるようにする。 ▼ 学校生活に目を向けさせ、生活を豊かにするという視点で生活を振り返り、解決方法を考えることができるようにする。	【思考・判断・表現】 学校生活に役立つ布製品を作るための計画や製作の仕方について、丈夫に作れるか、美しく仕上がるか、生活を豊かにするかについて考え、工夫するとともに、実践の結果を評価・改善している。 （ワークシート・観察） 【主体的に学習に取り組む態度】 学校生活が豊かになる布製品の製作について、課題解決に向けた一連の活動を振り返って改善しようとしている。
10	使う（活用②）	1 家庭が豊かになる布製品を作るための製作計画を立てる。（個人）	㊤ これまでに学習したことを生かして、自分の家庭生活を豊かにするという目的をもたせ、意欲的に取り組むことができるようにする。 **見方・考え方** ・「快適」「協力」の視点をもって、家庭生活を見直させることで、生活が便利になったり、楽しくなったり、自分にできることを考えたりすることができるようにする。	【思考・判断・表現】 丈夫で使いやすい視点から家庭生活を豊かにする布製品の製作計画を考え、工夫している。 （ワークシート・観察）
11 12 13		2 製作計画に沿って、家庭が豊かになる布製品を作る。 例：クッションカバー 　　ティッシュカバー 　　買物用エコバック 　　小物入れ 　　ブックカバー 　　お弁当入れ	・「持続可能な社会の構築」の視点から考えさせ、家庭において不要な物に目を向けて材料を集めさせたり、無駄にならないように使用計画を立てさせたりして利用の工夫に気付かせる。 ▼ ポートフォリオを振り返り、製作に必要な知識及び技能、工夫する事柄を確認したり、これまでの製作における課題点を改善したりすることで、よりよい製作活動につなげられるようにする。	【思考・判断・表現】 実際の家庭生活を豊かにする布製品を考え、丈夫さや使いやすさを考えて工夫している。 （ワークシート・製作物）
14		1 作った布製品を振り返り、学習をまとめる。	▼ 「問い」の答えを考えることで、製作すること全般について振り返ることができるようにする。	【思考・判断・表現】 家庭生活が豊かになる布製品の製作についての課題解決に向けた一連の活動について、考えた

		⊕ 家庭が豊かになる布製品を使っての感想や家族の様子などを振り返ることで、製作に対する意欲をもたせる。	ことを分かりやすく表現している。 【主体的に学習に取り組む態度】 家庭生活が豊かになる布製品の製作について工夫し、実践しようとしている。 （ワークシート・観察）

3 本題材のポイント　（児童の姿から）

（1）　児童はどのように課題をつかむか

　1時目において、児童にどのように課題をつかませるか、学習の見通しをもたせるかということは、主体的に学習に取り組むためにも重要となってくる。

　そこで、1時目では、「生活の営みに係る見方・考え方」の「快適」「環境」等の視点をもって身の回りの布製品を観察することを通して、布製品のよさや特徴について考え、学習の見通しとなる「問い（課題）」を立てた。

　布製品の観察を通して、

　　・布は色や柄が多様にあり、好きな物を選ぶことができる

　　・柔らかく肌触りがよい

　　・汚れると洗うことができるので、繰り返し使うことができる

　　・汚れると洗うことができるので、衛生的である

　　・手縫いよりも縫い目が整っていてきれい

　　・丈夫にできていて、壊れることはない

のような、布製品のよさや特徴が出された。また、生活の営みに係る見方・考え方の「生活文化の継承」の視点から、「ふろしき」を紹介することで、紙とは違い、布は入れる物に合わせて形を自由自在に変えることができることにも気付かせた。本題材のゴールの姿を問い掛けたところ、「自分が作りたいものを自分で作れるようになりたい」「きれいに作れるようになりたい」「長く使える物がいいな」「だれかの役に立つものを作れるようになりたい」といった事柄が出された。

　そこで、児童から出された内容から、本題材での「問い（課題）」を「丈夫で美しく生活を豊かにする布製品を作るにはどのようにすればよいか」とし、

学習を進めることにした。

（2） 資質・能力の育成とパフォーマンス課題

「丈夫さ」「美しさ」「生活を豊かにする」の視点を基に、以下の五つを身に付けるべき知識及び技能と考えた。

○１枚の布から袋物の布製品の作り方を理解し作ることができる

○目的に合った形や大きさを考えることができる

○布の性質を理解し、布端の始末を考えることができる

○布のどこをどのように縫うか考えることができる

○時間内に手順よく製作することができる

題材構成を考えるにあたり、習得場面でのブックバッグの製作を通して、上記の五つの身に付けるべき資質及び技能を習得できるように計画している。

習得場面で身に付けた力を使った、活用場面①でのパフォーマンス課題は次の通りである。

パフォーマンス課題

グループごとに、学級で使って、学級みんなの生活が便利になったり楽しくなったりといった、学校生活が豊かになる布製品を作ります。ブックバッグの製作で学んだ事柄を使います。製作時間は３時間です。

児童が取り組むパフォーマンス課題では、学校という場面を取り上げたり、グループで取り組ませたりした。その効果としては、「学校生活という共通の場面を取り上げることで切実感が増し、主体的な学びが生まれる」「他者と関わることで自分の考えを深めたり、新たな視点を得たりすることができる」「同じ目的のため対話が深まり、思考の深まりとともに協働的な学びが生まれる」といったことがある。

児童が製作計画を立てたり、実践を評価・改善したりできるようにするために、以下の児童用のルーブリックを提示し、学びを深めた。

【児童用ルーブリック】　　　◎よくできた　　○できた　　△あと一息

①丈夫さ	（　　）布端の始末を考えている。
②美しさ	（　　）真っ直ぐなミシン目となっている （　　）布の縫う場所を考えている
③豊かさ	（　　）生活に役に立ったり、楽しくなったりしている （　　）目的に合った形や大きさとなっている
④時　間	（　　）3時間以内にできた （　　）3時間でできなかった（4時間位・4時間以上）

　「思考・判断・表現」の評価規準に合わせ、教師用のルーブリックを以下のように設定した。習得場面で身に付けた知識・技能の「丈夫さ」「美しさ」「生活を豊かにする」の視点をよりよく活用できたかどうかについて、それぞれの視点を3段階の出来栄えで評価した。

【教師用ルーブリック】

	丈夫さ	美しさ	生活を豊かにする	時間
3 十分満足	布端の始末に加え、力がかかる部分などを丈夫にしようと工夫されている。	布端まで美しい直線で縫われ、適切な製作手順のため仕上がりも美しい。	形や大きさの工夫に加え、布の素材や色、刺繍等の更なる工夫がされている。	効率的な時間の使い方を工夫している
2 満足	布端の始末が適切に考えられている。	きれいな直線縫いで仕上げられている。	学校生活に目を向け、使って役立つよう、形や大きさが工夫されている。	3時間以内で完成
1 要努力	布端の始末を十分に考えられていない。	ミシンの縫い目がそろっておらず、縫う場所を十分考えられていない。	学校生活で生かしにくい布製品となっている。	3時間以上

(3)　資質・能力の育成と「資質・能力開発ポートフォリオ」

　「資質・能力開発ポートフォリオ」の最大の特徴は、自分自身の学びを客観的に捉えることができることである。ポートフォリオの中央には、「使った知識や技能」「工夫点」を記入できるようにしている。製作するたびに記入をすることで、「糸が取れずに丈夫にすることを返し縫いと言って、製作の時にはよく使う」「手や物がよく当たるところは、三つ折りにした方がいい」などと、学習した事柄を把握するとともに体験したことの意味を再認識できるようにした。

最後に、学習全体を振り返り題材の本質を問うことで、状況に応じて対応できる力として学習をまとめ、家庭での実践へとつなげることができるようにしている。本題材においては、「家庭で困ったことがあると、布製品を作ると改善できる。

図3　資質・能力開発ポートフォリオ

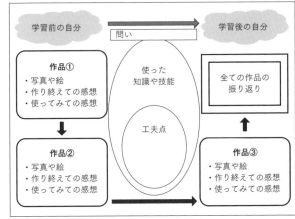

形や大きさをよく考えないと、使えないことがある」のように、生活に視点を当て学習全体を捉えてまとめることができた。

4 「資質・能力開発ポートフォリオ」の実際

(1) ポートフォリオへの記述を通して、目的に応じた「形や大きさ」「美しい仕上がり」にこだわった事例（D児の学び）

本題材においては、「丈夫さ」「美しさ」「生活が豊かになる」の視点で製作に取り組んできた。ポートフォリオに記述する際には、視点に沿った振り返りを行う児童が多く見られた。D児は、学習前は5年生で学習したランチョンマットなどの平面の製作物は作った経験があるが、日常的にミシンを使って製作に取り組む経験はない児童である。このD児は、特に「美しさ」と「生活が豊かになる」という視点から、「形や大きさ」にこだわりながら製作に取り組んだ。これより、D児のポートフォリオの記述を詳しく見ていく（写真7）。

(2) 解説（D児の学び）

D児は習得場面のトートバッグ作りでは、厚い本を入れるためのブックバッグを製作した。製作したブックバッグの持ち手を見てみると、左は二つの持ち手がきちんと重なっているが、右はできていないことが分

写真4　製作①での持ち手の様子

215

かる。しかし、ポートフォリオの記述を見ると、「はばをいっしょに」の記述のように、間隔をそろえて2本の持ち手を重なるように縫おうとしていることが分かる。

活用場面①では、友達と共に「落とし物入れ」を作ることにした。落とし物として多い鉛筆や消しゴムの長さや大きさを考えて製作している。ここでも持ち手を付ける位置が工夫されており、布端からの位置をそろえようとしている。しかし、実際の製作物を見ると、若干右にずれている。

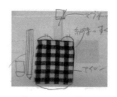

写真5　製作②での持ち手の様子

活用場面②においては、家庭で使うための「枕カバー」の製作に取り組んだ。チェックの柄を利用して布を裁つことで仕上がりを美しくしたり、枕を入れることを考え、ゆとりを十分にとるよう大きさを工夫したりすることができた。製作物を見ると、ボタンが布端から均等な位置に付けられており、製作①、製作②において常に意識を向けていた「美しさ」の視点がしっかりと身に付いていることが分かる。ポートフォリオの「工夫したこと」にも、「持ち手やボタンを付ける。位置を定間隔にした」と記述しており、製作に当たり工夫する点であると認識していることが分かる。

写真6　製作③での製作物

最後に、「三つの作品をふり返り、生活を豊かにする布製品を作るためは、どのようなことができたり考えたりしなければならないと思いますか。自由に書いてください」の問い掛けに対して、D児は、

　○中に入れる物の大きさを考えて、ゆとりをもって布製品を作る

　○二つ折り、三つ折りや返し縫いをして丈夫にする

　○見た目を美しくするために、持ち手等の間隔を等しくする

の3点を挙げている。これらは、D児が本題材での三つの作品の製作時に、ポートフォリオの記述欄に繰り返し記述していることであり、自分の学びをしっかりと捉え、新たな状況においても対応できる力となっていることが分かる。また、学習前には、「ランチョンマットなどの平面図形の布製品」を作る

図表1　ワークシート・テキスト①

思いを形に！生活に役立つ布製品
ふりかえりシート（　　　　　　　）

【学習前】あなたは、今、ミシンを使って、どのようなことができそうですか。
ランチョンマット（作り）
など平面図形の布製品を作ること

【学習後】あなたは、今、ミシンを使って、どのようなことができそうですか。
ブックバッグ（作り）など、立体的なトートに（3人じょ物）えびるんな物も立体的なものも作製る。

3つの作品をふり返り、生活に役立つ布製品を作るためには、どのような考えができたり考えたりしなければならないと思いますか。自由に書いてください。
中に入れる物の大きさを考えて、ゆとりをもって布を裁ってつくる。ニッポリ、ミッポリ折り返すために、持ち手などを見て回も美しくするために、間隔を等しくする。

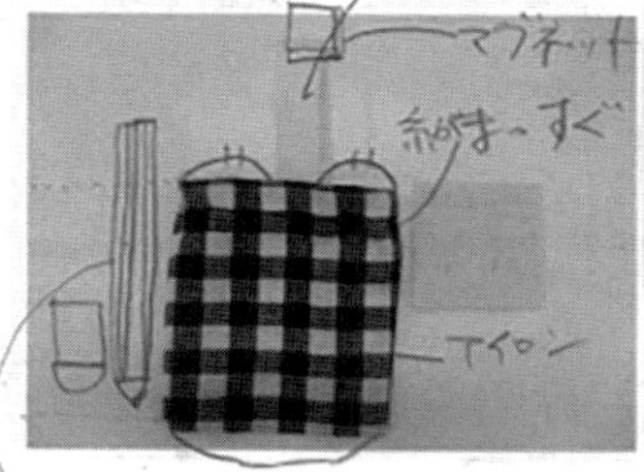

作品③　まくらカバー

作り返えての感想
まくらのくらい空間部分を考えることが大切。

使ってみての感想
ボタンをつけることで、まくらがくらく出しやすくなった。

裏返しして一つ折りにとり大末にした。めっちゃ使った。

作品①　まちがある本を入れるブックバッグ

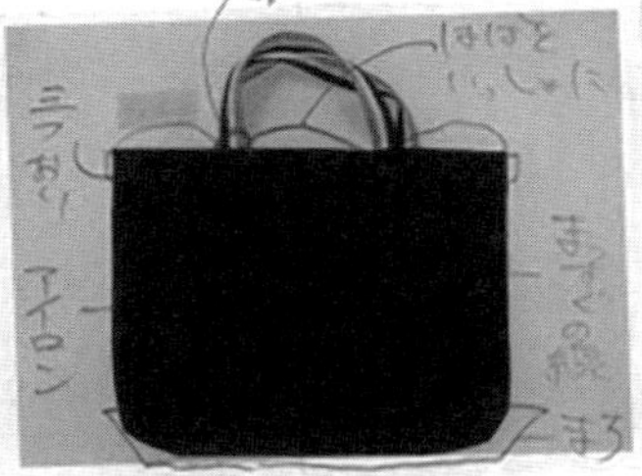

持う手は裏に、いいつけ。

作り返えての感想
まっすぐにぬう、難しかった。バッグの大きさがうまくいかなかった。

使ってみての感想
まちができることで、使いやすく持ちやすかった。

作品②　愛とし物入れ

作り返えての感想
持ち手と布の端の間隔を等しくしたので、見た目が美しくなった。

使ってみての感想
えんぴつ、消しゴムが入るちょうど大きさになった。

エ夫したこと
布がやぶけないくらいのちょうどいいゆとりをもたせた。ニッポリ、ミッポリ折りとし、布端を又夫にして、持ち手部分をミシンでちょうど間隔に。

製作する時に使った知識や技能
・まち針・返し・ニッポリ、ミッポリ・裏、表・すく・ぬう・印・ミシンの使い方・ぬうのに持つ手

ことができると答えていたD児は、学習後には、「ブックバッグ作りなど、立体的で中にいろんな物を収納できる布製品」を作ることができると記述しており、自分の成長を感じることができていたことが分かる。

(3) 「資質・能力開発ポートフォリオ」を使用しての効果

1枚のポートフォリオで学習したことの全体が一目で捉えられることは、繰り返し製作に取り組む際に、学びをつなげる手段として効果的である。一つの作品づくりを通して出てきた課題を受けて、次の製作物に取り組むことができることで、学びが深まっていく。また、作品の写真があることで体験したことが瞬時によみがえることから、写真の周りへの記述はできたことや課題となることが明確になりやすい。児童にとって自己の学びを把握するための有効な手立てとなったと考える。

(第3章Ⅱ衣生活　　三好　智恵)

お　わ　り　に

　本書に係る生活の課題解決能力を育むためのカリキュラムと評価の研究は、2018年からスタートしました。最初に実施した小学校現場の実態調査では、製作の授業でキットを使っている学校がほとんどであること、また、授業時数の約6割を占める衣生活や食生活の学習において、予想はしていたものの、製作や調理の実習では完成させることが目的化していることが分かりました。

　「家庭科とはどういう教科なのか」・・・子供たちが小学校で適切につかむことができれば、その後の中学校、高等学校の学習にも好影響を与えると感じています。そのためには、小学校でこそ問題解決の学習方略を子供たちが手に入れる必要があると思っています。その思いは本書をまとめる最近になって一層強くなってきました。そのためには、実践的・体験的な学習活動においても、子供たちが自分の学びを把握することが重要です。限られた時間を有効に使いながら、「先生、分かったよ！」「こんなときはこの方法を使うといいかな！」「生活を工夫するって楽しいな！」「次は○○をやってみたい！」と子供自身が学びを広げ、深めていくことができればと考えています。

　広島市や佐賀県の多くの先生方のご協力で本書はできあがりました。現在も「資質・能力開発ポートフォリオ」の趣旨を生かして授業開発に挑戦してくださっている先生方がいらっしゃいます。子供たち一人一人が「問い」をもち、試行錯誤を繰り返しながら、自己や他者と対話し矛盾や課題を乗り越えて、自分や家庭、そして地域社会の生活をよりよく変えていく力や方略を手にすること、それが本書に関わった著者一同の願いでもあります。

　教室に目を転じてみると、メタ認知や自己評価・相互評価の学びの中で自立し共に生きる力を手に入れようとする子供たち、そして子供たちの姿に学び、試行錯誤し、授業を創りあげようとする指導者としての先生たち・・・この教室という空間の素晴らしさとともに、その空間を足場として、学びが家庭生活や地域、世界に拡張したところに新たな「生活の課題解決能力」があるとも感じています。

さて、2021年3月には、中央教育審議会から、全ての子供たちの可能性を引き出す「個別最適な学びと協働的な学び」の実現の重要性が提言されました。6月には、文部科学省から、カリキュラムマネジメントの一環として、教科等ごとの授業時数の配分について一定の弾力化による特別の教育課程の編成を認める制度（授業時数特例校制度、2022年度開始）が打ち出されました。GIGAスクール構想に基づくICT教育の充実も本格化してきました。

　「果たして、学校教育はどこに向かおうとしているのか」・・・矢継ぎ早の教育改革が進む中で、学校教育が目指す方向性と家庭科教育の果たす役割を今一度問い直す必要があると感じています。少子高齢化やAI技術の進展、ネット社会の加速度的な変化の中で、これからの私たちの生活は、大きく変化することが予想されます。しかし、私たちの生活がどのように変化しようとも、健康で豊かな生活を創りだす力やその価値を追い求める姿勢は、これまで以上に必要となるのではないでしょうか。その力こそ家庭科の「生活の課題解決能力」と捉えて、これからも家庭科教育の充実を目指していきたいと考えています。

　最後になりましたが、本研究を進めるにあたり、共に知恵を出し合った共同研究者の鈴木明子先生、萱島知子先生に深く感謝の意を表するとともに、アンケートにご協力いただいた多くの先生方、骨格となる授業づくりに全面的にご協力いただいた研究協力者の先生方に心から感謝申し上げます。

　本書が家庭科を指導する先生方のお役に立つことを願ってやみません。

　令和3年9月1日

岡　　陽子

なお、本書はJSPS科研費JP18K02629の助成を受けて出版したものです。

編著者、執筆者一覧

○編著者
岡　　陽子（佐賀大学大学院教授）

○執筆者
＜理論編＞
岡　　陽子（上掲）　　　　　はじめに、第1章Ⅰ、Ⅱ、Ⅲ-2、第2章Ⅰ～Ⅳ、
　　　　　　　　　　　　　　　　　　　第3章Ⅰ～Ⅲ

鈴木　明子（広島大学大学院教授）　　　　　第1章Ⅲ-1、Ⅳ、Ⅴ-1、2

萱島　知子（佐賀大学准教授）　　　　　　　第1章Ⅳ、Ⅴ-3

＜実践編＞
田中　裕子（佐賀県神埼市立千代田西部小学校校長）　　　第1章Ⅰ、Ⅱ

熊谷智佳子（佐賀県佐賀市立嘉瀬小学校校長）　　　　　　第1章Ⅰ、Ⅱ

岩永　諒子（佐賀県神埼市立西郷小学校教諭）　　　　　　第1章Ⅰ、Ⅱ

江口佐智子（佐賀県佐賀市立春日小学校教諭）　　　　　　　第2章Ⅰ

小宮　友香（佐賀県伊万里市立大川内小学校教諭）　　　　　第2章Ⅱ

前田　寧々（佐賀大学教育学部附属小学校教諭）　　　　　　第3章Ⅰ

三好　智恵（佐賀市教育委員会指導主事）　　　　　　　　　第3章Ⅱ

家庭科
生活の課題解決能力を育む指導と評価
—メタ認知を活性化する
「資質・能力開発ポートフォリオ」の提案

2021（令和3）年10月21日　初版第1刷発行

編著者：岡　陽子

発行者：錦織圭之介

発行所：株式会社　東洋館出版社

　　　　〒113-0021　東京都文京区本駒込5丁目16番7号
　　　　営業部　電話03-3823-9206　ＦＡＸ 03-3823-9208
　　　　編集部　電話03-3823-9207　ＦＡＸ 03-3823-9209
　　　　振　替　00180-7-96823
　　　　ＵＲＬ　http://www.toyokan.co.jp

カバーイラスト提供：ピクスタ

装幀・本文デザイン：藤原印刷株式会社

組版・印刷製本：藤原印刷株式会社

ISBN978-4-491-04632-7／Printed in Japan